EDICIÓN ACTUALIZADA

SANTIAGO

UNA FE EN ACCIÓN

Libros de Evis L. Carballosa

Apocalipsis: La consumación del plan eterno de Dios
Cristo en el milenio: La gloria del Rey de reyes
Daniel y el reino mesiánico
El dictador del futuro: Un estudio de las profecías del Anticristo
Génesis: La revelación del plan eterno de Dios
Jesucristo el incomparable
Mateo: La revelación de la realeza de Cristo
Romanos: Una orientación expositiva y práctica
Santiago: Una fe en acción

EDICIÓN ACTUALIZADA

SANTIAGO

UNA FE EN ACCIÓN

EVIS L. CARBALLOSA

PRÓLOGO DE JOSÉ M. MARTÍNEZ

Editorial
PORTAVOZ

La misión de *Editorial Portavoz* consiste en proporcionar productos de calidad —con integridad y excelencia—, desde una perspectiva bíblica y confiable, que animen a las personas a conocer y servir a Jesucristo.

EDITORIAL PORTAVOZ
2450 Oak Industrial Dr. NE
Grand Rapids, Michigan 49505 USA
Visítenos en: www.portavoz.com

ISBN 978-0-8254-1966-9 (rústica)
ISBN 978-0-8254-0787-1 (Kindle)
ISBN 978-0-8254-7986-1 (epub)

3 4 5 6 7 / 26 25 24 23 22 21

Impreso en los Estados Unidos de América
Printed in the United States of America

Contenido

Primera parte
LA HERMENÉUTICA Y LA EPÍSTOLA DE SANTIAGO

Definición de lenguaje, 25; Importancia del lenguaje, 25; Lenguaje denotativo y connotativo, 26; El lenguaje y la revelación divina, 27; Las figuras del lenguaje y la comunicación, 28; Definición del lenguaje figurado, 28; La génesis del lenguaje figurado, 29; Funciones de las figuras del lenguaje, 30; Clasificación de las principales figuras del lenguaje, 31; La interpretación de las figuras del lenguaje, 31; Resumen, 32

Figuras que implican omisión o supresión, 33; *elipsis*, 33; *asíndeton*, 34; *preguntas retóricas*, 35; Figuras que requieren adición o amplificación, 36; *pleonasmo*, 36; *polisíndeton*, 36; *anáfora*, 37; *epanadiplosis*, 38; *poliptoton*, 38; *hipérbole*, 39; *metonimia*, 40; *sinécdoque*, 41; *antropomorfismo*, 41; Figuras que implican comparación, 42; *locución*, 42; *símil* y *metáfora*, 43; *proverbio*, 46; *símbolo*, 47; Resumen y conclusión, 48

Figuras derivadas de fenómenos naturales, 49; Figuras derivadas de la botánica, 50; Figuras derivadas de objetos inanimados, 50; Figuras derivadas de la anatomía, 50; Figuras derivadas de la zoología, 51; Resumen y conclusión, 51

Tercera parte
PREDICACIÓN EXPOSITIVA

Prólogo

Toda aportación seria al acervo literario de la exposición bíblica es bendición inestimable. Una de las mayores necesidades del pueblo cristiano es ahondar en las enseñanzas de la Sagrada Escritura para no ser llevado de acá para allá por cualquier viento de doctrina y para robustecer su fe. Solo así puede librarse de la superficialidad y de los males que esta comporta. Pero esa profundización no puede conseguirse por ningún camino que no sea el del estudio concienzudo del texto bíblico. De ahí la conveniencia de buenos comentarios exegéticos que nos ayuden a comprender el significado de lo que los autores sagrados escribieron.

Entre tales comentarios podemos incluir este que el lector tiene en sus manos. Por su extensión, por su claridad, por su análisis exhaustivo de cada pasaje, por el acierto con que sus diversas partes son bosquejadas y por sus aplicaciones prácticas, la obra del doctor Carballosa constituye una ayuda sumamente valiosa para quien desee conocer a fondo la Epístola de Santiago.

Pero no es solamente un comentario de gran calidad lo que el autor nos ofrece, sino un tríptico del máximo interés, en el que el cuerpo exegético va precedido de una primera parte sobre hermenéutica y seguido de una tercera sobre predicación expositiva. Ambas son esenciales para que la exégesis sea, además de correcta, efectiva.

La hermenéutica, ciencia o arte —o ambas cosas— de la interpretación ha sido siempre un factor decisivo en la formulación de la fe cristiana a partir de los textos bíblicos. Solo cuando la teología sistemática descansa sobre una sólida base escriturística, es digna de aceptación plena.

Los excesos de la especulación metafísica aplicada a la teología, en los que a veces han caído los pensadores cristianos, únicamente pueden corregirse mediante la percepción global de la revelación que se alcanza a través de una interpretación esmerada de los libros de la Biblia. Y también de los errores de sectas o movimientos religiosos extraños es correctivo la aplicación de los principios y reglas de la hermenéutica.

Pero es indispensable que el enfoque hermenéutico sea correcto. No han faltado a lo largo de la historia de la Iglesia métodos de interpretación que han alterado gravemente el sentido de determinados pasajes de la Escritura. El alegorismo, el literalismo excesivo, el dogmatismo, el método histórico-crítico y ciertos elementos de la llamada «nueva hermenéutica» han conducido en muchos casos a interpretaciones erróneas, fantásticas o absurdas unas veces; excesivamente filosóficas otras, con total indiferencia respecto a lo que el escritor sagrado quiso decir y dijo. No es este el caso en la orientación hermenéutica dada en la primera parte de esta obra en la que el autor sigue la sana línea de la interpretación gramático-histórica.

Por eso la parte central, correspondiente a la exégesis de la carta de Santiago, presenta una gran solidez. Después de una amplia y documentada introducción, en la que se ofrece la visión necesaria de escritor, destinatarios de la carta y de-más circunstancias del fondo histórico, se hace una exégesis minuciosa del texto. Evis L. Carballosa desgrana prácticamente todas y cada una de las palabras, agota su significado haciendo notar los matices que se derivan de la etimología o de la composición de los vocablos griegos, de los tiempos de los verbos, de las preposiciones, etc., sin perder de vista el *usus loquendi* de algunas expresiones, es decir, el sentido particular que en cada caso podían tener según el uso de las mismas en los días y circunstancias en que la carta fue escrita. En esta tarea de análisis, el autor no regatea esfuerzos, ni los de su propio estudio ni los de una amplia consulta de otros acreditados comentaristas.

Con todo, el comentario no resulta en ningún momento árido, pues no se limita a tecnicismos lingüísticos. Más allá de las palabras, el autor se sumerge en el fondo del pensamiento de Santiago y de él extrae, debidamente iluminadas, las grandes enseñanzas del «hermano del Señor». El conjunto aparece como un todo coherente y eminentemente práctico, sin que falten, cuando conviene, las oportunas notas doctrinales. En algunas de estas, el autor hace patente su posición teológica y su enfoque hermenéutico. Posiblemente no todas serán compartidas por la totalidad de los lectores —esto sucede con cualquier obra importante—; pero en todas se hace evidente la gran fuerza con que el texto bíblico gravita sobre él.

Con toda seguridad, el lector, a través de este comentario, descubrirá nuevas facetas de la Epístola de Santiago y la tendrá en mayor estima. Es, sin duda, uno de los grandes escritos del Nuevo Testamento, pese al juicio poco favorable que le pareciera a Lutero. Y es uno de los más saludables para el pueblo de Dios en nuestros días, cuando la sociedad pone en tela de juicio todos los valores morales y cuando muchos creyentes dan mayor importancia a sus experiencias de tipo emocional o extático que a sus responsabilidades éticas. Hace muy bien el autor en subrayar que la verdadera fe cristiana es una fe que funciona y que su funcionamiento debe estar regido por los principios morales y las pautas de conducta que nos traza la Palabra de Dios.

La obra concluye con una síntesis homilética sobre la predicación expositiva. Y ello también responde a una perenne necesidad. No basta una exégesis exhaustiva y sana de los textos de la Escritura. Es necesario exponer su contenido de modo que satisfaga las necesidades espirituales del hombre de hoy. A menudo, entre el texto y el lector —u oyente—, hay una sima de separación. Se necesita un puente que los comunique. Y ninguno mejor que la predicación expositiva. Por eso, la instrucción impartida en la tercera parte del libro es utilísima, en especial para estudiantes de la Biblia y predicadores.

Preveo una difusión fructífera de la presente publicación. A mi sentimiento de gratitud por ella se une el deseo de que otras semejantes sigan para enriquecimiento espiritual de muchos creyentes de habla hispana.

Barcelona, España
JOSÉ M. MARTÍNEZ

Palabras del autor

Durante las últimas décadas ha habido un incremento considerable en la producción de literatura bíblico-teológica en el idioma castellano. Esto en sí debe ser motivo de gran satisfacción para todo cristiano. Muchos tienen ahora la oportunidad de profundizar más en el estudio de la Palabra de Dios y de crecer espiritualmente.

Sin embargo, aún existe en nuestro idioma una carencia de obras exegéticas que sirvan de alguna ayuda al estudiante serio de las Escrituras. Algunas de las publicaciones que han aparecido últimamente son traducciones de obras que han existido por muchos años en sus idiomas originales. Esto no significa de manera alguna que esas obras no hagan falta en castellano. Gracias a Dios por ellas, pero el pueblo cristiano de habla castellana necesita leer obras escritas originalmente en su idioma.

Este autor ha deseado contribuir de ese modo a la bibliografía evangélica en castellano con la publicación de este tomo titulado: *Santiago: Una fe en acción*. Las fuentes de investigación usadas por el autor evidencian el hecho de la ausencia casi total en nuestro idioma de comentarios sobre la mencionada Epístola. De ahí que ha sido necesario acudir a obras escritas en otros idiomas.

El autor ha deseado, además, contribuir con algo a la investigación bíblica en tres áreas de suma importancia para todo pastor y estudiante de las Escrituras. La primera parte de este libro consiste en un estudio sobre cuestiones de interpretación. Se ha dado el mayor énfasis al hecho de que el uso del lenguaje figurado en la Biblia no milita en contra de una interpretación normal o gramático-cultural. Las figuras de dicción forman parte importante de todos los idiomas. Su uso es el de aclarar lo que se desea comunicar.

La segunda parte constituye el grueso de este trabajo. El autor ha procurado establecer algunos principios fundamentales para la exégesis. También ha procurado aplicar los principios hermenéuticos enunciados en la primera parte de la obra. Mediante la exégesis se determina lo que el texto dice. Mediante la hermenéutica se determina el significado del texto.

Finalmente, reconociendo la importancia de la comunicación del mensaje cristiano, se ha añadido una tercera parte que trata primordialmente de la predicación expositiva. El objeto de esa sección es estimular a todo predicador o maestro de la Biblia a exponer con claridad el mensaje de las Escrituras y aplicarlo con eficacia a las necesidades de los oyentes hoy.

Muchos han sido los amigos y colegas que han estimulado al autor a seguir adelante en este empeño. También muchos han ayudado con valiosas sugerencias. Los doctores Francisco Lacueva y Gerardo Laursen han aportado ideas valiosas para el autor. El licenciado Guillermo Méndez hizo algunas correcciones en la forma del manuscrito. La licenciada Rosa Bolaños de Arce, bibliotecaria del Seminario Teológico Centroamericano, demostró mucha gentileza en la búsqueda de material bibliográfico. A todos ellos les manifiesto mi sincero agradecimiento.

El autor agradece profundamente a las casas editoriales que concedieron el debido permiso por escrito por el uso de algunas de sus publicaciones. La casa Eerdmans permitió el uso de *The Epistle of James,* por James Adamson, y *The Epistle of James,* por C. Leslie Mitton. La editorial Zondervan consintió en el uso de la obra *James: A Study Guide Commentary,* por Curtis Vaughan. La casa Moody permitió gentilmente el uso de la gran obra *The Epistle of James: Test of a Living Faith,* por D. Edmond Hiebert. También se agradece profundamente a la editorial Baker por permitir el uso de la obra *Biblical Preaching,* por Haddon W. Robinson. El autor expresa su profundo agradecimiento a D. José M. Martínez por su generoso prólogo. El Sr. Martínez es uno de los mejores predicadores de habla castellana que España ha tenido en el siglo XX. El autor de esta obra ha aprendido mucho por medio de la predicación de D. José M. Martínez, el cual ha sido un maestro de pastores y un eficaz expositor de la Palabra de Dios.

Una palabra final de agradecimiento a don Harold J. Kregel, fundador de Publicaciones Portavoz Evangélico, por el gran estímulo que siempre dio al autor de esta obra. Humanamente hablando, la publicación de este trabajo no hubiera sido posible sin la ayuda y el ánimo dados por el señor Kregel. Quiera Dios que esta obra sirva de ayuda a pastores y estudiantes de la Palabra y que Jesucristo sea glorificado mediante este esfuerzo.

Evis L. Carballosa, Ph. D.
Vigo, Galicia,
España

Primera parte

La hermenéutica y la Epístola de Santiago

La hermenéutica y la Epístola de Santiago

La hermenéutica es la ciencia y el arte de la interpretación. Es una ciencia porque se basa sobre ciertas normas o leyes específicas y es un arte porque requiere la destreza habilidad que solo se adquiere con la práctica. La interpretación aplicado al lenguaje significa encontrar y explicar el significado original ya sea de una composición literaria, una expresión verbal o cualquier otro medio de comunicación que se emplee. La responsabilidad del intérprete es captar y expresar con exactitud el significado de lo que el autor original quiso decir. El intérprete tiene la responsabilidad de expresar con claridad la intención del autor original.

Es de vital importancia, por lo tanto, que el intérprete utilice el principio o principios que con mayor seguridad le conducirán a expresar con claridad el significado original de lo que está interpretando.

Si en los tiempos de don Quijote parecía «no haber fin de los libros de caballería», en nuestros días parece no haber fin de los sistemas de interpretaciones. El hombre de Dios, sin embargo, que desea estudiar, aplicar a su propia vida y proclamar a otros el contenido de la Palabra de Dios, debe afianzarse en un método o principio de interpretación que le ayude a alcanzar sus objetivos, es decir, desentrañar lo que el escritor sagrado quiso decir a sus lectores cuando escribió, y aplicar ese significado a la vida del creyente hoy.

A lo largo de la historia se han usado métodos como el alegórico que desestima la historicidad de los hechos que se interpretan, procurando encontrar un significado más recóndito que el normal; y el método figurado que, sin descartar la historicidad de los hechos, tampoco les da su significado natural. Otros métodos usados son el metafórico y el espiritualizante. Ambos métodos se apartan del significado pretendido por el autor original.

En nuestros días se habla de la *nueva hermenéutica,* un método muy arraigado en el existencialismo. La nueva hermenéutica sostiene que todo lenguaje es interpretación. Así que el escritor sagrado estaba interpretando al escribir y el intérprete actual interpreta la interpretación del escritor bíblico. Esta hermenéutica, por demás está decir, es eminentemente subjetiva. La nueva hermenéutica no tiene como meta encontrar el significado objetivo y original del texto. La meta es que el «intérprete» tenga una experiencia existencial en el transcurso de su estudio del texto.

Una bifurcación de la nueva hermenéutica es la llamada hermenéutica política. Este acercamiento pretende interpretar la Escritura a la luz de las situaciones socio-políticas existentes. Más que una interpretación, la hermenéutica política produce una reinterpretación de las cuestiones socio-políticas que confronta la sociedad contemporánea. Si bien es cierto que el intérprete debe estar compenetrado con los problemas de su mundo, también es cierto que no son las situaciones socio-políticas las que deben de controlar la interpretación de la Biblia. La Biblia no debe interpretarse a la luz de las condiciones sociales, sino que las condiciones sociales deben interpretarse a la luz de la Biblia.

Otra teoría o hipótesis de hermenéutica que se ha dado a conocer recientemente es el *estructuralismo*. Este concepto, difícil de definir en sí mismo, pone su énfasis sobre las estructuras literarias con el supuesto fin de entender mejor el pasaje bíblico. Los seguidores de este método rehúsan aceptar que el significado de un pasaje guarda una estrecha relación con el propósito o verdad que el autor original deseaba comunicar. El estructuralismo tiende a negar el carácter sobrenatural de las Escrituras y pretende buscar, mediante el uso del análisis estructural, un significado supuestamente más profundo del texto.

Por supuesto que debe haber cabida en todo sistema de hermenéutica para el estudio de la estructura literaria empleada por el autor bíblico. Sin embargo, el estudio de la estructura constituye solo un aspecto a considerar y no el todo sobre el cual basar las conclusiones. Los que se adhieren a la hermenéutica estructural se han concentrado tanto en el estudio de la *estructura* del texto que con frecuencia han soslayado el estudio del *texto* en sí. Total que, aunque podrían encontrarse ciertos aspectos positivos en la hipótesis estructuralista, hay muchas facetas de la misma que dejan mucho que desear.

Ante todo esto, ¿cuál debe ser la actitud de la persona que seria y sobriamente desea estudiar, entender y proclamar las Escrituras? En primer lugar, debe tomar el Texto Sagrado como base primordial de su estudio, y aceptar firmemente su autoridad e inerrancia. El texto debe ser estudiado en su contexto bíblico, cultural e histórico. Eso significa que el intérprete tiene que transportarse al escenario histórico, cultural y teológico en que el pasaje o el libro fue escrito para descubrir el argumento o mensaje que el autor original desea comunicar. Es necesario subrayar que el intérprete tiene la responsabilidad insoslayable de descubrir primeramente y con toda claridad el significado del texto en su contexto original, antes de poder hacer cualquier aplicación a la situación contemporánea. Por supuesto que el intérprete no debe quedar satisfecho solo con descubrir el significado original del texto. Pesa sobre él, además, hacer que ese texto sea aplicado a la situación presente. Hacer que la verdad bíblica sea relevante al hombre moderno, jamás debe pasarse por alto. Esa es la responsabilidad del expositor de la Palabra. El expositor debe hacer que el texto bíblico hable a la vida del hombre moderno y le ayude a nutrir su vida de la Palabra de Dios.

El intérprete debe dar atención también a la gramática del pasaje. Esto incluye el estudio de las palabras en su uso contextual, la relación que dichas palabras guardan entre sí y, por supuesto, la sintaxis. Esto ayuda al intérprete a comprender el énfasis que el escritor original quiso dar a lo que escribió. Es necesario, además, que el intérprete se familiarice con los géneros literarios empleados en la Biblia. Las Escrituras contienen literatura narrativa, histórica, poética, doctrinal y apocalíptica. Es necesario conocer la naturaleza y características de esos estilos para efectuar una buena interpretación de los mismos.

Debe recordarse que en el acto y proceso de comunicar la verdad divina, los escritores del Texto Sagrado usaron el lenguaje de los hombres. Esto incluye el uso de figuras literarias, ya que dichas figuras ayudan a la mejor comprensión de conceptos abstractos. Un ejemplo clásico lo tenemos en las palabras del salmista, usadas para explicar el cuidado especial que Dios tiene para sus hijos: «Con sus plumas te cubrirá y debajo de sus alas estarás seguro…» (Sal. 91:4). Por supuesto que Dios no tiene ni plumas ni alas, pero la figura literaria usada expresa elocuentemente que Dios tiene un cuidado especial para con sus hijos. En el mismo versículo aparece la expresión «escudo y adarga es su verdad». Los soldados usaban el escudo y la adarga para defenderse de los ataques enemigos. Aquí el salmista usa esos dos sustantivos metafóricamente para ilustrar la función que «la verdad divina» (la Palabra de Dios) tiene para con el creyente.

Finalmente, el intérprete debe recordar siempre que la Biblia es una unidad, aunque consta de dos testamentos con un total de sesenta y seis libros. Eso significa que el intérprete tiene la responsabilidad de integrar armoniosamente las enseñanzas de la Palabra de Dios. El intérprete tiene que saber pensar teológicamente. Si la Biblia es *un todo* y tiene un solo Autor Divino (el Espíritu Santo), eso significa que no puede haber contradicciones reales en su contenido. El intérprete tiene la responsabilidad ineludible de armonizar las enseñanzas del Antiguo Testamento con las del Nuevo Testamento, sin ignorar ninguno de los libros del Canon Sagrado.

En resumen, tanto el estudiante como el maestro, el predicador como el teólogo que se acerque al texto bíblico para interpretarlo, debe de hacerlo de manera natural o normal, dando a las palabras, frases e ideas el mismo sentido que tuvieron cuando fueron escritas originalmente. El intérprete moderno no debe buscar un significado recóndito, alegórico o figurado del texto bíblico, sino el normal, llano, primario, es decir, el que el escritor quiso darle cuando escribió.

La Biblia no es un libro plagado de mitos como algunos pretenden enseñar. Toda la Biblia trata de situaciones reales. El uso de lenguaje figurado tiene la finalidad de aclarar, no de oscurecer, el contenido de las Escrituras. De ahí que sea importante que el estudiante de las Escrituras se familiarice con el uso y el significado de las figuras de dicción y que las interprete a la luz de su equivalente gramatical y literario. La Biblia usa metáforas, pero no debe interpretarse metafóricamente. La Biblia usa símbolos, pero no debe interpretarse simbólicamente. El método que hace justicia al texto bíblico es el histórico-gramatical-contextual, es decir, el método literal.

1

Introducción

Cualquiera que lee la Biblia se enfrenta de inmediato con el problema de su lenguaje e interpretación. El lenguaje de la Escritura refleja el hecho de que «fue escrita en el oriente por escritores orientales,[1] y primeramente, y en su mayor parte, durante largos siglos, para lectores orientales». El lector tiene que transportarse a través de las barreras del tiempo, la cultura, la literatura y el idioma si ha de descubrir con precisión el significado del mensaje sagrado. Para efectuar dicha tarea, hay que adentrarse en el estudio de la hermenéutica, la ciencia y el arte de la interpretación.

En relación con el estudio de las Sagradas Escrituras, la hermenéutica ha sido una de las áreas de estudios teológicos más debatidas a través de los siglos. En tiempos más recientes, el debate se ha centrado en la siguiente pregunta: ¿cuánto de la Biblia debe interpretarse literalmente y cuánto no? Esta pregunta surge del hecho de que el Canon Sagrado está repleto de imágenes literarias y expresiones que, en la opinión de algunos, no se prestan a una interpretación natural o literal.

Ya que el lenguaje figurado es un modo de expresión usualmente reconocido, se requiere el uso de un método correcto de interpretación para que mucho del mensaje de la Biblia sea debidamente comprendido, de modo que el exégeta serio de las Escrituras no ignorará el estudio del lenguaje figurado y su uso en la Biblia por varias razones importantes. Primeramente, la Palabra de Dios fue escrita en su mayor parte en el lenguaje del hombre común, usando las expresiones familiares del hablar cotidiano. En segundo lugar, la ignorancia del uso de las figuras del lenguaje en la Biblia ha dado como resultado muchas aberraciones teológicas. En tercer lugar, el uso del lenguaje figurado armoniza con la hermenéutica normal o literal y abre nuevas avenidas para el entendimiento de la revelación divina.[2]

---

1. James Neil, *Figurative Language of the Bible*, p. 2.
2. Merrill F. Unger, *Principles of Expository Preaching*, pp. 175-177.

PROPÓSITO DE ESTE ESTUDIO

El propósito de este estudio es clasificar e interpretar las figuras del lenguaje que aparecen en la Epístola de Santiago y demostrar que una aplicación consecuente de los principios de la hermenéutica normal o natural resultará en un mejor entendimiento del mensaje de dicha Epístola. La Epístola de Santiago será usada para demostrar la validez de este método, porque está adornada con una gran cantidad y variedad de modos de expresiones figuradas. Si el significado y la importancia de las imágenes literarias usadas por Santiago son interpretadas correctamente, el mensaje del libro brotará con incontenible vitalidad y frescura espiritual. Pero si se interpretan mal, el mensaje del libro será tergiversado y será alejado del propósito de su autor original.

METODOLOGÍA USADA EN ESTE ESTUDIO

Para cumplir con el cometido de esta investigación, se empleará el siguiente procedimiento: el tema se limitará solamente a la Epístola de Santiago, debido a que el campo de la literatura del Nuevo Testamento es demasiado vasto para ser abarcado en un breve espacio; además, el libro de Santiago en sí provee amplias ilustraciones y material adecuado para la realización de un estudio en el que puede investigarse la validez de los distintos métodos hermenéuticos aplicados al lenguaje figurado.

Para comenzar, es necesario distinguir entre el uso figurado y el uso literal de un idioma. Seguidamente debe hacerse una investigación del marco histórico y del argumento de la Epístola de Santiago para poder situar en su perspectiva correcta el vehículo literario en el que se centra este estudio. Luego, seguirá una clasificación e interpretación del lenguaje figurado que se usa en la Epístola de Santiago, con el propósito de aplicar los dispositivos literarios a la obra bajo estudio. Esto será seguido por una síntesis de los resultados obtenidos, de donde se derivará el asunto, el mensaje y la doctrina de la epístola misma. Finalmente, se presentará un resumen de las evidencias y una conclusión práctica tocante a los méritos relativos de las distintas escuelas de interpretación al aplicar sus métodos a la Epístola de Santiago.

La primera parte de la presente obra pretende estimular a los estudiantes de las Escrituras a mantener un sistema congruente de interpretación bíblica que toma en consideración el uso y el entendimiento del lenguaje figurado de la Biblia.

La segunda parte está dedicada a la exégesis de la Epístola de Santiago. Es mediante la exégesis que el estudiante logra desentrañar lo que el escritor original escribió en su composición. El vocablo *exégesis* significa literalmente «sacar fuera» o «poner a la vista». La exégesis, por lo tanto, tiene que ver con la investigación y el análisis del texto en sí, con el fin de llegar a conocer con la mayor precisión posible lo que escribió el autor original.

La tercera parte de este libro trata el tema de la predicación expositiva. Hoy día se escuchan muchos sermones y discursos cristianos. Lo que no se escucha con suficiente frecuencia es la exposición seria de la Palabra de Dios. La exposición seria de la Biblia es la presentación de un sermón basado en una exégesis clara del texto bíblico que conduce a la declaración de lo que el autor original quiso decir con lo que escribió. Esa exégesis va acompañada de una interpretación hecha dentro del marco histórico del pasaje que se desea exponer, sin desconectar dicho pasaje de su contexto. Además, la interpretación debe observar rigurosamente las reglas de la gramática, incluyendo la función que cada palabra realiza dentro del pasaje, la sintaxis y el uso de las figuras de dicción.

La predicación expositiva exige claridad. Esa claridad es el resultado de la declaración de un sujeto, es decir, cuál es el tema central del pasaje y de uno o más complementos, o sea, qué se dice acerca del sujeto. La predicación expositiva tiene como fin que el oyente moderno comprenda la importancia práctica del mensaje de las Escrituras para su vida hoy, y ha de tener como objeto la edificación del creyente y su crecimiento espiritual.

2

El lenguaje y los símbolos literarios

DEFINICIÓN DE LENGUAJE

El lenguaje ha sido definido como «el medio por el cual procuramos transmitir a otras mentes las ideas que tienen su origen en la nuestra».[1] Es básicamente por medio de la comunicación verbal que los miembros de una sociedad se relacionan entre sí. Además, «el lenguaje se relaciona con todos los otros aspectos de la vida humana en una sociedad y solamente puede ser comprendido si se le considera en relación con la sociedad».[2]

IMPORTANCIA DEL LENGUAJE

La importancia del lenguaje en la sociedad humana no puede medirse plenamente, pero nadie dudaría de su seriedad en las relaciones humanas. Generalmente, el lenguaje ha sido reconocido como el medio de comunicación más importante entre los hombres. Podríamos remontarnos en las alas del tiempo y viajar hasta lo más recóndito en los anales de la historia de la humanidad y encontraríamos allí que el lenguaje se usa para comunicar la cultura en sus aspectos más amplios. No ha existido una época o una civilización que no haya vestido sus pensamientos con la vestimenta del lenguaje para que esas ideas sean reconocibles a la mente humana.

Es mediante el uso del lenguaje que los seres humanos aumentan y almacenan su conocimiento, la herencia social y la sabiduría que hace posible que las generaciones futuras se beneficien de las experiencias del pasado así como de las del presente. Todo lenguaje está íntimamente relacionado con la cultura a la que pertenece.

1. Stephen J. Brown, *The World of Imagery*, p. 26.
2. *The New Encyclopedia Britannica*, «Language», 10:642.

Además de lo dicho, el lenguaje hace que el hombre se relacione consigo mismo. Un escritor lo expresa así:

> En el lenguaje, el hombre interpreta también sus experiencias internas, articulándolas en formas significativas y comunicables; aun cuando el hombre tiene de antemano en su mente una idea vaga de lo que quiere comunicar, esa idea es completa solamente cuando se formula en palabras. El hombre interpreta su propia experiencia interna cuando la transforma en lenguaje como una especie de creación en la que se revela a sí mismo a otros y a su propia persona.[3]

De modo que el lenguaje no puede separarse del comportamiento humano, y dicho comportamiento adquiere significado y uso cuando es expresado en lenguaje humano.

LENGUAJE DENOTATIVO Y CONNOTATIVO

Una de las características importantes del lenguaje es la flexibilidad con la que pueden usarse sus símbolos. Las palabras tienen «diferentes funciones».[4] Algunas veces se usan en forma directa y explícita, pero en otras, con un sentido implícito o sugerido. Ya que el propósito primordial del lenguaje es facilitar la comunicación, se hace necesario distinguir entre lenguaje denotativo y connotativo.

Una palabra usada denotativamente es aquella que transmite su significado de manera directa. Por ejemplo, el significado denotativo de la palabra «peso» podría ser expresado como «la fuerza que la ley de gravedad ejerce sobre los cuerpos materiales». La misma palabra, sin embargo, puede usarse en un sentido connotativo, como cuando un abogado habla del «peso de un argumento».[5] El abogado usa la misma palabra en su sentido connotativo, queriendo decir «un argumento convincente». Escribiendo sobre el tema del lenguaje figurado, el erudito jesuita Luis Alonso Schökel ha dicho:

> Este es un caso especial del lenguaje. Podemos mencionar entre sus características: riqueza de densidad y contenido, el cuidado dedicado al medio de la comunicación, más dado al uso convencional de la forma. El hablar cotidiano es generalmente más seco y diluido en contenido, menos atento al medio de comunicación y más presto al uso de las formas convencionales sin pesar mucho ni seleccionar (las palabras). De ahí que el lenguaje literario tiende a

---

3. Luis Alonso SCHÖKEL, «Hermeneutics in the Light of Language and Literature», *The Catholic Biblical Quarterly*, 25 (julio, 1963), p. 374.

4. Robert J. WILLIAMS, «The Science of Translating the Greek Testament into English», p. 138.

5. También podría indicar en algunos lugares una unidad de cambio monetario.

concentrar el asunto y a refinar sus formas; y si todo lenguaje es interpretación, un acto hermenéutico, el lenguaje literario lo es en un grado mucho mayor.[6]

Tanto el uso técnico del lenguaje como el literario son legítimos, pero es necesario distinguirlos con precisión para poder expresar con exactitud la idea que existe en la mente del escritor o del orador. Esta importante verdad es frecuentemente omitida por estudiantes e intérpretes del lenguaje, en detrimento de sus trabajos.[7]

EL LENGUAJE Y LA REVELACIÓN DIVINA

Aunque la mente racional se inclina a rechazar esta idea, Dios ha hablado al hombre de manera sobrenatural (He. 1:1). Dios ha usado hombres para escribir el mensaje divino en lenguaje humano. Los hombres que escribieron las Sagradas Escrituras vivieron dentro de una extensión de mil quinientos años, en diferentes países, y se relacionaban usando varios idiomas distintos.[8] Dichos hombres usaron los medios literarios a su disposición, pero siempre bajo la superintendencia del Espíritu Santo. Esos medios literarios incluían la poesía y el lenguaje figurado. El escritor católico romano, Stephen Brown, describe la obra de los escritores bíblicos de la forma siguiente:

> Los cantores de Israel, derramando la plenitud de sus corazones en alabanza a Jehová, se aprovechaban de toda imagen bella y majestuosa a su alcance. Él (Jehová) es a la vez roca, escudo, castillo, cuerno (imagen de fortaleza), luz. El cielo es su trono; la tierra, su estrado; la expansión del firmamento, su tienda; anda sobre las alas del viento.[9]

El hecho de que la Biblia fue escrita por hombres que usaban el vocabulario, la estructura gramatical y el estilo literario de la generación y la cultura en que vivían, hace necesario el uso correcto de los principios hermenéuticos que saquen a la superficie el significado del mensaje del Texto Sagrado. La corrección del exegeta bíblico depende en gran escala de su comprensión de la naturaleza

---

6. SCHÖKEL, «Hermeneutics», p. 378.
7. SCHÖKEL afirma: «No puedo por menos que maravillarme de aquellos que se creen capaces de dar origen a producciones literarias sin formas literarias, o que piensan que la Biblia, porque es la Palabra de Dios, no se preocupa de las formas literarias. Al expresar verdades y experiencias religiosas en formas literarias, los escritores bíblicos las hacen comunicables y permanentes. Al darles forma, no las deforman; al interpretarlas, no las falsifican. En verdad, el lector que ignora esas formas es quien corre el riesgo de deformar la obra del autor, al igual que le ocurriría al músico que confunde la clave o el estado de ánimo del compositor». *Ibíd.*
8. Norman L. GEISLER y William E. NIX, *From God to Us*, pp. 126-138.
9. BROWN, *The World of Imagery*, pp. 56-57.

de la literatura sagrada, y el resultado estará en gran manera afectado por el modo en que se manejen los diferentes géneros literarios.

LAS FIGURAS DEL LENGUAJE Y LA COMUNICACIÓN

Los modos figurados de expresión son técnicas literarias usadas por el hombre en el proceso de comunicar sus ideas. A través de los siglos, poetas y literatos han usado una variedad de imágenes literarias para transmitir sus pensamientos e ideas a sus contemporáneos. Escritores seculares tanto antiguos como modernos han hecho uso extenso del lenguaje figurado.[10] De igual modo, escritores bíblicos tales como Isaías, Ezequiel, Daniel, los doce profetas menores y la mayoría de los escritores del Nuevo Testamento enriquecieron y dieron belleza a sus obras apelando al uso de las figuras literarias.[11] Un escritor ha hecho las siguientes observaciones tocante a las figuras del lenguaje:

> Otra idea relacionada con el lenguaje figurado es la siguiente: este (el lenguaje figurado) no es una ciencia de ayer. La astronomía, la botánica, la geología sí. Solo recientemente se han entregado a investigar los particulares y, por lo tanto, no podrían pasarse en leyes, generalizaciones y clasificaciones. Pero las realidades del lenguaje se han hecho patentes desde épocas remotas a todos los que han podido hablar y pensar y, por lo tanto, de la manera más natural ha surgido el estudio del lenguaje figurado; es una de las *pocas acertadas ciencias de la antigüedad.*[12]

Ya que el lenguaje figurado tiene un lugar tan importante en la historia de la comunicación humana y ya que una comprensión de su naturaleza es algo tan crítico para llegar a un claro entendimiento de las Sagradas Escrituras, se hace necesario examinar el tema un poco más detalladamente.

DEFINICIÓN DEL LENGUAJE FIGURADO

Lenguaje figurado es la licencia literaria que permite a un escritor u orador desviar las palabras, alejándolas de su uso ordinario y común para darles una forma, construcción y aplicación diferente de su uso léxico normal.[13] El poeta

---

10. Escritores de la antigüedad tales como Homero, Platón, Aristóteles, Cicerón y otros hicieron un uso extenso y variado del lenguaje figurado. En la literatura castellana escrita a ambos lados del Atlántico, tanto en el pasado como en el presente, existe una lista interminable de nombres que podrían mencionarse como ejemplos del uso efectivo del lenguaje figurado.
11. Ver la obra de E. W. Bullinger, *Figures of Speech Used in the Bible.*
12. James Neil, *Figurative Language of the Bible*, p. 7.
13. *Ibíd*, p. 4.

romano de la antigüedad, Quintiliano, ofreció la siguiente definición del lenguaje figurado: «Cualquier desviación ya sea de pensamiento o expresión del método simple y ordinario de hablar».[14] Un destacado erudito del idioma griego ha hecho la siguiente observación acerca del uso figurado de las palabras: «Aplicada a las palabras, una figura denota cierta forma que una palabra u oración toma, diferente de su forma ordinaria y natural».[15]

Bruce Waltke, ex jefe de la cátedra de Antiguo Testamento del Seminario Teológico de Dallas, ha escrito:

> Puede servir de ayuda notar que al «voltear» una palabra, el poeta frecuentemente yuxtapone o transfiere dicha palabra a un campo semántico de pensamiento que no es el que normalmente le corresponde. Por ejemplo, en la oración «Jehová es mi pastor», la palabra *pastor,* que pertenece al reino animal, es yuxtapuesta para aplicarse a un Ser Espiritual… Es esta transferencia, esa yuxtaposición, de una palabra a un campo de pensamiento foráneo, la que frecuentemente alerta al lector a percatarse de que el escritor ha usado una figura del lenguaje.[16]

De modo que es correcto concluir, sobre la base de las definiciones que han sido examinadas, que las palabras pueden ser usadas (y constantemente lo son) en una función diferente a la de su uso léxico establecido. En tal caso se está haciendo uso del lenguaje figurado.

LA GÉNESIS DEL LENGUAJE FIGURADO

El lenguaje figurado no es una invención de los gramáticos, sino que es el resultado de la necesidad fundamental en el hombre de comunicar sus pensamientos. E. W. Bullinger, erudito de las lenguas bíblicas del pasado siglo, ha escrito:

> Una figura es un alejamiento de las leyes de gramática y sintaxis establecidas, pero es un alejamiento que no surge de la ignorancia o por accidente. Las figuras no son simples errores gramaticales; por el contrario, son alejamientos legítimos de la ley con un propósito especial. Son variaciones permisibles con un objetivo particular. Por lo tanto, se limitan en cuanto a su número, y pueden ser reconocidas, nombradas y descritas.[17]

---

14. Quintillian, *Instit. Orta.*, IX, 1, II, citado por Edward P. J. Cobert, *Classical Rhetoric for the Modern Student*, p. 460.
15. Bullinger, *Figures of Speech*, p. v.
16. Bruce Waltke, *Hebreo 104.*
17. Bullinger, *Figures of Speech*, p. xi.

El hombre ha sido divinamente investido de una habilidad para comunicar sus pensamientos; consecuentemente, puede usar palabras ya existentes, inventar nuevas palabras, o usar vocablos ya existentes con un nuevo sentido. La habilidad humana de transferir la palabra que ya se conoce de su sentido original propio a uno nuevo, da origen a los modos figurados del lenguaje. Está, pues, dentro de los recursos intelectuales dados al hombre, la capacidad de apelar a su ambiente en la tarea de dar color y sustancia a sus ideas.

Los autores humanos de las Escrituras no tuvieron dificultad en apelar a la topografía de Palestina, así como a los hábitos y costumbres de su cultura en la producción de las hermosas y variadas imágenes literarias de la Biblia.[18] Además, tenían muchas otras fuentes de donde extraer imágenes verbales. Tenían el mundo físico, ocupaciones cotidianas, viajes, música, ritos religiosos y otros recursos que eran manantiales inagotables para la producción de figuras literarias.[19]

FUNCIONES DE LAS FIGURAS DEL LENGUAJE

En su obra *La institución de la oratoria,* Quintiliano sugiere tres funciones básicas del lenguaje metafórico, a saber: 1) la necesidad, 2) obtener un significado y fuerza mayores y 3) proveer adorno. La sugerencia de Quintiliano, sin embargo, es algo limitada. Sin pretender llevar el asunto demasiado lejos, es posible sugerir que el lenguaje figurado puede ser usado por un mayor número de razones. Por ejemplo: 1) para expresar una idea que de otra manera no podría expresarse adecuadamente, 2) para proveer vitalidad y frescura al estilo y modo de expresión, 3) para ilustrar un asunto desconocido o explicar una idea abstracta, 4) para los sentimientos y la personalidad del orador a los oyentes, 5) para proveer belleza estética y 6) para enfatizar un concepto o pensamiento que el orador o escritor considera crucial en su trabajo.

Los modos figurados del lenguaje son, por lo tanto, herramientas insustituibles para todos los propósitos de descripción, tanto en la comunicación oral como en la escrita. No son meros antojos literarios. Por el contrario, son instrumentos muy importantes que capacitan a un escritor u orador para alcanzar las mentes de los demás mediante el uso de la imaginación. Además de lo dicho, el lenguaje figurado nos ayuda a expresar ciertas ideas para las que no existe ningún vocablo literal que sea su equivalente exacto. El lenguaje figurado no es solamente un

---

18. Expresiones como «monte de Hermón», «roca de salvación», «valle de sombras», «muros de Jerusalén» y cientos de expresiones similares fueron usadas por los escritores bíblicos para dar fuerza y belleza a sus composiciones, por supuesto, siempre bajo la dirección del Espíritu Santo

19. El pastor, la vid, el redil, el sembrador, el cordero, el aceite, el vino, los lirios del campo, la lluvia, etc. constituyen algunos ejemplos de figuras relacionadas con la vida diaria de los escritores bíblicos.

medio efectivo para la clasificación de pensamientos, sino que también crea y amplía los significados que proveen énfasis tanto emocional como intelectual.[20]

CLASIFICACIÓN DE LAS PRINCIPALES FIGURAS DEL LENGUAJE

La tarea de clasificar no es en modo alguno simple. El obstáculo mayor podría encontrarse en el hecho de que «algunas figuras son comunes a muchos idiomas, pero otras solo pertenecen a algunos idiomas».[21] Varias categorías, sin embargo, podrían incluirse en la siguiente clasificación:[22] 1) figuras que implican omisión, 2) figuras que implican adición o amplificación, 3) figuras que implican sustitución y 4) figuras que implican comparación. Esta clasificación será considerada en detalle más adelante en otro capítulo.

LA INTERPRETACIÓN DE LAS FIGURAS DEL LENGUAJE

Aunque muy pocas personas negarían la realidad del uso extenso del lenguaje figurado en las Escrituras, ha habido bastante desacuerdo en la interpretación de dicho género literario. Evidentemente, la raíz de la controversia está en la falta de aplicación consonante de los principios normales o naturales de interpretación. Otro aspecto que ha agravado el problema es la falta de distinguir entre lenguaje figurado e interpretación figurada. Escribiendo acerca de la interpretación del lenguaje figurado, Paul Lee Tan ha expresado lo siguiente:

> Las figuras son interpretadas, no partiendo de las palabras literales que componen la figura, sino partiendo del sentido original y literal expresado en el uso de la figura. El sentido literal transmitido por la figura, y no lo que las expresiones figuradas literalmente transmiten, es el sentido original pretendido por el escritor bíblico. Así que, una vez que el intérprete está convencido de que está frente a una figura, su tarea inmediata es buscar el propósito original y literal del escritor al usar dicha figura. Aunque aprecie el encanto de las figuras, el intérprete no debe estar satisfecho hasta que encuentre el sentido literal pretendido por el escritor bíblico.[23]

Según Tan, la interpretación literal reconoce la presencia del lenguaje figurado en las Escrituras. También reconoce el hecho de que el deseo del escritor

---

20. Patricia Meyer Spacks, *An Argument of Images*, p. 12.
21. Bullinger, *Figures of Speech*, p. xv.
22. En esencia, la discusión de este tema seguirá el trabajo de Allen P. Ross y Bruce Waltke, *Hebreo 104*.
23. Paul Lee Tan, *The Interpretation of Prophecy*, p. 142.

es transmitir una verdad literal. El intérprete debe hacer su tarea primordial: sacar a la superficie el significado exacto de lo expresado por el escritor bíblico, si es que desea hacer justicia al texto. Como resultado, debe darle el debido reconocimiento a los vehículos literarios que se usan con el propósito de favorecer, y no de oscurecer, el significado. Como ha expresado un escritor: «el lenguaje figurado, por tanto, debe ser considerado como un aliado y no como un enemigo de la interpretación literal. Como una ayuda y no como un obstáculo».[24]

RESUMEN

Se ha mostrado en el transcurso de este capítulo que el lenguaje no puede disociarse de la cultura humana. El hombre comunica su cultura tanto por medios orales como escritos. El modo figurado del lenguaje es usado en toda cultura con el propósito de enfatizar, aclarar y facilitar el entendimiento de los pensamientos y las ideas. En lo que concierne a la Biblia, el aspecto más crucial del uso del lenguaje figurado es el relacionado con su interpretación. Algunos han pasado por alto la diferencia entre lenguaje figurado e interpretación figurada. Se ha señalado que la responsabilidad primordial del intérprete es reproducir el significado original pretendido por el escritor bíblico. Ese objetivo es alcanzado con mayor eficacia mediante el uso de una interpretación normal o natural.[25] Este método toma en consideración que el lenguaje figurado es un dispositivo que forma parte integral de toda literatura. El intérprete capaz no divorciará el lenguaje figurado de su hermenéutica. Por el contrario, siente profundamente que el lenguaje figurado, cuando es congruentemente interpretado, facilita el entendimiento de las Sagradas Escrituras. Esta afirmación se hará más evidente cuando examinemos la Epístola de Santiago en capítulos sucesivos.

Es importante tener presente que existe un uso lícito de las figuras de dicción en las Sagradas Escrituras. Pero no debe confundirse dicho uso, que es del todo válido, con las normas y los principios de la hermenéutica. El texto bíblico contiene metáforas, pero no debe interpretarse metafóricamente. Contiene símbolos, pero no debe interpretarse simbólicamente. Contiene alegorías (parábolas), pero no debe interpretase alegóricamente. Todas las figuras de dicción tienen un equivalente. Ese equivalente es su significado literal.

---

24. Merrill F. UNGER, *Principles of Expository Preaching*, pp. 176-177.
25. La interpretación normal o natural también se conoce como histórica, gramatical, cultural o literal, porque enfatiza el entendimiento del lenguaje en su uso acostumbrado y cotidiano.

3

Clasificación e interpretación de las figuras literarias en la Epístola de Santiago

La clasificación de las figuras literarias constituye uno de los estudios más interesantes y significativos en el campo de la Lingüística. En relación con las Escrituras, el estudio del lenguaje figurado ha sido desafortunadamente pasado por alto. Esta negligencia ha resultado dañina para un claro entendimiento de la Palabra de Dios. Esta investigación tiene como propósito estudiar de cerca el estilo literario de la Epístola de Santiago para identificar y clasificar el lenguaje figurado de la Epístola. Un mejor entendimiento de la estructura literaria de esta Epístola debe hacer posible una interpretación congruente del mensaje de este libro neotestamentario.

Las figuras literarias pueden clasificarse según varios criterios. En general, el lenguaje figurado se clasifica en la base de la sintaxis o la gramática, la retórica o la etimología. Existen, sin embargo, otros parámetros que pueden determinar categorías adicionales o modificadas.

FIGURAS QUE IMPLICAN OMISIÓN O SUPRESIÓN

Elipsis

Esta figura implica la omisión de una palabra o palabras en una oración gramatical.

La omisión surge no por falta de pensamiento o por descuido, o producto de un accidente, sino adrede, para no detenernos a pensar en la palabra omitida ni enfatizarla, sino para que permanezcamos con las otras palabras que son enfatizadas a causa de la omisión.[1]

---

1. E. W. BULLINGER, *Figures of Speech Used in the Bible*, p. 1.

Hay varios casos del uso de elipsis en la Epístola de Santiago. Algunas veces, en los casos más comunes, el traductor suple la palabra o palabras que faltan. Veamos algunos ejemplos:

1:5: «Y si alguno de vosotros tiene falta de sabiduría, pídala a Dios, el cual da a todos abundantemente y sin reproche, y le será dada» (sabiduría). Al dejar fuera la palabra «sabiduría», Santiago enfatiza el hecho de que Dios dará a aquel que pide de Él.

2:13: «Porque juicio sin misericordia se hará con aquel que no hiciere misericordia; y la misericordia triunfa sobre el juicio». Los traductores de la versión castellana suplen la expresión «se hará», que no aparece en el original. La razón por la que el escritor omite dicho verbo es seguramente porque desea impresionar a sus lectores con la certeza del juicio que vendrá sobre los que practiquen la discriminación y actúen inmisericordemente.

4:1: «¿De dónde vienen las guerras y los pleitos entre vosotros? ¿No es de vuestras pasiones las cuales combaten en vuestros miembros?». El apóstol Santiago apunta al corazón de la cuestión en este versículo. Su preocupación era el hecho de que sus lectores estaban teniendo conflictos y pleitos entre sí. Por eso, usa una elipsis para enfatizar el asuntó. El texto literalmente dice: «¿De dónde las guerras y los pleitos entre vosotros?». El verbo «venir» es suplido por los traductores al castellano.

Como podrá observarse, en estos versículos citados, el autor omite deliberadamente cierta palabra o palabras con el propósito de enfatizar la idea que desea comunicar. Dicha omisión demuestra un estilo limado, que permite al escritor realizar con efectividad el propósito pretendido.[2]

Asíndeton

El vocablo *asíndeton* significa sin conjunción. Esta figura se usa cuando se desea omitir las conjunciones con el fin de dar viveza o energía a un concepto.[3] El connotado lingüista bíblico, E. W. Bullinger, explica lo siguiente:

> Cuando la figura de *asíndeton* es usada, no nos detenemos en las declaraciones por separado, ni procuramos considerar cada una en detalle, sino que nos apresuramos para no considerar los distintos asuntos mencionados, como si en realidad no contasen, en comparación con el gran clímax al que estos conducen, y que es lo único que esta figura procura enfatizar.[4]

---

2. Otros ejemplos del uso de elipsis en esta epístola son: 1:12, 19, 25; 2:12; 3:2, 6, 8, 12, 13, 16; 4:6, 10, 14; 5:7, 15, 17.

3. *Diccionario de la Real Academia de la Lengua Española*, p. 131.

4. BULLINGER, *Figures of Speech*, p. 137.

La figura de *asíndeton* ata en un solo manojo de pensamientos, por así decirlo, el mensaje o idea que el escritor trata de comunicar. El propósito del uso de la figura es expresar el tren de pensamiento de corrido, sin hacer pausa, hasta llegar a la culminación. Un ejemplo de esta figura lo encontramos en los siguientes textos:

> Por esto, mis amados hermanos, todo hombre sea pronto para oír, tardo para hablar, tardo para airarse, porque la ira del hombre no obra la justicia de Dios (Stg. 1:19-20).

Indudablemente, la meta o clímax al que el autor desea llegar está en la última frase («la ira del hombre no obra la justicia de Dios»). Esto lo consigue omitiendo las conjunciones.

Otro ejemplo del uso de la figura *asíndeton* lo encontramos en Santiago 5:6: «Habéis condenado (y) dado muerte al justo (y) él no os hace resistencia».

En este caso particular, ninguna de las dos conjunciones (y) aparece en el original.[5] Es evidente que el propósito del autor es dar énfasis a la práctica de la injusticia ejecutada por «los ricos» aludidos en 5:1. La omisión de las conjunciones proporciona un lenguaje terso y ágil. De modo que el lector no pierde de vista el aspecto importante de la cuestión bajo consideración.

Preguntas retóricas

La pregunta retórica es una figura literaria en la que se formula una pregunta, no con el propósito de recibir una respuesta, sino «para afirmar o negar algo de manera oblicua».[6] La Epístola de Santiago contiene varios ejemplos de esta figura.

En Santiago 2:4, el escritor pregunta: «¿No hacéis distinciones entre vosotros mismos, y venís a ser jueces con malos pensamientos?». El uso de la negativa *ou* con el indicativo, según la gramática griega, sugiere que el autor espera una respuesta positiva si es que sus lectores en verdad han estado practicando la discriminación.[7] En 2:14, Santiago hace las siguientes preguntas: «¿De qué sirve que alguien diga que tiene fe, si no tiene obras? ¿Acaso podrá esa fe salvarle?» (RVR-77). En este caso, el escritor espera una respuesta negativa que bien podría expresarse de esta manera: «Esa fe no puede salvarle, ¿verdad que no?».

El uso de esas preguntas retóricas proporciona una fuerza adicional al

---

5. Es desafortunado que los traductores no capten ese énfasis. El versículo se lee mejor dejándolo en su forma original: «Habéis condenado, dado muerte al justo, él no os hace resistencia».

6. Bruce K. WALTKE, *Hebreo 104*.

7. Otros ejemplos de preguntas retóricas en la Epístola de Santiago aparecen en 2:5, 6, 7, 20, 21, 25; 3:11, 12, 13; 4:1, 5, 12; 5:13, 14.

mensaje de Santiago. Esas preguntas revelan que el escritor es capaz de anticipar las objeciones y argumentos de sus lectores y, de ese modo, puede enfrentarse a ellos de manera decisiva.

FIGURAS QUE REQUIEREN ADICIÓN O AMPLIFICACIÓN

Pleonasmo

El *pleonasmo* es la repetición de una idea que ya se ha expresado en una oración, no con propósitos retóricos ni a causa de un descuido, sino como el resultado de ciertos hábitos de comunicación. Algunos casos de expresiones pleonásticas en la Epístola de Santiago son los siguientes: en 1:7 la expresión «ese hombre» *(ho ánthropos ekeinos)*. Según el texto original, *ekeinos* hubiese sido suficiente para expresar la idea gramatical. Pero, indudablemente, Santiago casi desea señalar con su índice al hombre de quien está hablando.

En Santiago 1:8 aparece la expresión «el hombre de doble ánimo» *(anér dipsychos)*. Aquí el sustantivo *anér* (hombre) es usado pleonásticamente, ya que la expresión *dipsychos* hubiese sido suficiente en lo que respecta a la gramática, pero el uso del pleonasmo añade mayor énfasis a la expresión. Un ejemplo más podría servir de ayuda. En Santiago 3:2, aparece la frase «éste es varón perfecto». En el original solo aparecen tres palabras *(houtos téleios anér)*, todas en singular, masculino y nominativo. Si la palabra *anér* (varón) se hubiese omitido, la traducción castellana no hubiese variado, pero el énfasis exegético sí. Santiago está hablando de una clase de persona específica, a saber, un maestro que no ofende con la palabra, que sabe controlar su comunicación para edificar a sus oyentes. Es a esa clase de persona a quien el apóstol llama «un varón perfecto».

Hay otros casos de pleonasmos en la Epístola de Santiago (3:7, 17; 4:1, 4 y 13-15). Recomendamos que el estudiante de las Escrituras preste atención a esas formas de expresión. En cada uno de esos casos, el autor repite una palabra o frase con el propósito de fortalecer sus declaraciones. La repetición es solo una aparente redundancia, ya que el sentido de la expresión es fortalecido por medio del uso del pleonasmo.

Polisíndeton

Polisíndeton es una figura del lenguaje que consiste en la repetición de la conjunción «y» al comienzo de oraciones gramaticales sucesivas. En ese sentido, polisíndeton es lo contrario de asíndeton. En el asíndeton, se desea llegar a un clímax de manera inmediata, y por ello se omiten las conjunciones, mientras que con el polisíndeton se desea llamar la atención a cada parte de la oración con el propósito de enfatizar cada una de dichas partes. Veamos algunos ejemplos:

Porque él se considera a sí mismo,
>   *y* se va,
>   *y* luego olvida cómo era (Stg. 1:24).[8]

Afligíos,
>   *y* lamentad,
>   *y* llorad.
> Vuestra risa se convierta en lloro,
>>   *y* vuestro gozo en tristeza (Stg. 4:9).

¡Vamos ahora!, los que decís: Hoy y mañana iremos a tal ciudad,
>   *y* estaremos allá un año,
>   *y* traficaremos,
>   *y* ganaremos (Stg. 4:13).

En Santiago 1:24 parece como si el autor deseara guiar al lector paso a paso a través de la acción ejecutada por el oidor descuidado de la Palabra de Dios, quien «se considera a sí mismo *y* antes que uno lo note se ha ido, e inmediatamente se olvida». La oración está diseñada para enfatizar cada acción en particular, de modo que quede impresa en la mente del lector.

Lo mismo ocurre en Santiago 4:9. El escritor sagrado desea enfatizar la acción de cada verbo. Para hacerlo, repite el uso de la conjunción. Es como si Santiago deseara proyectar una imagen específica en la pantalla de la mente de sus lectores. Cada parte de la oración hace una contribución específica a la idea que Santiago desea comunicar.

Anáfora

Anáfora es una figura literaria que significa la repetición de la misma palabra al comienzo de oraciones sucesivas con el propósito de llamar la atención a una verdad que se desea enseñar.

Tres veces en Santiago 5:7-8, el escritor usa la expresión «tened paciencia» para enfatizar la actitud que el creyente debe guardar con relación a la venida del Señor.

---

8. Los verbos *considerar y olvidar* son aoristos gnómicos que, por lo general, se usan en proverbios y en expresiones idiomáticas populares. Aquí se traducen correctamente como presentes, aunque gramaticalmente no lo son. Por otra parte, el verbo *ir* (se va) es un perfecto dramático, usado para describir una realidad de manera realista y vívida.

Otro ejemplo de anáfora en la Epístola de Santiago aparece en 5:13-14, donde dice:

> ¿Está alguno entre vosotros afligido? Haga oración.
> ¿Está alguno alegre? Cante alabanzas.
> ¿Está alguno enfermo entre vosotros? Llame a los ancianos de la iglesia, y oren por él, ungiéndole con aceite en el nombre del Señor.

Nótese que tres veces Santiago usa la expresión «está alguno». El escritor desea enfatizar la enseñanza bíblica respecto a la oración y la alabanza. De manera magistral, Santiago aplica la misma pregunta para hacer hincapié en la práctica de la oración, ya sea como resultado de la alabanza o del dolor.

Epanadiplosis

Esta figura literaria consiste en repetir la misma palabra al principio y al final de una oración gramatical. La idea detrás de esta figura puede asemejarse a un círculo, y el propósito es mostrar algo completo. Nótese el siguiente ejemplo:

> Hermanos míos, ¿de qué sirve que alguien diga que tiene fe, si no tiene obras? ¿Acaso podrá esa fe salvarle? Y si un hermano o una hermana están desnudos, y tienen necesidad del sustento diario, y alguno de vosotros les dice: id en paz, calentaos y saciaos, pero no les dais las cosas que son necesarias para el cuerpo, ¿de qué sirve? (Stg. 2:14-16, RVR-77).

La expresión *ti to ófelos* aparece tanto al principio como al final de la oración, siendo traducida por la frase «¿de qué sirve?». Es evidente que Santiago deseaba demostrar lo contradictorio de una fe que solo consiste en una formulación oral pero que es insensible a la necesidad del hermano. El escritor sagrado acorrala, por así decirlo, al lector, poniendo un círculo alrededor del tema tratado y lo hace usando la frase «¿de qué sirve?». Santiago demuestra que una afirmación de fe desposeída de una respuesta positiva a las demandas de esa fe es totalmente fútil.

Poliptoton

Poliptoton es «la repetición» de una palabra con el mismo sentido, pero no en la misma forma. «La palabra que se repite procede de la misma raíz, pero posee otra terminación, tal como ocurre con el uso de diferentes modos, tiempos, personas, grados, números».[9] En la Epístola de Santiago, esa figura literaria se

---

9. BULLINGER, *Figures of Speech*, p. 267.

da en la forma de un verbo conjuntamente con su derivado nominal, y es usada para dar énfasis a la expresión. Veamos algunos ejemplos:

En Santiago 2:22, el autor dice: «Ya ves que la fe actuó juntamente con sus obras, y que la fe se perfeccionó en virtud de las obras» (RVR-77). El apóstol usa el verbo *synergéo* (traducido al castellano como «actuó juntamente») y el sustantivo *érgois* (obras). Ambas palabras proceden de la misma raíz (nótese la presencia de *erg* en ambas). Es como si Santiago quisiese decir: «Ya ves que la fe actuó juntamente con actuación...» o «Ya ves que la fe obró juntamente con las obras...».[10] El apóstol Santiago hace referencia a la demostración palpable por parte de Abraham, cuando en obediencia al mandato de Dios estuvo a punto de ofrecer a su hijo Isaac en sacrificio a Dios. El escritor sagrado desea enfatizar el carácter activo y dinámico de la fe del patriarca Abraham.

Otro ejemplo del uso de *poliptoton* lo encontramos en Santiago 5:17: «Elías era hombre de sentimientos semejantes a los nuestros, y oró fervientemente para que no lloviese, y no llovió sobre la tierra durante tres años y seis meses» (RVR-77).

En este caso, Santiago usa el sustantivo *proseuche* y el verbo *proseuxato* para dibujar un cuadro maravilloso respecto a la importancia de la oración. Una traducción literal de lo escrito por Santiago sería: «Elías... oró con oración». La imagen literaria conlleva el significado de haber orado intensamente, con devoción y fervor. De esa manera debemos imitar a Elías, orando con la intensidad y el fervor con el que aquel profeta oró.[11]

«Hipérbole» o exageración

La palabra *hipérbole* significa «lanzar algo a lo lejos». Como licencia literaria, la hipérbole se usa con el fin de enfatizar o aumentar el efecto de una declaración. Varios ejemplos aparecen en la Epístola de Santiago:

> Y la lengua es un fuego, un mundo de iniquidad. La lengua está puesta entre nuestros miembros, y contamina todo el cuerpo, e inflama el curso de la existencia, siendo ella misma inflamada por el infierno (Stg. 3:6, RVR-77).

Las expresiones «mundo de iniquidad», «curso de la existencia» e «inflamada por el infierno» son usadas hiperbólicamente con el propósito de enfatizar la importancia del hablar de una persona. El apóstol Santiago hace resaltar hasta

---

10. El verbo *synnergei* está en el tiempo imperfecto y debe traducirse como tal, ya que es una acción continua en el pasado: «Ya ves que la fe actuaba "obraba" juntamente con sus obras».

11. BENGEL hace la siguiente observación: «La misma frase hebrea en que el verbo es unido con el sustantivo o con un casi sustantivo denota siempre algo vehemente: por ejemplo, *muriendo, morirás*: morirás de tal modo, que (tal experiencia) merece llamarse muerte», John Albert BENGEL, *New Testament Commentary*, II, p. 723.

qué punto podrían afectar las palabras que salen de la boca de un ser humano; el uso de hipérbole provee un énfasis que de otro modo estaría ausente.

El mismo estilo literario puede ser observado en el siguiente versículo: «¿De dónde vienen las guerras y los pleitos entre vosotros? ¿No es de vuestras pasiones las cuales combaten en vuestros miembros?» (Stg. 4:1).

El apóstol Santiago usa tres palabras *(polemoi, máchai* y *strateuoménon)* para describir los conflictos espirituales que estaban afectando a sus lectores. Santiago describe esos conflictos como si fuesen verdaderas campañas militares. El lenguaje usado por el apóstol produce una imagen dinámica en la mente del lector que, sin duda, le conduce a una comprensión más clara de la naturaleza de los conflictos espirituales.

«Metonimia» o cambio de nombre

Esta figura literaria consiste en la sustitución de cierta palabra atributiva por lo que en sí desea expresarse. Se usa, por ejemplo, cuando decimos «leer a Moisés», queriendo decir leer lo que Moisés escribió. El apóstol Santiago hace uso de ese tropo en los siguientes versículos: 2:14, 17, 20, 24, 26. En cada uno de esos ejemplos la palabra «fe» no se usa en el sentido bíblico normal de «confiar» sino que se le da el sentido de algo vacío, totalmente inadecuado e insuficiente para agradar a Dios. La fe referida en esos versículos es solo una profesión externa y no una confesión genuina de confianza en Dios.

Otro caso de *metonimia* en la Epístola de Santiago aparece en 2:21-22:

> ¿No fue justificado por las obras Abraham nuestro padre, cuando ofreció a su hijo Isaac sobre el altar? ¿No ves que la fe actuó juntamente con sus obras, y que la fe se perfeccionó por las obras?

En estos dos versículos aparecen las expresiones «justificado» (v. 21) y «se perfeccionó» (v. 22). En ambos casos «la acción es colocada en lugar de la declaración hecha, o lo que se dice que se ha de hacer es puesto en lugar de lo que se declara».[12] Abraham fue declarado *justificado;* su fe activa y vital es declarada perfecta, o sea, verdadera, madura y sincera. Esto está verificado mediante la afirmación del versículo 23: «Y se cumplió la Escritura que dice: Abraham creyó a Dios, y le fue contado por justicia, y fue llamado amigo de Dios».

Un ejemplo más del uso de *metonimia* en la Epístola de Santiago es el que aparece en 5:11: «...Habéis oído de la paciencia de Job, y habéis visto el fin del Señor, que el Señor es muy misericordioso y compasivo». Debe notarse que la expresión «el fin» en realidad se refiere a la «remuneración» o a las «ben-

---

12. BULLINGER, *Figures of Speech,* p. 570.

diciones» derramadas por el Señor sobre el patriarca Job. La lección que el apóstol desea enseñar está relacionada con la manera en que el Señor coronó al siervo que había resistido pacientemente los sufrimientos y pruebas por las que había pasado.

«Sinécdoque» o transferencia

Según el *Diccionario de la Lengua Española*, «sinécdoque» es un:

> tropo que consiste en extender, restringir o alterar de algún modo la significación de las palabras para designar todo con el nombre de una de sus partes o viceversa; un género con el de una especie, o al contrario; una cosa con el de la materia de que está formada, etc.».[13]

En la Epístola de Santiago, aparecen varios ejemplos de esta figura. En 1:27, el apóstol hace referencia a «huérfanos y viudas». Es evidente que dicha expresión se refiere a personas destituidas de los bienes de esta vida y, por lo tanto, se encuentran en aflicción. También en Santiago 2:15, el escritor menciona a los que están «desnudos». La palabra «desnudos» se usa en ese caso para designar a alguien escasamente vestido o que posee poca ropa. En este ejemplo, el todo es sustituido por las partes.

Otro ejemplo del uso de *sinécdoque* aparece en 3:6, donde Santiago usa la palabra «cuerpo» en sustitución de la persona misma. El apóstol quería decir que el uso indebido de la lengua causa daño a la totalidad de la personalidad, pero usa el sustantivo *cuerpo* en lugar de persona. Nótese también la expresión «estaremos allá un año» en Santiago 4:13. En realidad esa expresión es usada para indicar que el que tal cosa dice pretende permanecer en un lugar específico por un tiempo prolongado.

Los ejemplos mencionados demuestran que el apóstol Santiago tenía un conocimiento profundo de los usos del lenguaje y, en particular, de las licencias literarias. El exegeta y expositor del mensaje divino no debe pasar por alto el estudio de la literatura bíblica. Un estudio serio de la Biblia nos ayudará a descubrir que los escritores sagrados, dirigidos sin duda por el Espíritu Santo, hicieron uso eficaz de los medios literarios a su disposición.

«Antropomorfismo» o condescendencia

Este modo de expresión consiste en atribuir pasiones humanas, acción o características propias del hombre a Dios. Un ejemplo de esta figura aparece en Santiago 5:4, donde el escritor dice: «...y los clamores de los que habían

---

13. *Diccionario de la Real Academia de la Lengua Española*, pp. 1205-1206.

segado han entrado en los oídos del Señor de los ejércitos». El apóstol Santiago menciona «los oídos del Señor de los ejércitos» no como queriendo decir que Dios tiene oídos físicos como los de un ser humano, sino para enfatizar que Dios está atento al clamor de sus criaturas.

También en Santiago 1:17 se le llama a Dios el «Padre de las luces». La idea expresada en esa figura es que Dios es la fuente de todo lo que produce luz al igual que de la misma. Esto armoniza con las palabras del apóstol Juan cuando escribió: «Dios es luz, y no hay ningunas tinieblas en él» (1 Jn. 1:5); y con el profeta Malaquías, el cual escribió las palabras de Jehová, diciendo: «Mas a vosotros los que teméis mi nombre, nacerá el Sol de justicia, y en sus alas traerá salvación; y saldréis, y saltaréis como becerros de la manada» (Mal. 4:2).

FIGURAS QUE IMPLICAN COMPARACIÓN

Locución

En su uso literario, *locución* es el lenguaje peculiar de una nación o tribu en contraste con otros lenguajes o dialectos. De modo que *locución* tiene que ver con el uso de palabras o frases dentro de una cultura en particular. En la Epístola de Santiago tenemos varios usos idiomáticos dignos de notarse.

En Santiago 1:2, la expresión «sumo gozo» *(pâsan charán)* se refiere no a la idea de totalidad, sino más bien al concepto de un grado superior de calidad. Por lo tanto, «sumo gozo» significa un sentimiento superior, puro, no contaminado y que expresa la calidad más elevada del concepto de gozo.

Otro ejemplo aparece en 1:3, en la frase «la prueba» *(ho dokímion).* Esa expresión connota la idea de aquello que es genuino. La lección que el escritor desea enseñar es que cuando lo auténtico y genuino es sometido a prueba, el resultado es una mayor purificación.[14] También la palabra «religión» *(threskeía)* es usada en forma idiomática en Santiago 1:26-27. El significado de dicho vocablo en el mencionado pasaje tiene que ver con lo que se origina en los sentimientos, las experiencias y la piedad.

Un último ejemplo de idioma que debe notarse aparece en 5:1 (ver también 4:13). Allí encontramos la expresión «¡vamos ahora, ricos!» ¡Vamos ahora…! es la traducción castellana del griego *áge nun* y se usa como interjección con el propósito de llamar la atención. Dicha expresión denota un sentido de urgencia e indica que las palabras que siguen han de ser enfáticas.[15]

---

14. Esta prueba mejora el valor de la cosa probada. Ver R. C. H. LENSKI, *The Interpretation of the Epistle of the Hebrews and James,* p. 525.
15. Aunque esa expresión solo aparece en Santiago 4:13 y 5:1 en todo el Nuevo Testamento, su uso era común en el griego secular. Ver D. Edmond HIEBERT, *The Epistle of James: Tests of a Living Faith,* p. 273.

Símil y metáfora

Símil es «una figura que consiste en comparar expresamente una cosa con otra, para dar una idea viva y eficaz de una de ellas». El símil se caracteriza por el uso del comparativo *como*. La *metáfora* es una figura literaria en que una palabra o expresión es sacada de su uso normal para ser usada con un significado que literalmente no le pertenece. La metáfora tiene una cualidad superior a la del símil. En el símil, la comparación es explícita, mientras que en la metáfora es implícita. Ambas figuras se usan de manera extensa en la Epístola de Santiago.

Símil. El uso de símil es una de las características literarias más sobresalientes en la Epístola de Santiago. Con singular maestría, el apóstol usa ilustraciones que no aparecen en ningún otro sitio en el Nuevo Testamento. Por ejemplo, en 1:6 el escritor desea enfatizar que el que ora a Dios no debe dudar. Santiago dice: «…Porque el que duda es semejante a la onda del mar, que es arrastrada por el viento y echada de una parte a otra». El sujeto de la comparación es «el que duda». La cosa a la que se compara es «la ola del mar». Lo común entre «el que duda» y «la ola del mar» es la inestabilidad. Esta figura es reforzada con las palabras del versículo 8, donde dice: «El hombre de doble ánimo es inconstante [inestable] en todos sus caminos».

Un segundo símil aparece en Santiago 1:10: «Pero el que es rico, en su humillación; porque él pasará como la flor de la hierba». En este versículo, el sujeto de la comparación es «el hombre rico», la cosa a la que se compara es «la flor de la hierba», y el pensamiento común es el carácter transitorio del objeto. Una vez más, el versículo siguiente (v. 11) amplía la explicación de la naturaleza del símil: «Porque *[gàr]* cuando sale el sol con calor abrasador, la hierba se seca, su flor se cae, y perece su hermosa apariencia; así también se marchitará el rico en todas sus empresas». Santiago hace uso de una imagen literaria que aparece en Isaías 40:6-8, donde la vida en general es vista como la hierba («…ciertamente como hierba es el pueblo»). Las riquezas del rico pasarán y él mismo pasará. De modo que la única cosa de valor que permanece es la confianza en Dios.

Otro ejemplo del uso de símil se encuentra en 1:23. En este caso el escritor compara al oidor olvidadizo de la Palabra de Dios con una persona descuidada que al marchar de su casa solo da un vistazo rápido y no se asegura de si su apariencia es en verdad presentable. Tan pronto como se ha marchado, dicha persona se olvida de la apariencia de su rostro. El sujeto de la comparación es el oidor olvidadizo de la Palabra, el objeto de la comparación es el hombre descuidado, el pensamiento común destacado en la comparación es la superficialidad. Escribiendo acerca de este versículo, el destacado expositor, Joseph B. Mayor, dice:

El punto de la comparación aquí es que la Palabra nos mostrará qué necesita ser limpiado y remendado en nuestras vidas, así como el espejo lo hace tocante a nuestros cuerpos. Nos muestra lo que somos en verdad en contraste con lo que nuestro corazón engañoso nos señala (v. 26). Nos muestra también cuál es el verdadero ideal de la humanidad que hemos sido llamados a realizar en nuestras vidas.[16]

Santiago 2:26 presenta otro ejemplo de símil. En este caso concreto, Santiago compara la estrecha relación que existe entre la fe y las obras con la que existe entre el cuerpo humano y el espíritu. Santiago no dice que el cuerpo equivale a la fe y el espíritu a las obras. Lo que sí está diciendo es que la fe sin acción es tan inútil como un cuerpo sin respiración. El apóstol declara: «Porque como el cuerpo sin espíritu está muerto, así también la fe sin obras está muerta». El hombre fue dotado por creación con un elemento físico y otro espiritual. El hombre es una unidad que posee esos dos componentes (materia y espíritu). Así también es la fe. Para que sea algo genuino y completo, tiene que ir acompañada de obras. La fe tiene que ser producto del corazón y no de los labios.[17]

Santiago usa otro símil en 3:3-4. En este pasaje, el apóstol combina dos ejemplos diferentes para enfatizar su enseñanza. En el versículo 3, habla del freno que se coloca en la boca de los caballos y, en el versículo 4, habla del pequeño timón que controla la dirección de un barco. La idea detrás de esas figuras es que, a pesar de la pequeñez tanto del freno como del timón, ambos objetos pueden controlar algo grande. Del mismo modo la lengua, aunque es un miembro pequeño, tiene la capacidad de controlar todo el ser, o sea, la totalidad de la personalidad.

Un último ejemplo del uso de símil en la Epístola de Santiago, digno de mencionarse, aparece en 5:7-8:

Por tanto, hermanos, tened paciencia hasta la venida del Señor. Mirad cómo el labrador espera el precioso fruto de la tierra, aguardando con paciencia hasta que reciba la lluvia temprana y tardía. Tened también vosotros paciencia y afianzad vuestros corazones; porque la venida del Señor está cerca.

En este caso, Santiago compara la paciencia que debe tener el creyente que espera la venida del Señor con la paciencia de un labrador palestino que espera la lluvia que traerá vida y fertilidad a su tierra. Comentando acerca de esta figura, un comentarista ha escrito:

16. Joseph B. Mayor, *The Epistle of James*, p. 69.
17. Spiros Zodhiates, *The Behavior of Belief*, p. 69.

La comparación es extraída de un tema de intenso interés, un tema de conversación habitual en Palestina. La «lluvia temprana» normalmente comienza en Palestina a fines de octubre o principios de noviembre, y es esperada con ansiedad porque, siendo necesaria para la germinación de la semilla, es la señal para la siembra. En la primavera, la maduración del grano depende de la «lluvia tardía», los aguaceros ligeros caen en abril y mayo. Sin estos, ni aun las pesadas lluvias invernales prevendrían el proceso de la cosecha. De modo que el labrador se llena de ansiedad, y debe ocuparse en su faena hasta que estas dos necesarias dádivas del cielo le sean aseguradas.[18]

Así como el labrador tiene que esperar pacientemente por la lluvia temprana y tardía, así también el creyente espera el cumplimiento de la promesa de la venida del Señor. El pensamiento común en la ilustración es el de paciencia humilde.

Metáfora. La metáfora es una figura literaria más ágil y enfática que el símil. Este dispositivo literario consiste en declarar que una cosa representa a otra de naturaleza diferente, pero que ambas tienen algo en común. En la Epístola de Santiago aparecen varios ejemplos de expresiones metafóricas. Notemos el primero en 3:6, 8:

Y la lengua es un fuego, un mundo de maldad. La lengua está puesta entre nuestros miembros, y contamina todo el cuerpo, e inflama la rueda de la creación, y ella misma es inflamada por el infierno… pero ningún hombre puede domar la lengua, que es un mal que no puede ser refrenado, llena de veneno mortal.

En este pasaje, Santiago[19] compara la lengua con «un fuego», «un mundo de maldad», «contamina todo el cuerpo», «un mal que no puede ser refrenado». Puede observarse que el apóstol usa la palabra *lengua* para indicar el hablar de una persona. Si observamos cuidadosamente el pasaje, veremos que Santiago comienza el capítulo 3 con una exhortación a sus lectores:

Hermanos míos, no os hagáis maestros muchos de vosotros, sabiendo que recibiremos un juicio más severo. Porque todos ofendemos muchas veces. Si alguno no ofende en palabra, éste es varón perfecto, capaz también de refrenar todo el cuerpo (3:1-2).

---

18. James Hardy Ropes, *A Critical and Exegetical Commentary of James*, p. 295.
19. Santiago mezcla las imágenes literarias con maestría. Aquí usa la lengua como un símbolo del hablar humano.

De este modo, Santiago exhorta a los que desean ser maestros en la congregación del Señor a cuidar su lenguaje y les previene tocante a la condenación futura que vendrá sobre los que usan mal el privilegio de ser maestros. Es en ese contexto donde Santiago hace su advertencia, usando la palabra *lengua* metafóricamente con referencia a la comunicación oral.

Otra metáfora aparece en Santiago 4:14: «Porque ¿qué es vuestra vida? Ciertamente es neblina que se aparece por un poco de tiempo, y luego se desvanece». En este caso concreto, Santiago dirige su atención a personas (seguramente creyentes) que hacían planes para el futuro, sin contar con la dirección de Dios. La palabra *atmìs* significa «vapor» o «humo» y sugiere algo transitorio o pasajero. Lo que Santiago quiere decir es que la vida terrenal o física es transitoria e incierta. Al comparar la vida terrenal con el «vapor» o «humo», el apóstol presenta una clara lección y una advertencia a todos los que no toman en cuenta a Dios en sus planes. Lo más sabio que un hombre puede hacer, indudablemente, es planear su vida en armonía con la voluntad de Dios.

Proverbio

Un *proverbio* ha sido definido como un refrán o adagio, a veces con carácter popular, que expresa una verdad universal acerca de la vida. En el capítulo 3 de su epístola, Santiago combina el uso de proverbios con preguntas retóricas para demostrar los resultados negativos del uso incongruente de la lengua. El apóstol pregunta:

¿Acaso alguna fuente echa por una misma abertura agua dulce y amarga? Hermanos míos, ¿puede acaso la higuera producir aceitunas, o la vid higos? Así también ninguna fuente puede dar agua salada y dulce (3:11-12).

Santiago apela a la naturaleza para extraer algunas ilustraciones hermosas con el fin de enseñar ciertas verdades prácticas. Contrasta «dulce y amargo», «agua salada y potable». Además, señala la imposibilidad de que una higuera produzca aceitunas o que una vid dé higos. Con destreza magistral, Santiago usa preguntas retóricas (ver p. 35) en las que se espera una respuesta negativa, todo lo cual hace que las aplicaciones sean muy enfáticas.

La lección que Santiago desea enseñar a sus lectores es que de la manera que una fuente solo da la clase de agua que ha almacenado y de la manera que una higuera o una vid produce el fruto que armoniza con su naturaleza, así también la lengua (el hablar) de una persona revela el corazón de donde procede.

Símbolo

Esta figura podría definirse sencillamente como una señal visible de algo invisible o como un objeto material que representa algo inmaterial. Santiago usa varios simbolismos para enseñar verdades espirituales. Por ejemplo, en 1:12, el apóstol habla de la «corona de vida». Esa expresión parece simbolizar la vida en sí en el sentido de esa calidad de vida que el creyente goza desde su regeneración y gozará aún más completamente en la presencia del Señor.

En el mismo capítulo y en el versículo 18, la persona regenerada es llamada «las primicias». En el Antiguo Testamento, los israelitas traían las primicias de sus cosechas cada año y las dedicaban al Señor (Dt. 26:10). Las primicias eran separadas del resto de la cosecha y dedicadas a Jehová. En el Nuevo Testamento, el Señor Jesucristo es las primicias de la resurrección (1 Co. 15:23). El creyente, según Romanos 8:23, tiene las primicias del Espíritu. La expresión «primicias», por lo tanto, parece sugerir la idea de fruto con relación a tiempo y a honor.

Varias expresiones simbólicas aparecen también en el capítulo 2 de la Epístola de Santiago. En el versículo 2, aparecen las expresiones «anillo de oro» y «ropa espléndida» para simbolizar la *riqueza y* la *alta posición social*. En el versículo siguiente, se usa la palabra «estrado» para dar a entender un lugar humilde como el que se daría a un esclavo o a una persona de clase pobre.

En Santiago 3:5, 6 (también en 1:26), la *lengua* se usa como símbolo del hablar humano. En el versículo 6, la expresión «el cuerpo» se refiere a la totalidad del ser. En 4:3, la palabra «fruto» denota la consecuencia o el resultado de una cosa, ya sea buena o mala. La mentalidad oriental (ver Mt. 3:10; 7:16) comparaba al hombre bueno a un buen árbol, y al hombre malo a un mal árbol. El árbol bueno produce buen fruto, mientras que el árbol malo se conoce por su mal fruto.

La palabra «adúlteras» que aparece en 4:4 se usa para simbolizar la infidelidad espiritual, mientras que la expresión «mundo» se refiere a «personas mundanas». En el mismo capítulo, versículo 8, aparece la frase «purificad vuestros corazones». Dicha frase es una manera de decir «santificad vuestras vidas». Finalmente, en Santiago 5:2-3 las palabras «oro y plata» denotan riquezas materiales en general, y «moho» se usa para enfatizar el carácter perecedero de dichas riquezas. El apóstol sugiere que las riquezas acumuladas por hombres que solo piensan en lo material carecen de todo valor, particularmente a la luz de la segunda venida de Cristo (Stg. 5:7; ver también Ez. 7:19; Sof. 1:18) y de la ira de Dios que será derramada sobre la humanidad incrédula. Esa idea es reforzada por el contenido del versículo 5: «Habéis vivido en deleites sobre la tierra, y sido disolutos, habéis engordado vuestros corazones como en el día de la matanza». Es decir, el estilo de vida de los que han confiado en su oro y su plata traerá destrucción para ellos en el día del juicio.

RESUMEN Y CONCLUSIÓN

Se ha mostrado que la Epístola de Santiago es rica en el uso del lenguaje figurado. Indudablemente, la Epístola no puede ser cabalmente comprendida si no existe una clara comprensión de la función de los usos del lenguaje figurado. El intérprete cuidadoso no debe pasar por alto el estilo literario y el vocabulario de esta Epístola. Hacer eso daría como resultado una interpretación inadecuada del mensaje que Santiago desea transmitir a sus lectores.

Además, el lenguaje figurado de la Epístola se entiende mejor cuando se usa el principio normal o natural de interpretación. Una hermenéutica que toma en cuenta la cultura, la historia, la gramática, el estilo literario del escritor, que procura descubrir el significado pretendido por el autor, y que no ignora el uso de las figuras del lenguaje, está mejor capacitada para proporcionar la interpretación más adecuada de la Epístola de Santiago.

4

Una síntesis del lenguaje figurado en la Epístola de Santiago

La amplitud del uso del lenguaje figurado en la Epístola de Santiago es impresionante. El escritor, sin duda, estaba familiarizado con los pormenores literarios tanto del idioma hebreo como del griego. Aunque la Epístola fue escrita en griego, imágenes literarias tanto de origen hebreo como helénicas son usadas con una maestría indiscutible. De gran trascendencia es la habilidad del autor en hacer uso del medio natural para extraer algunas de las más vívidas ilustraciones que encontramos en el Nuevo Testamento respecto a verdades espirituales.

El lenguaje figurado usado por Santiago tenía la finalidad de enseñar a sus lectores la importancia del principio de la fe en la vida diaria. Además, muchas de las figuras que aparecen en la Epístola tenían el propósito de corregir deficiencias en el comportamiento de aquellos cristianos hebreos a quienes fue dirigida. Por supuesto que las mismas enseñanzas son aplicables a nosotros hoy. Estas observaciones pueden verificarse por medio de la síntesis que ofrecemos seguidamente.

Figuras derivadas de fenómenos naturales			
Pasaje	Figura	Uso literario	Significado
1:6	Onda del mar	Símil	Inestabilidad
1:6	Viento	Símil	Incertidumbre
1:11	Sol; calor	Símil	Destrucción
4.14	Neblina	Metáfora	Transitoriedad de la vida
5:7	Lluvia	Metáfora	Galardón de paciencia

Figuras derivadas de la botánica			
Pasaje	Figura	Uso literario	Significado
1:10-11	Flor	Símil	Transitoriedad de la vida terrena
1:18	Primicias	Metáfora	Prioridad de la posición de los creyentes ante Dios
3:5	Bosque	Hipérbole	Peligro de la lengua
3:12	Higuera	Proverbio	El fruto armoniza con la raíz que lo produce
3:12	Vid	Proverbio	El resultado de la naturaleza de donde procede
3:18	Semilla	Símil	Justicia es un fruto que procede de la paz

Figuras derivadas de objetos inanimados			
Pasaje	Figura	Uso literario	Significado
1:23	Espejo	Símbolo	Palabra de Dios
1:26	Freno	Metáfora	Control del habla
2:2	Anillo de oro	Símbolo	Persona rica
2:2	Ropa espléndida	Símbolo	Persona rica
2:2	Vestido andrajoso	Símbolo	Persona pobre
2:3	Estrado	Símbolo	Posición humilde
3:4	Barco	Símil	Objeto grande, difícil de controlar
3:4	Timón	Símil	Instrumento pequeño, pero capaz de controlar algo grande

Figuras derivadas de la anatomía			
Pasaje	Figura	Uso literario	Significado
1:23	Rostro	Símbolo	La persona misma
1:26 (3:5-6, 8)	Lengua	Símbolo	El hablar humano
2:16	Cuerpo	Símbolo	Vida física
3:2, 6	Cuerpo	Símbolo	Personalidad total
3:14	Corazón	Símbolo	Centro de las emociones

Figuras derivadas de la zoología			
Pasaje	Figura	Uso literario	Significado
3:3	Caballo	Símil	Aunque grande en tamaño, puede ser controlado
3:7	Especies de animales	Símil	Aunque forman parten de la vida salvaje, pueden ser controlados

Contraste: la lengua (el hablar) es mucho más difícil de controlar que el caballo y otros animales. El uso de la lengua (hablar humano) solo puede ser controlado por Dios. El creyente que tiene problemas con el control de su lengua debe someterse a Dios y pedirle en oración que la controle.

RESUMEN Y CONCLUSIÓN

El uso que el apóstol Santiago hace del lenguaje figurado es algo sin paralelo en un libro de su tamaño en el Nuevo Testamento. Los tipos de figuras y las aplicaciones que el autor hace de cada una de ellas son únicos en el Canon Sagrado. El autor no solo es capaz de extraer lenguaje figurado de una gran diversidad de fuentes, sino que, bajo la dirección del Espíritu Santo, da consideración a doctrinas importantes relacionadas con la vida diaria del cristiano. La habilidad de Santiago para exponer doctrinas a la luz de cuestiones de la vida práctica y su destreza en el uso del lenguaje figurado hace que su epístola sea mucho más fácil de comprender y de aplicar a la vida de sus lectores.

Segunda parte

EXÉGESIS DE LA EPÍSTOLA DE SANTIAGO

Exégesis de la Epístola de Santiago

La palabra *exégesis* es de origen griego y, literalmente, significa «guiar hacia fuera», «sacar a la superficie», «explicar», «interpretar», «relatar» o «describir». Cuando se aplica al estudio de cualquier literatura, la exégesis es la ciencia y el arte que procura descubrir y explicar el significado de una palabra, oración, párrafo o la totalidad de una obra, con el fin de dar a conocer la idea o el propósito que el autor original ha deseado comunicar.

En lo que concierne al estudio de la Biblia, la exégesis consiste en la aplicación consecuente de los principios hermenéuticos correctos al texto bíblico con el propósito de comprender y exponer con claridad aquello que el escritor sagrado quiso decir a sus lectores.

De lo dicho anteriormente se desprende que existen tres campos en el estudio bíblico que están estrechamente relacionados: (1) El *estudio exegético:* este nos conduce a descubrir lo dicho por el autor del libro sagrado. (2) El *estudio hermenéutico:* este nos lleva a descubrir el significado que el escritor original quiso dar a sus palabras cuando las escribió. (3) El *estudio homilético* o *expositivo:* este nos ayuda a comunicar al hombre moderno el mensaje pretendido por el escritor bíblico, aplicándolo a las necesidades del presente. En resumen, el estudio exegético nos ayuda a contestar a la pregunta: ¿Qué dijo el escritor bíblico? El estudio hermenéutico nos ayuda a responder a la pregunta: ¿Qué quiso decir el escritor bíblico con lo que dijo? Finalmente, el estudio homilético nos ayuda a aplicar al hombre moderno los resultados de la exégesis y de la hermenéutica. Por medio de la exégesis se descubre lo que el texto dice. Por medio de la hermenéutica se expresa lo que el texto significa. Por medio de la exposición bíblica se aplica el significado del texto a la vida y necesidades del hombre moderno.

En la segunda parte de este trabajo, se dará consideración a la exégesis de la Epístola de Santiago. Se pretende con este estudio sentar las bases para una mejor comprensión del mensaje de este importante libro del Nuevo Testamento. Es necesario, por lo tanto, estudiar su contenido desde el punto de vista del texto original, ya que de otro modo no podría llevarse a cabo una exégesis eficaz.

5

El fondo histórico de la Epístola de Santiago

Aunque no siempre es posible identificar todos los datos concernientes a una composición, ninguna pieza literaria puede ser propiamente comprendida fuera de su contexto histórico. Para comprender el mensaje de la Epístola de Santiago, se debe conocer, entre otras cosas, algo con respecto al autor, la fecha de composición, los receptores, el propósito por el que escribió esta carta, las características literarias y el estilo de la composición.

EL AUTOR DE LA EPÍSTOLA DE SANTIAGO

La identificación del autor de la Epístola de Santiago ha sido un tema de disputas durante siglos entre los más relevantes estudios del Nuevo Testamento. Algunos han concluido que la Epístola es pseudoepigráfica, sugiriendo que su autor fue un maestro desconocido que vivió durante la era subapostólica.[1] Otros han sugerido que la Epístola fue escrita originalmente de manera anónima y en el decurso de los años fue atribuida a Santiago.[2] William Barclay, escritor escocés conocido ya entre los lectores de habla castellana, ha sugerido que la Epístola contiene material sermonario, que en su tiempo fue predicado por Santiago. Según Barclay, ese material fue recogido por otra persona, el cual le dio la forma literaria que aparece en el texto del que ahora disponemos.[3] Estas y otras especulaciones se han manifestado respecto a la autoría de la Epístola de Santiago.

---

1. Ver Donald GUTHRIE, *New Testament Introduction*; R. V. G. TASKER, *The General Epistle of James*, pp. 20-21; D. Edmond HIEBERT, *The Epistle of James: Tests of a Living Faith*, pp. 22-23.
2. GUTHRIE, *ibíd*, p. 755.
3. William BARCLAY, *Santiago, I y II Pedro*, p. 45.

Evidencias externas respecto a la paternidad y la canonicidad de la Epístola de Santiago

Fue Orígenes de Alejandría (c. 185–c. 254) quien por primera vez hizo referencia a la Epístola de Santiago.[4] El mencionado autor hizo uso frecuente de la Epístola en sus escritos, reconociéndola como Escritura Sagrada.[5] En algunas de sus citas, Orígenes menciona que Santiago el apóstol fue el autor de la Epístola que lleva su nombre. A veces da a entender que el Santiago al que se refiere era el hermano del Señor.[6]

Otro importante testimonio es, sin duda, el de Eusebio de Cesarea, quien vivió entre los años c. 265 al 340. En su gran obra *Historia eclesiástica*, escrita por el año 325, Eusebio sitúa la Epístola de Santiago entre los llamados *antilegómena*, o sea, libros contra los que habían surgido preguntas y, por lo tanto, estaban bajo escrutinio antes de ser admitidos en el Canon Sagrado.[7] Eusebio, sin embargo, distinguía cuidadosamente los libros considerados *antilegómena* de los que definitivamente habían sido rechazados como espurios.[8] Además, Eusebio tenía conocimiento de que la paternidad de la Epístola de Santiago era atribuida a Santiago el hermano del Señor.[9]

Otros testimonios favorables a la autenticidad de la Epístola de Santiago son el hecho de haber sido incluida en la *Peshitta* (versión siríaca) a principios del siglo v. De igual modo es incluida en el canon de Epifanio, obispo de Salamina (c. 315-403). También es aceptada como canónica por Cirilo de Jerusalén (310-386), Hilario de Poitiers (c. 315-368), Jerónimo el ilustre traductor de la Vulgata Latina (345-410),[10] San Agustín de Hipona (354-430), Gregorio Nacianceno (330-389), Juan Crisóstomo (344-407) y otros.[11]

Debe reconocerse, sin embargo, a la luz de las evidencias, que la Epístola de Santiago tuvo una lenta entrada en la circulación general de los libros canónicos, y su aceptación como Escritura Sagrada fue un tanto tardía en comparación con la mayoría de los libros del Nuevo Testamento. Una posible razón de la

---

4. Hiebert, *The Epistle of James*, p. 11.

5. Guthrie *New Testament Introduction*, p. 736.

6. *Ibíd.*; ver, además, Hiebert, *The Epistle of James*, pp. 11-12 y Henry C. Thiessen, *Introduction to the New Testament*, p. 273.

7. La palabra *antilegómena*, literalmente, significa «hablar en contra» u «objetar». Varios libros del Nuevo Testamento fueron «objetados» o sometidos a un escrutinio cuidadoso antes de ser recibidos como canónicos. Entre los libros objetados se encontraban, además de la Epístola de Santiago, las Epístolas de los Hebreos, Judas, 2 Pedro, 2 y 3 Juan y el libro del Apocalipsis. Todos estos libros, como es sabido, entraron a formar parte del Canon y, como tales, han sido reconocidos tan pronto como las dudas existentes fueron disipadas.

8. Eusebio de Cesarea, *Historia eclesiástica*, p. 132.

9. R. V. G. Tasker, *The General Epistle of James*, p. 18.

10. Debe reconocerse, sin embargo, que Jerónimo muestra alguna reserva hacia la Epístola de Santiago, tal vez debido al hecho de que rechazaba la idea de que hubiese sido escrita por el hermano del Señor.

11. Para más información sobre las evidencias externas, ver Hiebert, *The Epistle of James*, pp. 12-15.

cautela en recibir la Epístola de Santiago ha sido atribuida al hecho de que «el autor no se identifica como una persona con autoridad apostólica. La carta no sería circulada con entusiasmo entre los que tuviesen incertidumbre respecto a la autoridad del escritor».[12] Además, hubo quienes pensaban que Santiago contradecía la teología de Pablo acerca de la justificación por la fe.

Evidencias internas

En muchos argumentos relacionados con la bibliología, las evidencias que más pesan son las internas, es decir, las que se obtienen del documento bajo estudio. En este caso concreto, la misma Epístola de Santiago debe producir evidencias que conduzcan al estudiante a una conclusión lo suficientemente seria en lo que concierne a la paternidad de dicha Epístola.

Es cierto que el autor se autoidentifica, diciendo que es «Santiago, siervo de Dios y del Señor Jesucristo...» (1:1). Pero aun así surge la interrogante: ¿Cuál Santiago?, ya que en el Nuevo Testamento se mencionan por lo menos cuatro individuos portadores de dicho nombre.[13] Las posibilidades son las siguientes: (1) El hijo de Zebedeo y hermano de Juan el apóstol (Mt. 4:21). (2) El hijo de Alfeo, también uno de los doce apóstoles (Mt. 10:3). (3) El padre de Judas (no Iscariote) (Lc. 6:16). (4) El hermano del Señor (Gá. 1:19).

De los cuatro mencionados, se hace necesario eliminar de inmediato a dos de ellos como posibles autores de la Epístola. Santiago el padre de Judas no figura como alguien importante en la Iglesia primitiva; de hecho, era prácticamente desconocido. Por otra parte, el hijo de Alfeo no se distinguió entre los apóstoles, habiendo permanecido más bien en el anonimato. Además, no existe evidencia o indicio alguno de que la Epístola haya sido atribuida por alguien a Santiago (Jacobo) el hijo de Alfeo.[14]

De modo que restan dos posibilidades. La primera de ellas es que la Epístola hubiese sido escrita por el apóstol Santiago, el hijo de Zebedeo. La segunda posibilidad es que su autor fuese Santiago el hermano del Señor. En cuanto al

---

12. Hiebert, *The Epistle of James,* p. 15. Se reconoce el hecho de que hombres destacados como Tertuliano (c. 160-265), Ireneo (c. 140-203), Cipriano (c. 200-258) e Hipólito (c. 198-236) no citan la Epístola de Santiago en sus escritos, y que tampoco aparece en el canon de Muratori (c. 180) ni en las principales versiones latinas. Una posible causa pudo haber sido la lentitud con que la Epístola fue recibida en el canon a causa de la duda sobre su paternidad. Debe recordarse que los líderes de la Iglesia primitiva fueron extremadamente cuidadosos en su examen de los Libros Sagrados y ejercieron mucha cautela en recibir cualquiera de los libros. Una pregunta constante en la mente de aquellos hombres era: ¿Quién escribió el libro? Solo un apóstol o alguien avalado por un apóstol tenía autoridad para escribir un libro canónico.

13. Plummer distingue seis diferentes «Santiago» en el Nuevo Testamento, pero reduce el número a tres. Para esto identifica al Cleofás de Juan 19:25 con Alfeo, el padre del Santiago mencionado en Mateo 10:3. Alfred Plummer, *The General Epistle of St. James and St. Jude, The Expositor's Bible,* pp. 25-26.

14. W. T. Dayton, «Epistle of James», *The Zondervan Pictorial Encyclopedia,* III, p. 400.

hijo de Zebedeo, se sabe que fue ejecutado por orden de Herodes Agripa I (Hch. 12:2) hacia el año 44 d.C.[15] La muerte prematura de Santiago hace improbable que fuese el autor de la Epístola.[16]

De lo dicho hasta aquí se desprende que el candidato con mayor apoyo, tanto de las evidencias externas como de las internas, a ser el autor de la Epístola de Santiago es el hermano del Señor. Como ha escrito el profesor Donald Guthrie, profesor del Nuevo Testamento en el London Bible College (Inglaterra):

> La simplicidad de la descripción (Santiago, siervo de Dios y del Señor Jesucristo…) apoya esta conclusión, ya que es evidente que el Santiago aludido era bien conocido, y en lo que concierne al testimonio bíblico, el hermano del Señor es el único Santiago reconocido como alguien que tuvo un papel preponderante en la historia del cristianismo primitivo.[17]

El testimonio del Nuevo Testamento apoya la conclusión de que el autor de la llamada primera Epístola Universal fue Santiago el hermano del Señor. Las evidencias históricas favorecen la misma conclusión. El punto de vista que tradicionalmente ha sido mantenido a lo largo de los siglos por los que han investigado este tema sin la influencia de prejuicios teológicos o eclesiásticos ha sido que Santiago, el hermano del Señor, dio paternidad a la Epístola que lleva su nombre.

Evidencias que favorecen la postura tradicional

Como ya se ha indicado, la postura tradicional respecto a la paternidad de la Epístola de Santiago es que fue escrita por el hermano del Señor. El famoso erudito alemán, Teodoro Zahn, ha escrito:

> Que entre los cristianos de la era apostólica hubo un Santiago, quien según la tradición del siglo II fue el primer obispo de Jerusalén… La tradición muestra la misma unanimidad al identificar este «obispo» Santiago «el hermano del Señor». Existe muy poca duda, por lo tanto, que el autor de esta carta es el Santiago al que se refiere Pablo en Gálatas 1:16 (n. 6).[18]

Escribiendo sobre el mismo tema, Henry Thiessen, reconocido teólogo de la pasada generación, ha expresado:

15. GUTHRIE, *New Testament Introduction*, p. 740.
16. De haber sido Santiago el hijo de Zebedeo el autor de la Epístola, tuvo que haberla escrito antes del año 44 d.C., pero esa fecha parece ser demasiado temprana.
17. GUTHRIE, *New Testament Introduction*, p. 740.
18. Theodor ZAHN, *Introduction to the New Testament*, I, pp. 103-104.

Este Santiago era realmente el medio hermano del Señor; los dos tenían la misma madre, pero no el mismo padre (Mt. 13:55; Mr. 6:3). Estaba probablemente entre los que buscaban una entrevista con Jesús en alguna parte de Galilea (Mt. 12:46); es probable que también fuese con Jesús a Capernaúm (Jn. 2:12) y posteriormente se unió a los que intentaron persuadir al Señor a ir a Judea para la fiesta de los Tabernáculos (Jn. 7:3).

Él mismo fue a la fiesta pero aún no era creyente (Jn. 7:5, 10). Después de la crucifixión, evidentemente se quedó con su madre en Jerusalén. [La Escritura] nos dice que después de la resurrección, Cristo apareció a Santiago (1 Co. 15:7). Esto pudo haberle llevado a creer en Jesús, porque es visto entre los creyentes esperando la venida del Espíritu Santo (Hch. 1:14).[19]

El tono de autoridad con que el escritor se dirige a sus lectores es evidencia de que no era un desconocido para ellos. El Nuevo Testamento revela que Santiago, el hermano del Señor, era lo suficientemente conocido y respetado entre los creyentes para escribir una epístola como la que lleva su nombre (Gá. 1:19; 2:9, 13; Jud. 1; Hch. 12:17; 15:13; 21:18).

Debe notarse también que el autor de la Epístola de Santiago es un profundo conocedor de las costumbres judías. El tono judaico de la Epístola es incuestionable.[20] Hay un énfasis notable en la ley mosaica en esta carta, cosa que armoniza con lo que se conoce de Santiago, el hermano del Señor, según Hechos y Gálatas.[21] Como ha escrito D. Edmond Hiebert, profesor de Nuevo Testamento y autor de varios comentarios bíblicos:

El autor está completamente familiarizado con el Antiguo Testamento y con las formas judaicas de pensamiento y expresión. La frase dedicatoria, «a las doce tribus que están en la dispersión», es señaladamente judía. Menciona a Abraham como «nuestro padre» (2:21) y es el único escritor del Nuevo Testamento que usa la designación veterotestamentaria «Señor de los ejércitos» (5:4) al referirse a Dios. (En Romanos 9:29, la única otra vez que dicha frase aparece en el Nuevo Testamento, es una cita directa del Antiguo Testamento). El autor libremente obtiene ilustraciones del Antiguo Testamento (2:21, 25; 5:11, 17-18) y menciona la unidad de la fe (2:19). Está familiarizado con las fórmulas judías en el uso de juramentos (5:12). Estas observaciones tocantes al autor concuerdan con lo que el resto del Nuevo Testamento muestra acerca del hermano del Señor.[22]

---

19. Thiessen, *Introduction to the New Testament*, p. 274.
20. George E. Ladd, *A Theology of the New Testament*, p. 589.
21. Robert H. Gundry, *A Survey of the New Testament*, p. 589.
22. Hiebert, *The Epistle of James*, p. 16.

El conocimiento que el autor de la Epístola de Santiago tiene del Antiguo Testamento es incuestionable. Su referencia a Abraham, Isaac, Job, Rahab y Elías es prueba de ello. Por otra parte, la sintaxis misma de la Epístola es hebraica y no helénica.[23] Es cierto que otros escritores del Nuevo Testamento poseían un conocimiento similar del Antiguo Testamento, pero entre los líderes de la Iglesia primitiva, el que más se destacó por su ministerio entre los judíos fue Santiago el hermano del Señor.[24]

Añádase a lo dicho el hecho de que existe una notable semejanza entre el contenido de la Epístola y el discurso pronunciado por Santiago en el concilio de Jerusalén (Hch. 15:13-21), que seguramente culminó con la carta escrita por el mismo Santiago, expresando la decisión final de los líderes (apóstoles y ancianos) en armonía con los demás creyentes respecto a los gentiles. El profesor Hiebert ha hecho las siguientes observaciones:

> El epíteto «amados» (Stg. 1:16, 19; 2:5; Hch. 15:25), al igual que la exhortación «hermanos míos amados, oíd» (Stg. 2:5; Hch. 15:13), aparece tanto en la epístola como en Hechos. La forma infinitiva en el saludo *(chaírein)* aparece tanto en la epístola como en la carta de Hechos 15 (Stg. 1:1; Hch. 15:15). «Volver» con referencia a la conversión (Stg. 5:19-20; Hch. 15:19) y «visitar» (Stg. 1:27; Hch. 15:14) aparecen tanto en Santiago como en Hechos. La expresión hebraica «vuestras almas» en Hechos 15:24 aparece en Santiago 1:21 (ver 5:20).[25]

Finalmente, es importante notar que existe una gran similitud entre el contenido de la Epístola de Santiago y las enseñanzas dadas por Jesucristo en el Sermón del Monte. Si se tiene en mente que el propósito principal de Jesús en el Sermón del Monte era presentar una interpretación correcta de la ética que Dios demanda de su pueblo, puede entenderse el porqué de la semejanza entre el contenido de la Epístola de Santiago y el sermón de Jesús. El profesor Guthrie observa la correspondencia cercana de ambas piezas literarias en los siguientes pasajes:[26]

> 1:2, gozo en medio de los sufrimientos (ver Mt. 5:10-22); 1:4, exhortación a la perfección (ver Mt. 5:48); 1:5, pedir buenas dádivas (ver Mt. 7:7); 1:20,

---

23. Everett F. HARRISON, *Introduction to the New Testament*, p. 364.

24. E. Earle ELLIS, *Prophecy and Hermeneutic in Early Christianity*, p. 227.

25. HIEBERT, *The Epistle of James*, p. 16.

26. GUTHRIE, *New Testament Introduction*, p. 743. Estudios serios de la relación de la Epístola de Santiago con las enseñanzas de Cristo han sido realizados por Gary L. CARD, «The Relationship of the Epistle of James to the Sermon on the Mount» (Tesis inédita, Dallas Theological Seminary, 1965), y Wendell G. JOHNSTON, «James' Use of the Teachings of Christ».

contra la ira (ver Mt. 5:22); 1:22, oidores y hacedores de la Palabra (ver Mt. 7:24); 2:10, el guardar toda la ley (ver Mt. 5:19); 2:13, las bendiciones de la misericordia (ver Mt. 5:7); 3:18, las bendiciones de los pacificadores (ver Mt. 5:9) ; 4:4, la amistad con el mundo como enemistad contra Dios (ver Mt. 6:24); 4:10, las bendiciones de los humildes (ver Mt. 5:5); 4:11-12, contra el juzgar a otros (ver Mt. 7:1-5); 5:2-3, la polilla y el moho corrompiendo las riquezas (ver Mt. 6:19); 5:10, el ejemplo de los profetas (ver Mt. 5:12); 5:12, contra los juramentos (ver Mt. 5:33-37).

Como indica acertadamente el profesor Guthrie,[27] Santiago no cita directamente las palabras de Jesús (eso sugeriría una dependencia del Evangelio según San Mateo), sino que hace uso, al parecer, de la tradición oral que seguramente había hecho circular desde muy temprano muchas de las enseñanzas de Jesús. Esto concuerda con la opinión generalizada de que la Epístola de Santiago fue de los primeros libros del Nuevo Testamento en escribirse. Este tema será tratado más adelante.

Objeciones al punto de vista tradicional

El punto de vista tradicional ha sido impugnado por la escuela crítica.[28] Las principales objeciones al punto de vista tradicional están basadas en las siguientes consideraciones:[29]

1. *Problema cronológico:* Partes del contenido de la Epístola no podrían comprenderse aparte de las actividades del apóstol Pablo. Por ejemplo, la cuestión de la justificación por la fe que aparece en Santiago 2:14-26.

Según este argumento, la Epístola de Santiago no pudo haber sido escrita en tiempos del hermano del Señor, ya que el apóstol Pablo aún no había formulado su teología respecto al lugar de la ley en la vida del cristiano. Dicha formulación, según esta opinión, no ocurre hasta después de la muerte de Santiago.

Los que mantienen este punto de vista pasan por alto las circunstancias históricas en las que fue escrita la Epístola de Santiago, al igual que el argumento en ella presentado. Es evidente que el autor no está presentando una antítesis entre «ley y gracia», «fe y obras», sino que enfatiza el aspecto ético-práctico de la doctrina. La Epístola presenta con claridad las demandas divinas para aquellos que han sido justificados por la fe. Santiago no aborda la cuestión de cómo es justificado el hombre delante de Dios. Es precisamente lo que Pablo hace en Romanos y Gálatas. Santiago, por su parte, trata la cuestión práctica

---

27. *Ibíd.*
28. *Ibíd.* pp. 747-753. Ver también Harrison, *Introduction to the New Testament*, pp. 365-366.
29. Martin Dibelius, *James*, pp. 17-21.

de la justificación, es decir, cómo muestra alguien, delante de otros, que ha sido declarado justo por la fe.

2. *Problema filológico*: Se cree que el estilo relativamente pulido de la Epístola no pudo originarse en alguien que no fuese totalmente de cultura helénica. Dibelius, que fue profesor del Nuevo Testamento en Heidelberg, ha escrito:

> Ni el lenguaje del texto señala hacia un autor que pasó su vida como un judío en Palestina. El autor escribe el griego como su lengua materna. Emplea mecanismos retóricos y palabras claves tan frecuentemente que cualquier hipótesis de que el griego es una traducción es insostenible. Además [el escritor] usa la Biblia griega.[30]

Impugnar la paternidad de la Epístola sobre la base del carácter más o menos pulido del vocabulario griego usado significa hacer un juicio *a priori* de la cuestión. Los que hacen eso, asumen que un judío viviendo en Palestina en el primer siglo de nuestra era no era capaz de compenetrarse con un idioma extranjero como el griego.[31] Esa conclusión pasa por alto varios factores: (1) Muchos judíos eran educados en una cultura bilingüe. Es más, los judíos eran notorios por su habilidad en el manejo de más de un idioma. (2) La región de Galilea, de donde Santiago procedía, era la más apropiada en Palestina para que una persona aprendiese el idioma griego con fluidez. (3) La Biblia que generalmente usaban los judíos era la Septuaginta o versión griega. (4) Cabe la posibilidad (como lo hizo Pablo) de que Santiago usase un amanuense que copiara el dictado del apóstol con la corrección con que aparece en la Epístola.

Los factores que han sido señalados no demuestran en sí que Santiago el hermano del Señor tuvo que ser el autor de la Epístola, pero sí subrayan que los argumentos usados por aquellos que rehúsan aceptar el punto de vista tradicional sobre la paternidad de la Epístola de Santiago carecen de fundamentos definitivos para demostrar sus conclusiones.

3. *Problema teológico*: Una tercera impugnación hecha contra la Epístola de Santiago y que milita en contra de su paternidad es el hecho de que se omiten temas tales como la muerte y resurrección de Cristo. Tampoco aparece en la Epístola una declaración positiva del mensaje del evangelio. ¿Cómo es posible omitir esos temas tan importantes para la vida del pueblo de Dios?

En respuesta a la mencionada impugnación, debe recordarse que la Epístola de Santiago no pretende ser un tratado doctrinal, aunque, indudable-

---

30. *Ibíd.*
31. Para una discusión amplia de este tema, ver Guthrie, *New Testament Introduction*, pp. 747-749.

mente, contiene doctrinas muy fundamentales para la vida de la Iglesia. El tema principal de la Epístola es la ética cristiana que se deriva de una fe viva. Es la demostración del fruto de la fe entre el pueblo de Dios lo que ocupaba primordialmente la atención del autor. De modo que si se toma en cuenta que la Epístola de Santiago no pretende ser un tratado doctrinal, sino un enfoque a la vida práctica del creyente, puede decirse que el autor cumplió su cometido.

En resumen, el punto de vista tradicional ha sido impugnado por la crítica que rechaza la autenticidad de la Epístola de Santiago. Algunos afirman que las condiciones descritas en la Epístola existieron después de la muerte del apóstol Santiago. Otros señalan que la carta contiene demasiadas características helenísticas para haber sido escrita por un judío desde Palestina. Hay incluso quienes rechazan la paternidad jacobina de la Epístola en base a que el autor no declara ser un apóstol ni tampoco afirma ser el hermano del Señor. A pesar de todas esas objeciones, cuando se reúne el conjunto de las evidencias, el peso de ellas apoya la creencia de que Santiago el hermano del Señor fue el autor de dicha carta.

La cuestión de si tuvo Jesús hermanos

A lo largo de la discusión sobre la paternidad de la Epístola de Santiago se ha hecho referencia al «hermano del Señor». Dicha expresión es tomada de varios pasajes bíblicos que hablan de los hermanos de Jesús (ver Mt. 13:55; Mr. 6:3; Jn. 7:3-8; Hch. 1:14 y Gá. 1:19). Debe notarse que en Mateo 13:55 y Marcos 6:3 se mencionan los nombres de los hermanos de Jesús, entre los que aparece Jacobo (Santiago). Lo mismo ocurre con Gálatas 1:19, donde Pablo, al hablar de su visita a Jerusalén, dice: «Pero no vi a ninguno de los apóstoles, sino a Jacobo el hermano del Señor».

Como ya se ha mencionado, la identificación de Santiago, el autor de la Epístola que lleva ese nombre, ha sido objeto de intensos estudios y discusiones. Algunos han querido identificarlo con uno de los doce apóstoles.[32] Otros han dicho que el Santiago en cuestión era un maestro desconocido en la Iglesia primitiva.

En los primeros siglos de la Iglesia cristiana surgieron tres teorías que pretendían resolver la cuestión de las referencias bíblicas a los hermanos de Jesús.[33] Debe señalarse, sin embargo, que para el tiempo en que surgieron dichas teorías, la cuestión de la perpetua virginidad de María ya era tema de discusión.[34]

La primera de las tres teorías se conoce como *helvidiana* en honor a

---

32. Ver Hiebert, *The Epistle of James*, p. 29.
33. Ver William Barclay, *Santiago, I y II Pedro*, XIV, pp. 24-31.
34. Ver Philip Schaff, *History of the Christian Church*, III, pp. 409-428.

Helvidio,[35] su propugnador. Era la opinión de Helvidio que los hermanos de Jesús eran hijos de José y María, engendrados después del nacimiento de Jesús. Para apoyar su postura, Helvidio hace uso del pasaje de Mateo 1:18-25 y en particular el versículo 25 donde dice que «[José] no la conoció hasta que dio a luz a su hijo primogénito…». Según él, la frase adverbial «hasta» *(heos hou)* significa que después del nacimiento de Jesús, José y María tuvieron relaciones conyugales de las que nacieron otros hijos. Helvidio subraya, además, que Lucas 2:7 declara que María «dio a luz a su hijo primogénito» *(ton prototokon)*. Si se hubiese querido decir que María no tuvo más hijos, se hubiese usado la palabra «unigénito» *(monogenes)* que expresa mejor la idea de *hijo único*.

William Barclay, en su excelente aunque breve discusión sobre este tema, ha escrito:

> La clara implicación es que José entró en relaciones matrimoniales normales con María después del nacimiento de Jesús. Tanto es así que Tertuliano usa este pasaje para demostrar que tanto la virginidad como el estado matrimonial son ensalzados y consagrados en Cristo por el hecho de que María fue primeramente virgen y después esposa en el pleno sentido de la palabra.[36]

Helvidio no solo apeló al testimonio de las Escrituras, sino también al de Tertuliano (160-220 d.C.), el cual fue el primer escritor que expresamente afirmó que los hermanos de Jesús nacieron del vientre de María.[37] La obra de Helvidio fue atacada por muchos, incluyendo a Jerónimo quien a su vez ofreció su propia explicación. Como ya se ha mencionado, la creencia en la perpetua virginidad de María se había generalizado ya por aquellos tiempos. De modo que no era de extrañarse que la postura de Helvidio fuese rechazada por aquel sector de la Iglesia.

La teoría epifaniana, la segunda bajo consideración, fue generalizada hacia fines del siglo IV por Epifanio *(c.* 315-403), obispo de Salamina.[38] Al parecer, Epifanio solo expuso por escrito lo que ya se creía desde el siglo II.[39]

---

35. Helvidio vivió en Roma a mediados del siglo IV de nuestra era. Hacia el año 383 d.C. escribió una obra refutando la creencia de la virginidad perpetua de María. Según Helvidio, el matrimonio es igual en honor y gloria a la virginidad. De modo que no consideraba ni necesario ni bíblico hablar de la perpetua virginidad de María para que tuviese el lugar de honor que la Escritura le otorga.

36. BARCLAY, *Santiago, I y II Pedro*, p. 30.

37. Ver HIEBERT, *The Epistle of James*, p. 32 y SCHAFF, *History of the Christian Church*, III, p. 231.

38. Según la tradición, Epifanio nació en un hogar judío pobre, pero fue educado por un abogado judío rico hasta que a la edad de 16 años se convirtió al cristianismo. Por varios años vivió entre los eremitas en Egipto, donde practicó severos ejercicios de ascetismo. En el año 367 fue elegido por unanimidad obispo de Salamina (capital de Chipre). Su principal preocupación era combatir las sectas heréticas. Su obra principal, *El Ancla*, era una defensa de la doctrina cristiana. Escrita por el año 273 d.C., esta obra trataba los temas de la Trinidad, la Encarnación y la resurrección de Cristo.

39. Según Barclay, la teoría epifaniana expresaba «la opinión más corriente en la iglesia primitiva» sobre la cuestión de quiénes eran los hermanos de Jesús. Ver BARCLAY, *Santiago, I y II Pedro*, p. 27.

La opinión de Epifanio era que los llamados «hermanos de Jesús» fueron los hijos de José mediante un matrimonio previo. De modo que tanto Jacobo (Santiago) como los demás «hermanos» eran mayores en edad que Jesús y además no fueron hijos de María.[40]

Los que propugnaban esta teoría arguyen en su defensa que si María hubiese tenido más hijos, sería difícil explicar por qué Jesús, a la hora de su muerte, encomendó el cuidado de su madre a Juan el apóstol y no a uno de sus hermanos (Jn. 19:27). En respuesta a esa objeción, debe recordarse que los hermanos de Jesús fueron hostiles al Señor a lo largo de su ministerio (ver Mr. 3:21, 31-34; Jn. 7:2-9). Hasta donde se sabe, los hermanos de Jesús creyeron después de la resurrección del Señor (1 Co. 15:7).

En resumen, la teoría epifaniana tuvo como base el deseo de defender la creencia de la perpetua virginidad de María, cosa que solo cuenta con el apoyo de la literatura apócrifa del Nuevo Testamento y con la opinión de algunos voceros de la tradición. El testimonio de los evangelios canónicos y las epístolas es que Jesús sí tuvo otros hermanos (Gá. 1:19 y 1 Co. 9:5). No existe razón teológica o exegética que impida pensar que esos hermanos de Jesús no fueran hijos de José y María, producto de una relación matrimonial normal.

Un buen esfuerzo por resolver la incógnita sobre los hermanos del Señor fue llevado a cabo por Jerónimo, el famoso traductor de la Vulgata Latina.[41] El propósito de Jerónimo en su investigación de esta cuestión era demostrar que María no tuvo más niños después del nacimiento de Jesús, refutando así la postura de Helvidio. Es así como Jerónimo sugirió que Santiago el hermano del Señor y Santiago el hijo de Alfeo eran, de hecho, la misma persona. La teoría de Jerónimo hacía a María de Cleofás hermana de la virgen María.

Jerónimo, por lo tanto, concluía que Jesús y Santiago eran primos en vez de hermanos. La deficiencia del punto de vista de Jerónimo ha sido reconocida por muchos escritores.[42] Jerónimo cometió el error de abandonar injustificadamente el significado normal o natural de la palabra «hermano» (*adelphós*). También

---

40. El *Protoevangelio*, evangelio apócrifo atribuido a Santiago el Menor y escrito en el siglo II, hace referencia a que José era un hombre de edad avanzada y con hijos antes de casarse con María. (Ver el *Protoevangelio* 8:13). Este es el evangelio apócrifo que contiene la supuesta historia del nacimiento virginal de María (ver caps. 4 y 5).

41. Jerónimo nació por el año 340 d.C., y murió en el 419. Su principal servicio a la iglesia fue las áreas teológicas y literarias. Poseía una sed insaciable por el estudio. Logró acumular una excelente biblioteca, y además, recibió instrucción oral de parte de Apolinario el anciano de Laodicea, Gregorio Nacianceno en Constantinopla y Dídimo en Alejandría. Sin duda, la obra magna de Jerónimo fue su traducción de la Biblia conocida como la Vulgata Latina. Pero también se distinguió por su trabajo como comentarista bíblico. Escribió comentarios sobre Génesis, los profetas mayores y menores, Eclesiastés, Job, algunos Salmos, el Evangelio de Mateo, las Epístolas a los Gálatas, Efesios, Tito y Filemón.

42. Para una discusión completa de este asunto, ver Joseph B. Mayor, *The Epistle of James*, pp. I-XLVII. También James Hardy Ropes, *A Critical and Exegetical Commentary of James*, p. 60.

ignoró el uso propio del idioma griego al confundir a Cleofás y Alfeo. Como subraya Hiebert:

> Este punto de vista [de Jerónimo] descansa en la dudosa conclusión de que Cleofás y Alfeo son la misma persona y que María, la mujer de Cleofás, era hermana de la virgen María.[43]

Además, Jerónimo pasó por alto el uso de la palabra *prototokon* en Lucas 2:7, donde dice que María dio a luz a su «hijo primogénito» no a su «hijo unigénito». Lo mismo hizo con el adverbio *heos* en Mateo 1:25, donde dice que José «no la conocía», esto es, no había tenido relación física con María *hasta* después del nacimiento de Jesús. En conclusión, la incapacidad de Jerónimo para probar su teoría ha afianzado más la base de la postura tradicional de que el autor de la Epístola no fue otro que Santiago el hermano del Señor. La enseñanza católico-romana de que María fue «concebida sin pecado» procede de la literatura apócrifa.

FECHA DE COMPOSICIÓN

La cuestión de la fecha de la Epístola de Santiago está necesariamente relacionada con su autor.[44] Los que consideran que el libro es pseudoepigráfico colocan la fecha de su escrito entre 80 o 90 d.C. y 150 d.C. Pero los que atribuyen su escrito a Santiago el hermano del Señor generalmente creen que la Epístola fue escrita mucho antes.[45] Según Flavio Josefo, el historiador del siglo I, Santiago fue martirizado en el 62 d.C.[46] Por eso, asumiendo su paternidad literaria, la Epístola debe haber sido escrita antes de esta fecha. A. T. Robertson, el famoso erudito sobre el Nuevo Testamento, creía que Santiago escribió su epístola entre 48 y 49 d.C.[47] Otro escritor hace la siguiente observación:

> El trasfondo extraído de la Epístola muestra una clase de persecución muy temprana de los creyentes. Tal tipo se encontró en Palestina solo antes del año 70. El uso de la palabra *sinagoga* (2:2) también atestigua de una fecha muy temprana para la carta. No hay referencia alguna a la controversia que se tuvo en el concilio de Jerusalén en el 49, pero 2:15-16 debe ser una referencia al hambre mencionado en Hechos 11:27-30. Esto colocaría la escritura de la Epístola entre los años 44 y 50.[48]

---

43. HIEBERT, *The Epistle of James* , p. 33.
44. TASKER, *Epistle of James,* p. 30.
45. *Ibíd.*, p. 31.
46. Flavio JOSEFO, *Antigüedades de los judíos*, XX, ix, i.
47. A. T. ROBERTSON, *Studies in the Epistle of James,* p. 133.
48. Charles C. RYRIE, *Teología bíblica del Nuevo Testamento*, p. 115.

Hay varios eruditos de renombre que prefieren fechar la Epístola antes de 50 d.C., entre ellos están Gerhard Kittel, Theodor Zahn, J. B. Mayor, A. T. Robertson, Henry C. Thiessen y Alexander Ross.[49] Ya que la Epístola no menciona el concilio de Jerusalén que tuvo lugar en 48 o 49 d.C., se sugiere que esta fue escrita no más tarde de 48 d.C., y seguramente en una fecha tan temprana como 45 d.C.[50]

LOS DESTINATARIOS DE LA EPÍSTOLA DE SANTIAGO

Se ha observado que «no hay libro más judaico en el Nuevo Testamento que la Epístola de Santiago, aun sin excluir Mateo, Hebreos y Apocalipsis».[51] La Epístola fue dirigida a «las doce tribus que están en la dispersión» (1:1). Aunque algunos escritores sugieren que la expresión de 1:1 puede ser tomada metafóricamente como una referencia a la Iglesia gentil esparcida a través del Imperio romano, parece estar más en armonía con el contexto de la carta tomar la frase en su sentido normal, es decir, que fue dirigida a judíos.[52] Pero un escritor declara:

> Es claro que la Epístola de Santiago no hubiera sido recibida en el canon si la iglesia primitiva la hubiera entendido como dirigida a los judíos en general. Es igualmente claro que la Epístola misma contiene párrafos que difícilmente pudieran haber sido incluidos en un documento dedicado a no cristianos.[53]

De modo que podemos concluir que Santiago tenía en mente un enfoque amplio y otro limitado cuando escribió la carta. En el sentido amplio, él se dirige a todos los judíos de la diáspora en el Oriente.[54] Escribe también de forma específica a los judíos cristianos, pero con una llamada a los judíos incrédulos.[55] Además, el contenido de la Epístola parece indicar que Santiago se dirigía a una mayoría de judíos de la clase más pobre y solo a un pequeño número de ricos. En su excelente comentario de la Epístola de Santiago, Joseph B. Mayor declara:

49. Según HARRISON, Gerhard Kittel llegó a la conclusión de que la fecha temprana era la correcta, después de haber estudiado la Epístola durante diez años. HARRISON, *Introduction to the New Testament*, p. 368.
50. GUNDRY, *A Survey of the New Testament*, p. 345.
51. THIESSEN, *Introduction to the New Testament*, p. 27.
52. Ver GUNDRY, *Survey of New Testament*, p. 344.
53. HARRISON, *Introduction to the New Testament*, p. 362.
54. Es posible que Santiago se dirigió a los judíos de la diáspora de Babilonia y Mesopotamia, mientras que Pedro lo hizo a los de la diáspora en Occidente.
55. Nótese el uso de la palabra «hermanos» en 1:2, 16, 19; 2:1, 14; 3:1; 4:11; 5:7, 9-10, 12, 19.

Ahora veremos qué más se aprende con respecto a los lectores de la Epístola por ella misma. Santiago escribe identificándose como un siervo de Jesucristo (1:1) y asume que abrazaron la fe de Cristo (2:1) y reconoce que ellos no están bajo el yugo de servidumbre, sino bajo la perfecta ley de la libertad (1:25; 2:12). Ellos estaban mezclados, sin embargo, con hombres que eran no solo incrédulos, sino que blasfemaban el nombre de Cristo y perseguían a los creyentes (2:6-7). Los ricos pertenecientes al grupo (1:10) estaban en peligro de apostatar por su codicia, mundanalidad y orgullo (4:3-6, 13-16). Los ricos aparecen generalmente como perseguidores y opresores, llevándose el salario de sus jornaleros, matando a hombres inocentes, esclavos del deseo y la lujuria, engordándose a sí mismos en el día de matanza (2:6-7; 5:5).[56]

Resumiendo: Aunque Santiago dirige su carta a «las doce tribus que están en la dispersión», su mayor preocupación radica en el pueblo de raza judía que ha puesto su fe en Cristo como su Salvador; esos judíos dispersos pasaban por severas pruebas y persecuciones. A Santiago le preocupaba sobremanera el comportamiento de aquellos a quienes llama «amados hermanos míos».

EL PROPÓSITO DE LA EPÍSTOLA DE SANTIAGO

Se admite generalmente que la Epístola de Santiago es preeminentemente práctica.[57] Henry C. Thiessen expresa el propósito de la Epístola con estas palabras:

La Epístola parece haber sido ocasionada por experiencias corporales, estado espiritual y doctrinas falsas de los judíos de la dispersión. Estos cristianos fueron asediados por varias clases de males, tales como persecuciones de sus propios compatriotas, trato injusto por parte de los ricos, y aflicciones físicas. Su estado espiritual estaba bajo. Ellos tomaron una actitud incorrecta para con Dios y sus dádivas. Se entregaron a conductas desenfrenadas, existiendo entre ellos contiendas y alborotos, y tenían un espíritu mundano. También estaban bajo la influencia de gravemente malas concepciones doctrinales. Muchos actuaban como si conocer la verdad fuera suficiente y como si la fe sin obras satisficiera todos los requisitos. Estas condiciones entre sus hermanos judíos creyentes llevaron al estricto y recto Santiago a escribir su epístola.[58]

---

56. MAYOR, *The Epistle of James*, p. CXX.
57. Ver George Eldon LADD, *A Theology of the New Testament*, p. 589. También ROPES, *Commentary of James*, pp. 1-2.
58. THIESSEN, *Introduction to the New Testament*, pp. 276-277.

El propósito de Santiago al escribir su epístola, evidentemente, fue no tan solo advertir a los cristianos, sino que también fue un intento de corregir ciertos falsos conceptos que se habían infiltrado entre los creyentes hebreos. La Epístola de Santiago fue escrita con el propósito de corregir un error de práctica y otro teológico prevalente entre esos judíos creyentes.

Como alguien ha observado correctamente:

> Por ejemplo, uno de tales conceptos fue la exaltación de un mero conocimiento de la ley. En la base de ese conocimiento había una tendencia a reclamar superioridad. A menudo sus vidas no armonizaban ni con el supuesto conocimiento ni con la profesión externa.[59]

En síntesis, el autor exhorta a sus lectores a apoyar mediante un testimonio positivo y práctico la profesión o confesión que hacían con los labios. Es evidente que Santiago consideraba las obras como parte integral de la fe y no como cosas excluyentes o antitéticas. Esta epístola enseña de manera categórica que una fe viva produce buenas obras. Las buenas obras no son un requisito, sino un resultado de la salvación. Las buenas obras que agradan a Dios son producidas por una fe viva.

CARÁCTER Y ESTILO LITERARIO DE LA EPÍSTOLA DE SANTIAGO

Un conocimiento del carácter y estilo literario de la Epístola de Santiago es crucial para su comprensión. Santiago escribe con el estilo refinado de un hombre educado. La Epístola abunda en ilustraciones extraídas de la experiencia natural y humana. El uso constante que Santiago hace de diatribas, da color y vivacidad a la Epístola.

Hay una marcada semejanza entre la Epístola de Santiago y la literatura sapiencial judía. Además, el vocabulario de Santiago, también como el estilo, se parece mucho al de Jesús en el Sermón del Monte. Como observa un escritor:

> Santiago nunca menciona a Jesús directamente, pero un estudio reciente recoge 26 alusiones a sus palabras. La cuenta de las alusiones, sin embargo, no dice la historia completa. Quien pasa directamente de la lectura del Evangelio de Mateo a una lectura de la Epístola de Santiago se impresionará con el hecho de que cada página de Santiago da evidencia de la influencia de

---

59. Ronald Evans Howe, «The Concept of Nomos in James» (Th. M., Tesis, Dallas Theological Seminary), pp. 17-18.

Jesús. Imágenes vivas, interesantes situaciones dramáticas, ritmo poético, estilo enérgico y vivo, todos estos son rasgos encontrados en las enseñanzas de Jesús y en la Epístola de Santiago.[60]

Santiago entrelaza la dinámica de las tres divisiones del Antiguo Testamento (la Ley, los Profetas y los Escritos) y los une dentro de su propio estilo literario. Su uso de varias metáforas, símiles y otras figuras del lenguaje da a la Epístola un lugar único en el canon del Nuevo Testamento.

EL ARGUMENTO DE LA EPÍSTOLA DE SANTIAGO

No es infrecuente entre los eruditos de la alta crítica afirmar que la Epístola de Santiago es una simple y casual colección de dichos proverbiales.[61] Estos críticos no ven los principios unificantes en la Epístola, alrededor de los cuales un tema central o argumento puede girar.[62] Los eruditos conservadores, no obstante, no están de acuerdo con esta opinión de la crítica.[63]

Aunque no hay un acuerdo general entre quienes creen en el principio unificante del argumento de Santiago, los eruditos conservadores creen que, cuando se aplican unos sanos principios de hermenéutica, el tema unificante de la Epístola se hace evidente. Este escritor cree que la Epístola de Santiago manifiesta la realidad de los resultados de una fe viviente. Sin estar en desacuerdo con otras opiniones, este escritor sugiere que la gran idea de la Epístola se centra alrededor de la enseñanza de que una fe viviente produce obras que honran a Dios.

Santiago dirigió su carta a hebreos cristianos que estaban sufriendo pruebas y dificultades en sus vidas. Algunos de ellos fueron llevados a la desesperación, mientras que otros habían caído en la indiferencia y sucumbían a la tentación de desconfiar de la Palabra de Dios. Una actitud prevalente entre ellos era la superficialidad. Esto no solo afectaba su relación personal con Dios, sino también entre ellos mismos y hacia los incrédulos. Además, estos cristianos habían caído en el pecado de usar mal la lengua, de codicia y mundanalidad. Santiago trató de corregir el concepto erróneo de que una confesión oral era una verificación suficiente de la condición interior espiritual del hombre. La respuesta de Santiago a este error fue que «una fe viviente produce la clase de obras que traen gloria a Dios».

---

60. Curtis VAUGHAN, *James: Bible Study Commentary*, p. 8.
61. David Keith JOHNSON, «James' Use of the Old Testament», p. 12.
62. Ver ROPES, *A Critical and Exegetical Commentary on the Epistle of James,* p. 2, y A. H. MCNEILE, *An Introduction to the Study of the New Testament,* p. 201.
63. Ver MAYOR, *Epistle of James,* pp. 112-153.

Después de una breve introducción epistolar para identificarse a sí mismo y a sus lectores, Santiago se mete en la primera parte de su argumento en 1:2-18, donde hace énfasis sobre el hecho de *«una fe viviente que produce* gozo *en medio de las pruebas».* Esto es posible porque una fe viviente produce gozo en las pruebas y, como resultado, paciencia (1:2-3), y la paciencia produce madurez (1:4). Además, una fe viviente mueve a orar por divina sabiduría en medio de las pruebas (1:5-11). La intervención de Dios en favor del creyente y en respuesta a una fe viva asegura victoria sobre la tentación (1:12-26). Por otra parte, Santiago enfatiza el hecho de que una fe viviente enseña completa confianza en Dios (1:17-18), quien es el dador bueno y perfecto, nuestro inmutable Padre Celestial.

El segundo movimiento del argumento subraya el hecho de que *una fe viviente resulta en obediencia a la Palabra de Dios* (1:19-27). Santiago enfatiza los definidos resultados efectuados por la Palabra de Dios en la vida de un creyente. La obediencia a la Palabra redunda en pureza de vida, mientras que la desobediencia a ella acaba en hipocresía (1:19-25). La religión que agrada a Dios está basada en la obediencia a su voluntad revelada (1:26-27).

La tercera etapa del argumento de la Epístola se centra en la idea de que *una fe viviente motiva a la práctica de imparcialidad* (2:1-13). La imparcialidad mira hacia las cualidades internas de la vida (2:1-4), armoniza con los propósitos electivos de Dios (2:5-7) y cumple la ley real (2:8-13).

Tal vez no haya otra sección en la Epístola de Santiago que enfatice más la necesidad de una fe viva como 2:14-16. Este está considerado como el pasaje central de la Epístola. Como un escritor expone:

> La fe muerta, dice Santiago enfáticamente, no puede salvar (v. 14). Es extremadamente importante para el argumento recordar la cuestión de si la fe puede salvar está confinada por la hipótesis de que debe ser entendida con relación a un hombre que *dice* que tiene fe pero no produce obras. La cuestión no es si la fe puede salvar, sino si tal fe, que es fe muerta, puede salvar. Que la fe citada por Santiago es una fe muerta se muestra claramente por la ausencia de respuesta a las limosnas, un asunto de gran importancia para los judíos. Así que solo puede concluirse que una fe que no obra, aun cuando esté relacionada con un credo ortodoxo (v. 19), es muerta (v. 17) y desprovista de calidad.[64]

Es de vital importancia entender el significado bíblico y teológico de la fe. Cuando la Biblia habla de «fe», no se refiere a un ejercicio mental o intelectual

---

64. Ryrie, *Teología bíblica del Nuevo Testamento*, p. 121.

sino más bien a un acto de confianza y de entrega. Cuando dice que «Abraham creyó a Dios», eso significa que Abraham descansó confiadamente en la promesa de Dios. Fe es creer, confiar, descansar en Dios y en su promesa. La fe ha de tener un objeto. El único objeto de fe que agrada a Dios es Jesucristo.

Santiago arguye enérgicamente que una fe viva produce buenas obras, y una fe sin obras es fe muerta. *La fe viva produce buenas obras que se evidencian por el amor hacia los hermanos* (2:14-17), así como en obediencia a la Palabra de Dios. Abraham (2:21-24) y Rahab (2:25-26) son ejemplos de fe viviente porque eligieron obedecer a Dios a pesar del costo.

Además de esto, Santiago dice que *una fe viviente genera autocontrol* (3:1-18). Esto se requiere especialmente de aquellos ocupados en la enseñanza de la Palabra de Dios (3:1-2). Si un hombre es capaz de controlar su lengua, posee sabiduría divina y Dios controla su vida (3:3-9). Una lengua no controlada se convierte en un instrumento satánico y en evidencia de una sabiduría mundana (3:10-18). También, el debate de Santiago es que *una fe viviente produce humildad* (4:1-12). Si una fe viviente está ausente, el resultado es carnalidad (4:1-3), mundanalidad que se torna en enemistad contra Dios (4:4-10) y contienda con los hermanos. Además, *una fe viva distingue entre lo permanente y lo temporal* (4:13—5:6). Santiago dice que la vida en este mundo es como vapor; por esto nuestros planes deben estar en línea siempre con la voluntad de Dios (4:13-17). También las riquezas de esta tierra son temporales, perecederas y engañosas; consecuentemente, nosotros no debemos poner nunca nuestra confianza en ellas. Finalmente, Santiago concluye su argumento enfatizando el hecho de que *una fe viviente se apoya en las Santas Escrituras* (5:7-20). Una fe viviente es impulsada por la esperanza de la Segunda Venida del Señor y ejemplificada por los sufrimientos y paciencia de los profetas. Santiago concluye con la misma nota con la que empezó su argumento, simplemente, oración. No es extraño que haga esto. La oración es una evidencia sólida de una fe viviente. La oración y la fe van de la mano. Santiago habla acerca de la oración de fe (5:15). Así, se puede observar que Santiago no estaba escribiendo enseñanzas sin propósito o ideas sin relación. Él tenía un principio unificante definido que deja claramente plasmado el argumento de su epístola, simplemente, *una fe viviente produce la clase de obras que glorifican a Dios.*

SUMARIO DEL ARGUMENTO

El argumento de la Epístola de Santiago puede resumirse como se muestra en el siguiente cuadro:

Cuando la fe es viva		
Se enfrenta a		**Produce**
Las pruebas	1:2-12	Madurez
La tentación	1:13-18	Firmeza
La Palabra de Dios	1:19-27	Frutos
Las personas	2:1-13	Imparcialidad
La realidad	2:14-26	Obras
La lengua (hablar)	3:1-12	Control
El hombre sabio y de entendimiento	3:13-18	Sabiduría
Al mundo	4:1—5:6	Sumisión a Dios
La venida del Señor	5:12-20	Paciencia, vida piadosa

6

El autor y los lectores de la Epístola de Santiago

La cuestión de la identificación del autor de la Epístola de Santiago ha sido discutida en el capítulo anterior. En esta sección se tratará solo el aspecto exegético de la carta, tal como aparece en el texto. Sobre la base de la investigación del capítulo anterior, se asume aquí que Santiago, el hermano del Señor, escribió esta epístola.

EL AUTOR

El nombre «Santiago» es la forma helenizada del hebreo *Iakób*. Se sabe muy poco de la vida temprana de Santiago.[1] De hecho, nada se sabe excepto que él y sus otros hermanos ridiculizaban a Jesús y no creían en Él (Jn. 7:5). Generalmente se cree que su conversión tuvo lugar después de la resurrección del Señor (1 Co. 15:7). Es posible, además, que estuviese entre los creyentes que estaban en el Aposento Alto, orando después de la ascensión del Señor (Hch. 1). Según la opinión de los comentaristas conservadores, Santiago llegó a ser el pastor de la Iglesia en Jerusalén y presidió, como tal, la conferencia descrita en Hechos 15.

La personalidad de Santiago

Una lectura de la Epístola de Santiago revela que uno de los aspectos sobresalientes de la personalidad de su autor es su carácter práctico. Santiago habla de las pruebas y tentaciones que sobrevienen al hijo de Dios aquí en la tierra y ve esas pruebas como instrumentos de Dios, destinadas a producir madurez en la vida del cristiano. Para él, la verdadera demostración de la fe es el fruto que esta produce. Un verdadero creyente debe ser un hacedor de la Palabra y no un simple oidor.

---

1. Josefo menciona a Santiago y hace referencia a su muerte en tiempos del procurador Albino. Ver Flavio JOSEFO, *Antigüedades de los judíos*, XX, 9:1.

Santiago era, sin duda, un hombre de acción. Si un hombre se considera religioso, debe frenar su lengua. Si no lo hace, su religión es vana. La palabra *obras* o su equivalente se repite unas catorce veces a través de la Epístola. Pero no debe pensarse que Santiago minimiza el principio de la fe que Dios demanda de los suyos. La verdadera fe, para Santiago, significa una *fe viva,* y una fe viva se demuestra a través de *las obras.* La fe y las obras no son antitéticas, según Santiago, sino que la una es producto de la otra.

Una característica destacada en Santiago era su humildad. Se autodenomina «un esclavo de Dios y de Jesucristo» (1:1). Además, a través de la Epístola, se identifica con los creyentes llamándolos hermanos. Pero, aunque era humilde, Santiago también demuestra que era un hombre de coraje. Su llamamiento a los creyentes a frenar sus lenguas y apartarse del mundo, su ataque a los ricos injustos y a los que no practicaban la misericordia, revela que Santiago no temía decir la verdad. Quizá esa fue una de las cosas que Santiago aprendió del Señor.

Finalmente, debe notarse que Santiago era un hombre bien educado. Estaba familiarizado con los fenómenos atmosféricos, la navegación, la domesticación de animales, la agricultura y la fauna. También puede decirse que conocía la naturaleza humana, sabía lo terrible del pecado humano, la importancia de la imparcialidad, la práctica de la sabiduría y la necesidad de la oración para el creyente. La Epístola de Santiago revela que su autor era un hombre que conocía a Dios. Santiago era un hombre práctico, sí, pero de igual manera era un hombre espiritual. Debe añadirse, además, que Santiago conocía los idiomas de su tiempo: el hebreo, el arameo y el griego. El texto de su Epístola revela que Santiago había recibido una educación helénica sobresaliente.

Las credenciales del autor

«Santiago, siervo de Dios y del Señor Jesucristo…» (1:1a).

El autor se considera a sí mismo como *siervo.* También Pablo usaba esa palabra para describir su relación espiritual con Cristo (Ro. 1:1; Fil. 1:1; Tito. 1:1). El vocablo *doûlos* aquí contrastaba con el concepto griego de la libertad. Todo aquel que esté en la condición de *doûlos* (siervo, esclavo) ha puesto a un lado su propia autonomía y se ha sometido a la voluntad de otro.[2] El griego libre se enorgullecía de que no era un *doûlos* y sentía repulsión y desdén hacia todo aquel que fuese un esclavo.[3] «El pertenecía por naturaleza no a sí mismo, sino a otra persona».[4]

---

2. Karl Heinrich Rengstorf, «Doúlos», *Theological Dictionary of the New Testament,* ed. por G. Kittel y F. Friedrich, II, p. 261.

3. R. Tuente, «Doúlos», *The New International Dictionary of New Testament Theology,* ed. por Colin Brown, III, pp. 592-598.

4. *Ibíd.*

El uso de la palabra *siervo,* sin embargo, tiene también profundas raíces veterotestamentarias. Se usa para describir la relación de los creyentes del Antiguo Testamento con Jehová, como en el caso de Abraham (Sal. 105:6, 42), Moisés (Nm. 12:7-8), David (2 S. 7:5, 8), y los profetas (Am. 3:7; Zac. 1:6). En el sentido de ser siervo de Dios, Santiago se coloca entre aquellos hombres que, a lo largo de los siglos, se han sometido a la voluntad de Jehová. Al considerarse un «esclavo» de Dios y del Señor Jesucristo, Santiago confiesa haber renunciado al libre uso de su voluntad y haberse sometido a la voluntad del Señor Jesucristo.

Es evidente que Santiago, al igual que los demás escritores bíblicos, reconocía la soberanía de Dios. Tanto él, como los demás escritores sagrados, se reconocen vasallos del soberano Jehová. Lo que para los griegos y romanos paganos era una vergüenza, para los cristianos constituía un privilegio, es decir, considerarse como esclavos del Todopoderoso y, por consiguiente, someterse a su voluntad.

En el texto original, la sintaxis es diferente a como aparece en la versión castellana. El texto griego dice literalmente: «Santiago, de Dios y del Señor Jesucristo siervo». Ese orden gramatical sugiere que el escritor desea dar énfasis primordial no tanto al hecho de que es un siervo, sino *de quién* es él siervo. El profesor Hiebert ha expresado:

> Este orden [de las palabras] da prominencia a la identidad de su Señor celestial. Para Santiago, esa identidad era de importancia primordial. Santiago no podía concebir honor más alto que ser el siervo de tal Señor. Con ello declara una relación personal. Dicha expresión no denota ninguna otra cualidad sobresaliente, sino la mera expresión de su profunda devoción y sumisión a su Señor.[5]

Santiago pudo haberse identificado como el hermano del Señor o como el anciano pastor de la iglesia en Jerusalén. También pudo haber usado el título de apóstol, pero prefirió sencillamente llamarse siervo. Debe notarse que Santiago usa el título completo al referirse al Señor: «Señor Jesús Cristo» (en el texto original). Aunque la idea es definida, el escritor no usa el artículo ni con la palabra «Dios» ni con la fórmula «Señor Jesús Cristo». La razón evidente es que quiere dar énfasis a la naturaleza intrínseca de las referidas personas más que indicar su identidad.[6]

Respecto al uso de la expresión «El Señor Jesucristo», el teólogo inglés

---

5. D. Edmond HIEBERT, *The Epistle of James,* p. 59.

6. Ver H. E. DANA y Julius MANTEY, *Gramática griega del Nuevo Testamento,* pp. 144-145. Los sustantivos en el idioma griego son, de hecho, definidos. La presencia de un artículo delante de un sustantivo se usa para identificar dicho sustantivo. La ausencia del artículo no hace al sustantivo indefinido, sino que enfatiza su esencia intrínseca.

C. Leslie Mitton, autor de varios comentarios bíblicos y rector del Handsworth College de Birmingham, ha escrito:

> Las dos palabras «Señor» y «Cristo» llegaron a expresar, en combinación, la manera en que la iglesia primitiva confesaba su fe. Estas, más que ningunas, servían para reunir en una simple frase lo que Jesús había venido a significar en sus vidas. Esa fue la manera en que Pedro expresó su fe el día de Pentecostés: «...a este Jesús a quien vosotros crucificasteis, Dios le ha hecho Señor y Cristo».[7]

El uso de la palabra «Señor» (gr. *Kýrios)* tiene una historia interesante.[8] En el griego clásico, su uso contenía la idea de legalidad y autoridad. Debe subrayarse que, en el período clásico temprano, el vocablo *kýrios* no se empleaba como un título de divinidad, pero sí se aplicaba a los dioses de la Grecia pagana.[9] Eso se debía, probablemente, a que los griegos no creían en un dios personal y creador, sino en seres producto de la imaginación humana.

El título *kýrios* era usado para referirse a personajes que políticamente ejercían gran autoridad como en los casos de Herodes el Grande, Agripa I, Agripa II, Calígula y, por supuesto, Nerón, el cual se autodenominaba «el señor de todo el mundo».

Kýrios se usaba en el Antiguo Testamento (LXX) en lugar del hebreo *adón* o *adonai* que, literalmente, significa «Señor» o «mi Señor». Cuando *adonai* se usa con referencia a Dios en el Antiguo Testamento, connota la idea de soberanía. Debe recordarse que, en su lectura de las Escrituras, el judío acostumbraba a sustituir el nombre *Jehová* por *Adonai*. Esta sustitución se hacía porque el judío consideraba el nombre Jehová demasiado sagrado como para ser pronunciado por labios humanos.

En el Nuevo Testamento, la palabra *kýrios* aparece unas 717 veces.[10] En varias ocasiones se usa con un sentido secular para indicar un contraste entre «señor» y «esclavo» o entre un superior y un inferior (Mt. 10:24; Lc. 13:8; 16:3, 5). Repetidas veces, sin embargo, se usa con referencia a Dios (Ro. 4:8). Es importante observar que en muchos casos el escritor neotestamentario, al citar un pasaje del Antiguo Testamento, usa *kýrios* en lugar del nombre Jehová (Ro. 9:28 [Is. 10:22]; Ro. 10:16 [Is. 53:1]; Ro. 11:34 [Is. 40:13]; Ro. 14:11 [Is. 45:23]). Es

---

7. C. Leslie MITTON, *The Epistle of James*, p. 14.

8. Para un estudio completo de los usos de la palabra *kýrios*, ver H. BIETENHARD, «Lord», *The New International Dictionary of New Testament Theology*, ed. Colin Brown, II, pp. 510-519.

9. *Ibíd.*

10. La palabra *kýrios* es usada 275 veces en los escritos de Pablo, 210 en los de Lucas, 80 en Mateo, 18 en Marcos, 52 en Juan, 16 en Hebreos, 14 en Santiago, 22 en las Epístolas de Pedro, 7 en Judas y 23 en el Apocalipsis.

probable que esa era la intención de Pablo en Romanos 10:9, cuando dice: «que si confesares con tu boca que Jesús es el Señor...». No hay duda de que Pablo quiso decir: «Que si confesares con tu boca que Jesús es Jehová...».

Con referencia a Cristo, *kýrios* se usa primeramente como una expresión de cortesía, siguiendo la costumbre de aquella época (ver Jn. 4:14; Mt. 17:4). Después de la muerte y resurrección de Jesús, sin embargo, la palabra *kýrios,* usada con referencia a su Persona, adquiere un nuevo significado. En su sermón el día de Pentecostés, Pedro dice que Dios (el Padre) ha hecho a Jesús Señor (*kýrios*) y Cristo (Mesías) (Hch. 2:36). La predicación apostólica hacía referencia frecuente a los Salmos (2 y 110) para señalar que, a raíz de su resurrección, Cristo había sido exaltado como *Señor* sobre todas las cosas (ver Hch. 13:14-52; 1 Co. 15; He. 1:3).

El segundo nombre que el autor de la Epístola utiliza es «Jesús». *Iesoús* es la versión griega del nombre hebreo *Yeshúa* o Josué. Hasta donde se sabe, es el nombre más antiguo que contiene en su raíz el sustantivo divino Yahwéh (Jehová), y literalmente significa «Yahwéh es ayuda» o «Yahwéh es salvación».[11] El nombre Josué, como es de esperarse, era común entre el pueblo judío. Con este se recordaba al gran líder veterotestamentario que reemplazó a Moisés en la tarea de conducir al pueblo de Israel a la tierra prometida.

Hubo varios personajes llamados Josué (Jesús) que se mencionan en el Nuevo Testamento (ver Lc. 3:29; Hch. 7:45; 13:6; Col. 4:11). Pero, obviamente, la importancia del nombre dado a nuestro Señor sobrepasa a todos los demás. Fue por mandato divino que el nombre «Jesús» le fue dado (Mt. 1:21 y Lc. 1:31). Según la orden celestial, ese nombre le fue dado porque «Él salvaría a su pueblo de sus pecados». De modo que el nombre «Jesús» se asocia directamente con su misión salvadora. Como ha dicho el profesor Hiebert: «Ese nombre encarna todo el mensaje del Evangelio tocante al histórico Hombre de Nazaret».[12]

Finalmente, el tercer nombre que aparece es «Cristo», que equivale al hebreo *Mashíah* y, literalmente, significa «ungido». El teólogo George E. Ladd ha expresado la importancia de la palabra «Mesías» o «Cristo» de la siguiente manera:

> El título y concepto de Mesías (*Christós = Mashíah =* Ungido), histórica-mente y tal vez teológicamente, es el más importante de todos los conceptos cristológicos por haberse convertido en la manera central de designar la comprensión cristiana de Jesús. Esto se comprueba por el hecho de que *Christós,* que propiamente es un título para designar al «ungido», se convir-

---

11. Ver *The New Testament International Dictionary of New Testament Theology,* II, pp. 330-334. En su artículo, en la obra citada, K. H. Rengstorf señala correctamente que el nombre *Yesua'* procede del verbo *yasa* que significa «ayudar» o «salvar».

12. Hiebert, *The Epistle of James,* p. 62.

tió muy temprano en un nombre propio. Jesús era conocido no solamente como Jesús el Cristo o el Mesías (Hch. 3:20), sino como Jesús Cristo o Cristo Jesús.[13]

El uso del nombre «Cristo» (Mesías) tiene una connotación escatológica, ya que anticipa el cumplimiento de las promesas hechas por Dios en el Antiguo Testamento. El Mesías prometido es al mismo tiempo el Rey que ha de reinar e implantar la justicia de Yahwéh en la tierra.[14] La palabra «Cristo» (Mesías) es usada en los Evangelios más como un título que como un nombre propio.[15] La adopción y uso como nombre se desarrolló progresivamente durante el primer siglo. Finalmente, debe subrayarse que el título «Cristo» o «Mesías» se asociaba con la muerte y resurrección de nuestro Señor entre los creyentes de Palestina[16] (y posteriormente fuera de Palestina). A raíz de su muerte y resurrección, Jesús es exaltado como Mesías y Señor. Como ha expresado Rengstorf:

> Naturalmente, el elemento mesiánico de la fe neotestamentaria en Cristo y en la confesión de Cristo según el Nuevo Testamento es inseparable de ese suceso que, en el testimonio del Nuevo Testamento, se llama la resurrección de Jesús de entre los muertos.[17]

Puede concluirse, por lo tanto, que el autor de la Epístola de Santiago se considera esclavo de Dios, pero de igual modo se considera esclavo del Señor Jesucristo (Jesús Cristo en el griego). Es evidente que Santiago reconoce la exaltación de nuestro Señor al colocarlo a la par con Dios y al reconocerlo como *kýrios*. También reconoce su carácter Salvador (Jesús o Josué que significa «Yahwéh salva»). Por último, el apóstol reconoce que ese Señor Jesús no es sino el «ungido de Dios», el Mesías prometido.

---

13. Ladd, *A Theology of the New Testament*, p. 135.
14. Helmer Ringgren observa correctamente que todo rey israelita era llamado «el ungido» o «el ungido de Jehová» (1 S. 24:7; 26:9, 11) y que posteriormente dicha expresión (ungido o mesías) fue usada para designar al rey escatológico ideal. Ver Helmer Ringgren, *Israelite Religion*, pp. 222-238. Ringgren, sin embargo, pasa por alto que ese Rey ideal es Jehová mismo, quien reinará como el Mesías-Rey (Sal. 2 y 110).
15. I. Howard Marshall, *The Origins of New Testament Christology*, pp. 83-94.
16. *Ibíd.*, p. 93.
17. Rengstorf, *The New International Dictionary of New Testament Theology*, II, p. 340.

LOS PRIMEROS LECTORES DE LA EPÍSTOLA DE SANTIAGO

La Epístola fue dirigida a «las doce tribus que están en la dispersión».[18] La expresión «las doce tribus» es una referencia al pueblo de Israel en su totalidad (Mt. 19:28; Hch. 27:6). Aunque es cierto que desde los tiempos de la cautividad de las diez tribus del norte a Asiria, muchos israelitas habían perdido su identidad tribal, la expresión «las doce tribus» continuaba usándose como un símbolo de unidad nacional.[19] La expresión «en la dispersión» tiene que ver con el hecho de que los israelitas, a quienes va dirigida la carta, vivían fuera de Palestina.

El número de judíos que vivía fuera de Palestina es imposible de calcular, pero indudablemente era grande. En Mesopotamia, Egipto, Asia Menor, Grecia, la península itálica, el norte de África, la isla de Creta y muchos otros sitios del Imperio romano había comunidades judías.[20] Muchos representantes de esas áreas estuvieron presentes en Jerusalén el día de Pentecostés (Hch. 2:9-11). Había ciudades como Alejandría que se habían convertido en verdaderos centros de actividades judías, tanto en lo comercial como en lo intelectual. Incluso en Babilonia radicaba un número importante de judíos.

No obstante la abundancia de evidencias bíblicas e históricas de la existencia de un gran número de judíos dispersos en distintos países del mundo antiguo, hay escritores que prefieren tomar la frase «a las doce tribus que están en la dispersión» de manera alegórica. Los que siguen esa forma de interpretación concluyen que Santiago se está dirigiendo a todos los cristianos (judíos y gentiles) ya que, según ellos, la Iglesia es el verdadero Israel.[21] Pero, como ha expresado un escritor:

> La Epístola presupone no solamente un autor judío, sino también lectores del mismo trasfondo. El entendimiento más natural de «las doce tribus de la dispersión» (1:1) sería que la Epístola está dirigida a judíos esparcidos a través del Imperio romano.[22]

Se sugiere, por lo tanto, sobre la base de una interpretación normal o natural de las expresiones «las doce tribus» y «la dispersión», que Santiago dirigió su epístola primordialmente a judíos cristianos que vivían fuera de los límites

---

18. En el texto original se repite el artículo definido para dar más énfasis. De modo que, literalmente, la Epístola está dirigida «a las doce tribus, *esas* en la dispersión».

19. Algunos escritores, sin embargo, creen que la expresión «las doce tribus» se usa metafóricamente como una referencia a los cristianos. Ver C. Leslie Mitton, *The Epistle of James*, pp. 16-17.

20. Flavio Josefo, citando a Estrabón (geógrafo e historiador griego), menciona el gran influjo de judíos en muchas ciudades y naciones. Ver Josefo, *Antigüedades*, XIV, 7:2.

21. Mitton, *The Epistle of James*, p. 17.

22. Dayton, «The Epistle of James», *The Zondervan Pictorial Encyclopedia of the Bible*, III, p. 398.

territoriales de Palestina. Esos judíos, aunque eran cristianos, aún asistían a la sinagoga, obedecían la ley mosaica y practicaban las costumbres judías. Esas conclusiones se derivan de un estudio del contenido de la Epístola. Como ya se ha observado, Santiago trata temas concretos y situaciones experimentadas en la vida cotidiana de aquellos creyentes.

Saludo a los lectores

El autor saluda a sus lectores con una sola palabra: «Salud». Desafortunadamente, la expresión castellana «Salud» no expresa todo lo que el escritor pretende transmitir a sus lectores. En el texto original aparece la palabra *chaírein*, que es el presente infinitivo en la voz activa del verbo *chairó*, cuyo significado es «regocijarse», «estar contento».[23] La función del presente infinitivo es la de una acción continua que no guarda relación con el tiempo. Es como si Santiago dijese: «os deseo gozo continuo y sin límite». Aunque dicha forma de saludar no es la que aparece comúnmente en el Nuevo Testamento, sí era la manera general de hacerlo entre los griegos.[24] Santiago, por lo tanto, usa la manera convencional de saludar en su tiempo.

A pesar de que *chaírein* (tened gozo) constituía la manera convencional de expresar un saludo en tiempos de Santiago, parece que el apóstol usa esa expresión más deliberadamente de lo acostumbrado. El hecho de que comienza el párrafo hablando de gozo en medio de las pruebas, sugiere que el autor tenía ese tema en mente cuando usa la palabra *chaírein* para saludar a sus lectores.

En conclusión, aunque indiscutiblemente Santiago usa la manera general de saludarse entre los griegos en aquellos tiempos, parece ser que tenía un propósito muy particular al usar *chaírein*. El autor desea preparar la mente de sus lectores para la lección que desea enseñarles, a saber, que deben experimentar gozo aun en medio de las difíciles pruebas por las que atravesaban. Es indudable que Santiago deseaba para sus lectores la experiencia de un gozo permanente (tiempo presente del verbo); no la alegría de un momento, sino un estado perdurable de regocijo que no dependiese necesariamente de las circunstancias externas. La lección es clara: el cristiano puede y debe regocijarse incluso en medio de las pruebas y las dificultades. David escribió: «Aunque ande en valle de sombras de muerte, no temeré mal alguno, porque tú estarás conmigo, tu vara y tu cayado me infundirán aliento» (Sal. 23:4).

---

23. Debe notarse que la palabra *chaírein* aparece en Hechos 15:23 como introducción de la carta que fue enviada por los apóstoles a las iglesias gentiles. Dicha expresión no aparece en ninguna otra epístola del Nuevo Testamento. Esto sugiere, como mantienen muchos, que la persona que escribió la carta de Hechos 15:23-29 también escribió la Epístola de Santiago.

24. Dibelius, *James*, pp. 67-68.

7

La fe viva en relación con las pruebas, las tentaciones y la Palabra de Dios (1:2-27)

Después de su breve introducción (1:1), el apóstol Santiago comienza a desarrollar el cuerpo de su epístola. El escritor enfoca tres temas principales en el primer capítulo: (1) las pruebas, (2) las tentaciones y (3) la Palabra de Dios. Cada uno de esos temas es considerado a la luz del principio de la *fe*. Debe recordarse una vez más que para Santiago la verdadera fe es viva, dinámica y fructífera.

LA FE VIVA EN RELACIÓN CON LAS PRUEBAS (1:2-12)

Los creyentes[1] a quienes fue dirigida la Epístola de Santiago estaban pasando por pruebas y dificultades como resultado de su identificación con Cristo. El apóstol Santiago exhorta a esos hermanos a tener una actitud correcta frente a esas pruebas, ya que el resultado final será la madurez espiritual de sus vidas.

La fe viva produce paciencia en medio de las pruebas (1:2-4)

Traducción
Considerad [como] puro gozo, hermanos míos, cuando caigáis en medio de pruebas diversas. Sabiendo que la prueba de vuestra fe produce paciencia, mas [déjese] que la paciencia tenga su obra final, para que seáis maduros y completos sin que os falte nada.

«Considerad» (*hegéisasthe*): primer aoristo imperativo voz media del verbo *hegéomai*. Este verbo tiene dos significados diferentes. En algunos casos significa

---

1. En el capítulo anterior se dio consideración a la cuestión de los receptores de la Epístola. Las evidencias apoyan que eran judíos que se habían convertido al cristianismo y vivían fuera de Palestina. A causa de su fe en Cristo estaban padeciendo persecuciones.

«ir delante», «ser un líder», «gobernar»; en otros casos significa «considerar», «reconocer», «pensar». Es en este segundo sentido que se usa en Santiago 1:2.[2]

El modo imperativo indica que el apóstol está dando un mandamiento o una exhortación. Pero el hecho de que sea un aoristo imperativo sugiere la idea de urgencia hacia la ejecución de una acción definida. El aoristo imperativo se usa para indicar una acción sumaria, algo que debe emprenderse inmediatamente.[3] Debe notarse también que el verbo *hegéisasthe* (tened, considerad) está en la voz media. Esta voz verbal es característica del idioma griego. Su uso enfatiza el hecho de que el sujeto, además de ejecutar la acción, participa de los resultados de dicha acción.

La exhortación del apóstol es para que sus lectores reflexionen en lo más íntimo de su ser y, como resultado de esa reflexión, de manera consciente y para beneficio propio, adopten una nueva actitud.

«Sumo gozo» *(pásan charàn)*. La idea en el original es «gozo total o sin mezcla». Podría decirse gozo ciento por ciento puro. **«Cuando»** *(hótan)* es una conjunción temporal indefinida que denota el concepto de «cuando sea que el hecho ocurra».

El verbo **«os halléis»** es la traducción del griego *peripésete* (aoristo subjuntivo, voz activa). Dicho verbo es una palabra compuesta: (1) *peri* (alrededor) y (2) *pípto* (caer). La idea es «caer en medio de» o «caer de modo que al hacerlo se está rodeado de algo». Un buen ejemplo del uso de ese verbo aparece en Lucas 10:30, donde el hombre que iba de Jerusalén a Jericó «cayó en manos de ladrones». El tiempo aoristo sugiere que la experiencia a la que el verbo se refiere es algo individual, y el modo subjuntivo con la conjunción temporal indefinida señala que el suceso al que se hace referencia puede venir en un momento indeterminado, o sea, en cualquier momento y sin previo aviso.[4]

¿Qué es lo que los lectores de esta epístola debían considerar como puro gozo y que podía venir sin previo aviso? Santiago lo llama **«diversas pruebas»** *(peirasmóis poikílois)*, o sea, «pruebas de diversos colores», «pruebas en todas sus variedades». La palabra «pruebas» *(peirasmóis)* procede del verbo *peirázo*, que muchas veces significa «tentar». En este caso, el contexto sugiere que el autor está hablando de pruebas y luchas externas con las que los creyentes tienen que enfrentarse en la vida diaria y no de tentaciones. El cristiano se ve rodeado *(peripésete)* de circunstancias, pruebas y obstáculos que le producen tristeza.

---

2. Ver los siguientes pasajes para el primer uso: Mt. 2:6; Hch. 7:10; Lc. 22:26; Hch. 15:22; He. 13:7, 17, 24. Como ejemplos del segundo uso, ver Hch. 26:2; Fil. 2:3, 6; 3:7; 1 Ti. 1:12; 6:1; He. 10:29; 11:11, 26; 2 P. 1:13; 2:13; 3:9, 15. Para más información, consúltese a Joseph H. Thayer, *Greek-English Lexicon of the New Testament,* p. 276.

3. H. E. Dana y Julius Mantey, *Gramática griega del Nuevo Testamento,* p. 293.

4. D. Edmond Hiebert, *The Epistle of James,* pp. 72-73.

Santiago exhorta a sus lectores a considerar esas pruebas como motivo de gozo genuino.[5] El vocablo *poikílois* (diversas) sugiere la idea de variedad. Algo así como los colores del arco iris. Otra vez, el énfasis recae en el hecho de que el hijo de Dios puede hallarse en cualquier momento rodeado por una variedad de pruebas. Cuando eso ocurriese, Santiago dice: «tenedlo por sumo gozo». Él no está diciendo que las pruebas equivalen al gozo, sino que exhorta a sus lectores a tener la capacidad de considerar que esas pruebas redundarán en beneficio de ellos y, por lo tanto, a regocijarse en el resultado final.[6] «Sumo gozo» significa «gozo completó», es decir, gozo que ha completado su ciclo.

El apóstol continúa su exhortación en el versículo 3: **«Sabiendo que la prueba de vuestra fe produce paciencia»**. «Sabiendo» *(ginóskontes)* es el participio presente activo del verbo *ginósko,* que significa «conocer por experiencia».[7] El tiempo presente del participio indica que los lectores tenían conocimiento de la verdad expuesta, pero debían continuar practicando dicha verdad.[8]

La expresión «la prueba» *(tó dokímion)* es interpretada por algunos eruditos como un adjetivo. Los que así hacen le dan el mismo sentido que aparece en 1 Pedro 1:7, a saber, «el elemento genuino de vuestra fe» en lugar de «la prueba» o «el crisol». A. T. Robertson sugiere que Santiago quiso decir a sus lectores: «Vuestra fe, como el oro, resiste la prueba del fuego y es aprobada como de ley».[9] Sin embargo, parece que una ruta mejor es tomar el vocablo *dokímion* como un nombre. De ese modo, la idea es que «la prueba» significa un instrumento o medio para probar algo. «Las pruebas son los agentes que examinan la fe y revelan su verdadera naturaleza».[10] Así como el oro es purificado por el fuego, la fe es purificada a través de las pruebas y fortalecida por medio de ellas. El uso de la expresión «vuestra fe» *(hymôn teîs písteos)* apoya la idea de que Santiago está escribiendo a creyentes. Debe notarse que «fe» va acompañada del artículo definido («la fe vuestra»). Se sugiere, por lo tanto, que lo que estaba siendo probado era la fe cristiana de los lectores de esta epístola. Es decir, se estaba probando si lo que habían creído era cierto o ficticio.

La prueba de esa fe, dice el autor, «produce paciencia». El verbo «produce» *(katergázetai)* es el presente indicativo, voz media de *katergázomai,* que significa «producir», «crear», «efectuar». Este verbo es enfático por ser una palabra

---

5. Debe notarse el contraste entre *pasan charan* (gozo total, genuino, puro) y *peirasmois poikilois* (pruebas diversas).

6. Ver Curtis Vaughan, *James: A Study Guide Commentary,* p. 18.

7. Es como conocer a un árbol por su fruto. Ver W. F. Arndt y F. W. Gingrich, *A Greek-English Lexicon of the New Testament,* pp. 159-160. También A. T. Robertson, *Word Pictures in the New Testament,* VI, p. 12.

8. Hiebert, *The Epistle of James,* p. 74.

9. Robertson, *Word Pictures in the New Testament,* VI, p. 12.

10. Hiebert, *The Epistle of James,* p. 74.

compuesta *(kata + ergázomai)* en la que el prefijo da mayor intensidad a la acción verbal. La idea es que la obra continúa hasta que se arribe a una perfecta conclusión, a saber, la producción de paciencia.[11] El tiempo presente señala que la acción del verbo es continua. La prueba de la fe tiene por objeto obrar de manera continua hasta que alcance su meta, o sea, la madurez de esa fe.[12]

La prueba de la fe produce «paciencia» *(hypomonéin).* El vocablo *hypomonéin* es una palabra compuesta *(hypo =* debajo y *monéin,* del verbo *méno,* permanecer) y literalmente significa «permanecer debajo». Dicho término se usa para ilustrar el caso de alguien que lleva una pesada carga y, aunque a medida que avanza la tarea se hace más dificultosa, esa persona no se deja vencer, sino que continúa hasta llegar a la meta (ver Ro. 5:3 y 2 Co. 1:6). En el griego clásico, la palabra «paciencia *(hypomonéin)* se usaba con el sentido de perseverar, mantenerse firme, sobrevivir a un ataque enemigo, tener constancia y perseverancia».[13] Esos parecen ser los mismos conceptos que Santiago tiene en mente al usar dicho vocablo.

La paciencia de la que Santiago habla aquí es activa y fructífera. Es por eso por lo que exhorta a sus lectores diciendo: **«Pero dejad que la paciencia tenga su obra perfecta...»** (v. 4*a*). El verbo «dejad que tenga» *(echéto)* es el presente imperativo, voz activa de *echô* (tener). El imperativo indica que es un mandamiento y el presente significa que la acción debe ser continua («pero dejad que tenga» sin interrupción). Santiago manda a sus lectores que no rompan ninguno de los eslabones en la cadena que ha de permitir que la paciencia realice su obra perfecta. La expresión «obra completa» significa haber llegado a la meta en lo que se ha pretendido realizar.[14]

La obra perfecta de la paciencia tiene dos propósitos específicos. Santiago lo expresa mediante las cláusulas siguientes: (1) para que seáis perfectos y cabales, (2) sin que os falte cosa alguna.

La expresión **«para que seáis»** (v. 4*b, hína êite)* señala hacia la meta que se desea obtener. El verbo «seáis» *(êite)* es el presente subjuntivo del verbo ser. De modo que la meta a realizar no se relaciona con una posesión, sino con la formación del carácter de la persona misma. El tiempo presente sugiere que el objetivo es alcanzable en esta vida sin necesidad de esperar al futuro. La palabra «perfectos» *(téleioi)* implica la idea de madurez en el sentido ético y espiritual.[15]

El adjetivo «cabales» en el original es una palabra compuesta *(holos + kle-*

---

11. *Ibíd.,* p. 75.
12. Un uso interesante del verbo *katergázomai* aparece en Filipenses 2:12, donde la idea es llevar los resultados de la salvación hasta su meta o conclusión final.
13. Ver *The New International Dictionary of New Testament Theology,* II, p. 772.
14. En Juan 17:4, Cristo da una expresión similar cuando dice al Padre: «He acabado la obra que me diste que hiciese...».
15. La palabra *téleios* no significa perfección en el sentido de ser sin pecado sino madurez en comparación con su estado de infantilidad.

ros) y, literalmente, significa «completó en todas sus partes», o sea, algo que se encuentra en perfectas condiciones al ser reconocido por un experto.[16] Para reforzar lo dicho, el apóstol añade «sin que os falte cosa alguna», aquello a lo que no le falte nada, es porque está completo.

Idea exegética (1:2-4)

Santiago exhorta al creyente a considerar las pruebas de la fe como instrumentos para producir madurez de carácter, por eso deben soportarlas con gozo y paciencia.

La idea expresada en el versículo 4 es enfática. Santiago dice: «Pero dejad que la paciencia realice su obra completa *para* que seáis maduros y enteros». Seguidamente, Santiago usa una frase epexegética, es decir, explicativa para que el lector comprenda lo que quiere decir: «sin que os falte nada», «sin que os falte cosa alguna» o «sin carecer de nada». Seguramente, Santiago desea que sus lectores tengan la plenitud de los recursos que necesitan para hacer frente a las pruebas de la vida diaria.

La fe viva apela a la sabiduría divina en medio de las pruebas por medio de la oración (1:5-8)

Traducción

Y si alguno de vosotros está destituido de sabiduría, pídala del Dios que da a todos con liberalidad y sin censura, y le será dado. Pero que pida en fe, no dudando nada, porque el que duda es semejante al oleaje del mar [que es] arrastrado por el viento y llevado sin control de un lado a otro. Que no piense tal hombre que recibirá algo del Señor. Un hombre indeciso [es] inconstante en todos sus caminos.

En la sección anterior, Santiago ha dejado establecido que el creyente se ve rodeado muchas veces de dificultades y pruebas que pueden ser agobiantes, pero añade que esas pruebas tienen un fin. El cristiano no se regocija con las pruebas en sí, pero debe gozarse con la finalidad de dichas experiencias. Si un hijo de Dios se enfrenta a esas luchas sobre la base de una fe viva en el Señor, el resultado va a ser una paciencia que va a llevar a cabo una obra de madurez en el carácter y la personalidad de ese creyente.

Pero lo cierto es que con frecuencia el creyente no entiende la razón ni por qué atraviesa por pruebas difíciles. Es por ello por lo que necesita la sabiduría

---

16. Ver Richard C. Trench, *Synonyms of the New Testament*, pp. 74-77.

divina para llegar a ese entendimiento. El apóstol exhorta al creyente a pedir esa sabiduría a Dios en oración. La petición, sin embargo, debe hacerse con fe, creyendo que Dios en verdad ha de suplir la sabiduría que el creyente necesita.

La necesidad de sabiduría para comprender el porqué de las pruebas (1:5)

Esta acción comienza con una cláusula condicional: «**Si alguno de vosotros está desposeído de sabiduría**» *(eí dé tis hymôn leípetai sophías)*. Pero es una condicional que asume la existencia de la necesidad de sabiduría.[17] Reconocer su falta de sabiduría es el punto de partida del creyente que desea depender de Dios. El verbo *leípetai* significa, literalmente, «estar desposeído, destituido o deficiente». La raíz de esa palabra se usaba en el vocabulario comercial para referirse a la carencia de fondos.[18] La forma verbal es un presente indicativo, voz pasiva. El presente sugiere una situación continua y el modo indicativo expresa la realidad del asunto. Una paráfrasis de la frase sería: «Si alguno de vosotros se encuentra en una situación continua de deficiencia de sabiduría». Pero, específicamente, el creyente necesita sabiduría para entender el porqué de las pruebas y cómo ser capaz de soportarlas.

Nótese que Santiago habla de una falta de sabiduría *(sophías)*, no de conocimiento *(gnósis)*. «El cristiano necesita una sabiduría diferente, una percepción espiritual que lo libre de caer en las fatuidades del hombre inconverso».[19] Moffatt, un erudito de la pasada generación, escribió:

> Sabiduría, a través de esta homilía, es la percepción que permite a un cristiano comprender, practicar y promover la vida religiosa que está en armonía con la ley de Dios.[20]

La pregunta de Job, cuando dijo: «Mas ¿dónde se hallará sabiduría? ¿Dónde está el lugar de la inteligencia?» (Job 28:12), queda contestada con el exhortación de Santiago. También el apóstol Pablo afirma que en Cristo «están escondidos todos los tesoros de la sabiduría y del conocimiento» (Col. 2:3). Por importante que sean los años de entrenamiento y el conocimiento que el hombre de Dios tenga en su haber, más importante aún es la posesión de la sabiduría que viene del cielo.

---

17. Este tipo de cláusula condicional en que se asume que la declaración es real se llama condicional de *primera* clase. Ver Ernest DeWitt BURTON, *Syntax of the Moods and Tenses in the New Testament*, pp. 100-112.

18. ROBERTSON, *Word Pictures in the New Testament*, VI, p. 13.

19. R. V. G. TASKER, *The General Epistle of James*, p. 41.

20. James MOFFATT, *The General Epistles of James, Peter and Jude*, p. 10.

El camino que se ha de tomar cuando uno se siente desposeído de sabiduría es «**pedirla**» a Dios. El verbo *pedir* está en el presente imperativo, voz activa. La idea que encierra esa forma verbal es «que continúe pidiendo» o «que persista en pedir». La acción de *pedir* implica que es un acto de gracia, relacionado con algo que se da y no con algo que se hace.

La petición es hecha «**a Dios**», pero la frase completa va acompañada de un participio *(toû didóntos)*. Algunos toman dicho participio como un sustantivo y traducen la frase «pida al Dador, a saber, Dios». Otros prefieren tomar el participio como atributivo, enfatizando el hecho de que «dar» es una característica inherente en Dios. De modo que la traducción sería: «Pida a Dios, quien continuamente da». Nótese que Dios da «**a todos**» *(pâsin)*. Por un lado, la gracia común de Dios hace que su sol salga para todos. Cuando llueve, tanto buenos como malos se benefician. También las bendiciones que Dios da a sus hijos, o sea, a aquellos que por la fe en Cristo han sido justificados, no se limita solo a unos pocos privilegiados. Recuérdese que el versículo comienza diciendo: «Si *alguno* tiene falta de sabiduría…». El creyente debe admitir su falta de sabiduría y pedirla en oración al Padre bondadoso, el cual da al que pide con humildad y sinceridad.

Además, Dios da con «**liberalidad**» *(haplôs)*. La palabra *haplôs* es un adverbio que califica o describe la manera en que Dios da. Él da con liberalidad, generosa y abundantemente. También hay un sentido en que dicha palabra connota el dar desinteresadamente. En cuanto a Dios, ciertamente ambos conceptos son verdaderos. Otra característica de la gracia de Dios al dar es que lo hace «**sin reproche**». Dicha palabra en el original es un participio presente activo del verbo *oneidízo* que significa «censurar», «reprender», «reconvertir». Dicho participio va precedido de la partícula negativa *mé* (sin). De modo que Dios, además de dar abundantemente, lo hace sin censura ni represión. Dios «no nos da lo que le pedimos para luego reprocharnos por la petición».[21] El versículo termina con una promesa: «**Y le será dada**» *(kaì dothésetai autoí)*. El verbo «dar» *(dídomi)* se encuentra en la voz pasiva (el sujeto recibe la acción). La idea del pasaje es que Dios cumplirá su promesa de dar al que pide de Él (Mt. 7:7). El texto indica absoluta certeza de que la petición será contestada. El modo indicativo del verbo sugiere la realidad de que Dios dará al que le pide.

La fe viva es necesaria en la oración para que la petición sea efectiva (1:6-8)

Un requisito bíblico para que la oración sea eficaz es la fe genuina. «**Pero pida con fe, no dudando nada**» (v. 6a, *aiteíto dé en pístei, meden diakrinómenos)*. El

---

21. VAUGHAN, *James*, p. 23.

presente imperativo del verbo (pida) sugiere que esa es la demanda divina. La petición debe ser hecha «con fe» (dativo instrumental) por ser la fe una condición esencial en la oración.[22] En este caso particular, fe «no es meramente una afirmación doctrinal a la que uno puede adherirse, sino más bien esa actitud total de un compromiso pleno e insoslayable de una dependencia en Dios, tal como se ha revelado en Cristo Jesús».[23] La expresión «no dudando nada» es una manera de enfatizar el significado de «con fe». La demostración de que se está orando «con fe» es «no dudando nada». Orar «con fe» es hacerlo con la confianza de que Dios va a responder.

Santiago explica por qué debe pedirse a Dios con fe y *sin dudar*: «**porque el que duda es semejante a la onda del mar**» (v. 6*b*). La expresión «el que duda» *(ho diakrinómenos)* es un participio masculino, acompañado del artículo definido. Dicha forma es el aspecto personal de la cuestión. El autor se refiere al «hombre o la persona que duda». El participio *diakrinómenos* (dudando) procede del verbo *diakríno*, que significa «separar», «dividir», «juzgar» y también «estar en desacuerdo con uno mismo», «dudar», «vacilar». Es en este último sentido en el que Santiago usa dicho vocablo. El tiempo presente sugiere que la persona está en un estado continuo de duda o vacilación.

El apóstol asemeja a tal persona «a la onda del mar». El texto original es más enfático aún, ya que habla no de *una* onda u ola sino del *oleaje* o una completa sucesión de olas. También la expresión «es semejante» es una forma verbal en el tiempo perfecto, indicativo de la voz activa y subraya una semejanza continua entre el que duda y el oleaje del mar. Indiscutiblemente, lo que el escritor desea enfatizar es la inconstancia en el carácter del que duda. El oleaje del mar *(klýdoni thalásseis)* no se controla a sí mismo, sino que tanto su dirección como su fuerza dependen del viento que lo bate. La frase final del versículo 6 «**que es arrastrada por el viento y echada de una parte a otra**», se expresa con solo tres palabras en el original *(anemizoméno kaì ripizoméno)*. Los dos participios están en presente y señalan el carácter continuo de la acción. También ambos están en la voz pasiva, señalando el control del viento sobre las olas. De ese modo, el que duda es controlado por su duda. Nunca es al contrario.

El versículo 7 constituye una segunda razón de por qué debe pedir con fe: «**No piense, pues, quien tal haga, que recibirá cosa alguna del Señor**». La palabra «pues» *(gàr)* introduce la razón. El verbo «piense» *(oiéstho)* es la forma presente, imperativo, voz activa de *oíomai*, que significa «pensar», «suponer», «esperar». Dicho verbo expresa un sentimiento basado en un juicio subjetivo.

---

22. James ADAMSON, *The Epistle of James, The New International Commentary on the New Testament*, p. 57.
23. HIEBERT, *James*, p. 83.

La negación que se antepone al verbo indica un mandato a dejar de hacer algo que ya se está haciendo. Santiago en realidad está diciendo: «Cese tal hombre de imaginarse que...». La frase «quien tal haga» es más enfática de lo que aparece en la versión castellana. Literalmente, significa «el hombre ese». Es casi como si Santiago estuviese señalándolo con el dedo.

La confianza en Dios es un requisito indispensable en la oración eficaz. Es por eso por lo que el que pide debe hacerlo con la seguridad en su corazón de que Dios ha de proveer. El que pide dudando no tiene derecho a pensar «que recibirá cosa alguna del Señor». La expresión «cosa alguna» *(ti)* debe entenderse en relación con la petición hecha. O sea, no recibirá «cosa alguna» de lo que hubiese pedido dudando. El verbo «recibirá» es el futuro activo, modo indicativo de *lambáno,* e indica la realidad de que la persona que pide sin fe no recibirá aquello que ha pedido. La expresión «del Señor» *(pará kyríou)* indica la fuente de procedencia (caso ablativo). Algunos expositores creen que dicha frase se refiere a Cristo.[24] Pero parece más correcto que sea una referencia a Dios el Padre, a quien en el versículo 5 se le llama «Dios, quien da».[25]

El versículo 8 resume la descripción hecha por Santiago del hombre que duda. Primeramente, el apóstol lo describe como **«el hombre de doble ánimo»** *(anér dípsychos).*[26] La palabra «hombre» *(anér)* se usa específicamente para indicar a alguien del sexo masculino (en contraste con *ánthropos,* que generalmente significa un ser humano). La expresión «de doble ánimo» es la traducción de una palabra compuesta *(dis* = doble y *psychéi* = alma) que, literalmente, significa «dos almas». Dicha expresión solo aparece dos veces en todo el Nuevo Testamento (Stg. 1:8 y 4:8). Es posible que Santiago acuñase ese neologismo, ya que el mismo no se encuentra en ninguna obra secular o religiosa anterior a esta epístola. D. Edmond Hiebert ha observado lo siguiente:

> La vigorosa expresión «un hombre de dos almas» (gr.) denota la actitud interior del que duda. Actúa como si dos almas o personalidades distintas existiesen en su cuerpo y estuviesen en conflicto perpetuo la una contra la otra. Una de ellas mira hacia Dios, mientras la otra lo hace hacia el mundo; una cree en Dios, pero la otra duda. Tal persona es una guerra civil ambulante, en la que confiar y desconfiar en Dios están en guerra continua uno contra otro. Es el modelo de lo que Bunyan llamó «el señor mira-a-ambos-lados». Al tratar de moverse en ambas direcciones a la vez, es como

---

24. R. C. H. Lenski, *The Interpretation of the Epistle to the Hebrews and the Epistle of James,* p. 540.
25. En el Antiguo Testamento, uno de los nombres dados a Dios es *Yahwéh-yiré,* que significa «Jehová provee».
26. En el original no hay artículo definido *(el)* ya que el autor desea enfatizar la esencia o cualidad del asunto y no su identificación.

el jinete mitológico que montó su caballo y rápidamente cabalgó en ambas direcciones [27]

El hombre de doble ánimo es vacilante en su actuar, y por eso Santiago lo describe como «**inconstante en todos sus caminos**» (v. 8*b*). La palabra «inconstante» *(akatástatos)* es un adjetivo doblemente compuesto. Primeramente, lleva una partícula[28] (*a* = no o sin), seguida de la preposición *katá,* que significa «hacia abajo» y, finalmente, el verbo *hístemi,* que quiere decir «colocar», «establecer». La idea total de esas tres expresiones al conjugarse en una sola palabra *(akatástatos)* es «carecer de fundamento», «ser irresoluto», «tambalearse como un borracho» o alguien de carácter voluble. Según el apóstol Santiago, el hombre «de doble ánimo» no solamente es inconstante en lo que respecta a la oración, sino en «todos sus caminos» *(en pásais taîs hoîs autoû),* o sea, en todas las otras actividades de su vida.

La fe viva, tanto en el pobre como en el rico, produce una actitud correcta frente a las pruebas (1:9-11)

Las pruebas aludidas por Santiago pueden afectar a creyentes tanto pobres como ricos. Tanto uno como otro pueden verse rodeados de dificultades y en circunstancias adversas. Lo importante es la actitud que se tome al hacer frente a esas pruebas. El versículo 9 está conectado a la sección anterior mediante la partícula transicional *dé* (que no aparece en la Reina-Valera). Dicha partícula aparece también en el versículo 10. De modo que la traducción debe tomar en cuenta la presencia de dicha palabra.

Traducción
Pero el hermano pobre gloríese en su exaltación y el rico en su humillación, porque como la flor de la hierba pasará. Porque el sol sale con su calor abrasador y seca la hierba, y su flor cae, y la gracia de su parecer perece. Del mismo modo, también se marchitará el rico en sus negocios.

La conjunción «**pero**» *(dé)* probablemente relaciona esta sección con la discusión que comenzó en el versículo 2. La frase «**el hermano pobre**» («el hermano que es de humilde condición», según la Reina-Valera) parece referirse a la condición externa de la persona, o sea, a la pobreza material.[29] Debe observarse también el uso del artículo definido. Santiago habla de «el hermano pobre».

---

27. HIEBERT, *The Epistle of James,* p. 87.

28. La partícula negativa *a* se antepone a la palabra en forma de prefijo como *in* se antepone a constante en castellano para indicar alguien que no es constante.

29. La palabra griega *tapeinós* (pobre, humilde) puede tener una connotación material o ética. Solo

Tal vez una de las pruebas difíciles por las que algunos pasaban era la pobreza material. Es muy posible que los creyentes ricos discriminaran a los pobres, y esto constituía un motivo de frustración y desánimo para los pobres. Como señala A. T. Robertson: «Ya entonces los ricos y los pobres en las iglesias hallaban ocasiones para mostrar sus celos».[30]

El apóstol no habla del «hermano pobre» con palabras de lástima, sino que lo exhorta a **«gloriarse»** *(kauchástho)* en su exaltación, o sea, en su estado elevado *(en toî hýpsei autoû).* Es evidente que Santiago está contrastando la pobreza material del hermano aludido con la riqueza espiritual que posee por el hecho de hallarse «en Cristo».[31] El verbo «gloríese» es el presente imperativo en la voz media de *kauchéomai.* Dicho verbo se usa a veces en sentido negativo («vanagloriarse»), pero la mayoría de sus usos en el Nuevo Testamento tiene que ver con su sentido positivo.[32] El tiempo presente sugiere la continuidad de la acción de gloriarse, y la voz media indica que el sujeto se beneficia de la acción verbal.

Así como el hermano pobre es exhortado a gloriarse en su exaltación, también el rico debe hacerlo en su humillación. Pero ¿quién es el rico? Algunos sostienen que el rico *(ho ploúsios)* es un inconverso.[33] Otros, por el contrario, afirman que se refiere a un creyente: «Parece razonablemente cierto que este hombre rico es un hermano en Cristo».[34] Si Santiago, como es evidente, está haciendo un contraste, y si se admite que el pobre es un creyente, entonces es más razonable pensar que el contraste es entre la actitud de un creyente pobre y la de un creyente rico en lo que concierne a las circunstancias de sus vidas aquí en la tierra.[35]

El creyente rico, por lo tanto, es exhortado a gloriarse en su humillación. Ese recordatorio o mandato es necesario porque las riquezas podrían constituir un peligro en su vida. Como acertadamente ha expresado Barclay:

El cristianismo le da al rico un sentido nuevo de humildad. El gran peligro de las riquezas es que tienden a dar al hombre un falso sentido de seguridad. Cree estar seguro, cree tener recursos para enfrentar cualquier cosa; cree

---

el contexto determina cuál de los dos sentidos es el que se usa. En este caso concreto y, por el contraste que se hace con *ploúsios* (rico), es evidente que se hace referencia a un pobre en el sentido material.

30. ROBERTSON, *Word Pictures in the New Testament,* p. 15.

31. El mundo puede mirar a un creyente materialmente pobre y considerarlo como un «don nadie», pero delante de Dios ese creyente es rico ya que es hijo del Dios del universo y ciudadano del reino regido por el Rey de reyes y Señor de señores.

32. Ver Ro. 5:2-3, 11 y 2 Co. 12:5.

33. Ver HIEBERT, *The Epistle of James,* p. 91.

34. MITTON, *The Epistle of James,* p. 36.

35. Si se mantiene que el rico es un inconverso, entonces había que dar al pasaje un tono escatológico. El creyente pobre será exaltado por el Señor el día del juicio, mientras que el rico inconverso será humillado.

poder comprarlo todo, cree que puede pagar para eludir cualquier situación desagradable para él.[36]

Debe recordarse que la Biblia no condena al rico como persona ni tampoco la riqueza.[37] Es indiscutible que tanto en la era apostólica como en épocas posteriores ha habido hombres ricos (José de Arimatea, Bernabé, entre otros) que han servido al Señor. Pablo reconoció la presencia de «los ricos» en la iglesia pastoreada por Timoteo (1 Ti. 6:17, 19). Pero lo que la Biblia sí condena es la avaricia, o sea, el deseo desenfrenado hacia la posesión de más bienes materiales con fines meramente egoístas.

El contexto inmediato señala que Santiago ha estado enseñando en contra de la inconstancia, la falta de fe y el ser de doble ánimo. En particular, el ser de doble ánimo significa estar dividido entre dos opiniones (tener dos almas), o mirar en dos direcciones al mismo tiempo. Es en ese contexto que menciona la actitud del «hermano pobre» y el «hermano rico». El creyente pobre puede tener su mente dividida, puede decir que confía en Dios y, al mismo tiempo, excusarse diciendo que es pobre y no puede servir como quisiera. Por otra parte, el rico puede estar cegado por sus riquezas hasta el punto de confiar en ellas más que en el mismo Dios. Es por ello por lo que Santiago recuerda al creyente rico que debe regocijarse en su humillación.[38] Es muy posible que el apóstol desease recordar al rico que, si antes él usaba sus riquezas materiales como criterio para medir el valor de las cosas, ya no debe hacerlo más. El nuevo criterio debe estar relacionado con la persona de Cristo y su obra expiatoria en la cruz. Cuando un rico y un pobre se paran junto a la cruz de Cristo, ambos alcanzan la misma estatura y el mismo valor.

Santiago explica con una metáfora por qué el creyente rico debe gloriarse en su humillación: «**Porque él pasará como la flor de la hierba**» (v. 10*b*). Evidentemente, el concepto es tomado del Antiguo Testamento (Is. 40:7): la verdad de la vida. La vida del rico es tan transitoria como una flor de la hierba. La ilustración no puede ser más apropiada. La belleza, perfume y atracción de una flor son indiscutibles, pero bajo el calor abrasador del sol se quema y se destruye. Del mismo modo, la vida del rico con todo su esplendor llega a su fin. Eso significa que si ha estado confiando en el poder de sus riquezas, perecerá con ellas (ver Sal. 90:5-6). El verbo «pasará» (*pareleúsetai*) es un futuro indicativo en la voz media de *parérchomai* («pasar») en el sentido de «pasar

---

36. William Barclay, *Santiago, I y II Pedro*, p. 61.
37. Para un resumen de las palabras *ploûtos* (riqueza) y *ploúsios* (rico) en su uso bíblico, ver *The New International Dictionary of New Testament Theology*, II, pp. 840-845.
38. La expresión «en su humillación» (*en tei tapeinósei autoû*) es un dativo de referencia y expresa la esfera en la que el rico debe de gloriarse.

a la historia», «desaparecer». La voz media sugiere que «de sí mismo o por sí solo pasará».[39]

El versículo 11 describe de manera vívida la transitoriedad de la vida. El escritor usa cuatro verbos, todos en aoristo gnómico, para describir la clase de acción:[40] «sale» *(anéteilen)*, «seca» *(exéirenen)*, «cae» *(exépesen)*, «perece» *(apóleto)*. Cada uno de esos verbos describe la realidad de lo que ocurre con la secuencia de una cinta cinematográfica, sin tomar en cuenta el tiempo cuando ocurre. El sol sale acompañado de su calor abrasador *(sýn toî kaúsoni)* y surte su efecto. El resultado es que los pétalos de la flor se secan y se caen a tierra. Santiago añade, literalmente, «y la gracia de su rostro perece» *(kaì he euprépeia toû prosópou autoû apóleto)*. La flor que el día anterior estaba llena de encanto y saturada de perfume, ahora de pronto es solo hojarascas y desperdicio. El apóstol concluye, diciendo: **«así también se marchitará el rico en todas sus empresas».** El adverbio «así» *(hoútos)* se refiere al paralelismo entre lo que ocurre a la flor y lo que ocurre al rico, y la expresión «también» *(kaì)*, que el rico experimentará el mismo ciclo que la flor. El verbo «marchitará» es enfático, ya que en el original aparece al final de la oración. También es un futuro indicativo y subraya el seguro cumplimiento del suceso. La frase preposicional «en todas sus empresas» puede expresarse mejor en el caso dativo «con todas sus empresas o negocios» o «con todas sus ocupaciones». De cualquier manera que se tome, la realidad es que Santiago está enfatizando que la vida terrenal es transitoria y fugaz. También las riquezas que pudiesen acumularse tienen un uso limitado. Lo permanente es una relación correcta con Dios. Como afirma el apóstol Juan: «el que hace la voluntad de Dios permanece para siempre» (1 Jn. 2:17).

La fe viva ayuda al creyente a resistir la prueba porque anticipa las bendiciones de Dios (1:12)

El centro de la discusión en los versículos 2 al 11 ha sido: ¿Cuál debe ser la actitud del creyente al enfrentarse a las pruebas? Santiago argumenta que el creyente debe tener una actitud de gozo, paciencia, oración, humildad y confianza en Dios para hacer frente a las dificultades y obstáculos que pudieran rodear su vida. El versículo 12 corona la discusión. El apóstol asegura que hay una promesa de bendiciones para el creyente que soporta las pruebas.

---

39. El hecho de «pasar» es inevitable. Solo es cuestión de tiempo.
40. El aoristo gnómico se usa para expresar una verdad axiomática, o sea, algo que siempre ocurre de la misma manera. En castellano, se usa el tiempo presente para expresar esta clase de acción, pero en griego se prefiere el aoristo. Ver DANA y MANTEY, *Gramática griega del Nuevo Testamento*, p. 190.

Traducción

Feliz [es el] hombre que soporta [la] prueba porque cuando haya sido aprobado recibirá la corona de la vida que Él prometió a los que le aman.

La palabra **«feliz»** *(makários)* es la misma que el Señor usó en Mateo 5 y es traducida «bienaventurado». En el griego clásico, dicho vocablo fue usado por Píndaro para expresar la actitud de alguien que se siente libre de cuidados y preocupaciones.[41] También se usa para describir la condición de los dioses y la de aquellos que comparten la existencia feliz de dichas divinidades.[42] En el Nuevo Testamento se usa unas 50 veces para expresar el gozo interno de una persona que se mantiene feliz por encima de las circunstancias que rodean su vida. Nótese que el adjetivo *makários* («feliz» o «bienaventurado») califica al sustantivo **«hombre»** *(anér)*. También debe observarse que no hay ningún artículo en la frase. Santiago, evidentemente, desea enfatizar la cualidad del caso: «hombre feliz» es el que soporta la prueba.

El verbo **«soportar»** está en el presente activo del modo indicativo (de *hypoméno).*[43] El tiempo presente sugiere la continuidad de «soportar» o «aguantar». El modo indicativo expresa la realidad de la situación. La palabra **«tentación»** *(peirasmón)* es la misma que en el versículo 2 se traduce como «pruebas». En realidad no hay ninguna razón exegética para no traducir dicha palabra en ambos casos como «prueba». La Palabra de Dios nos manda huir de las tentaciones, pero soportar las pruebas. Dios envía las pruebas al creyente para madurar su carácter.

La palabra **«porque»** *(hóti)* es una conjunción explicativa que expresa la razón de la bienaventuranza: **«cuando haya sido aprobado»** *(dókimos genómenos).* El vocablo «aprobado» *(dókimos)* era usado en el griego clásico para indicar algo «genuino» o «digno de confianza».[44] En la Septuaginta se usa con referencia al acto de conocer una moneda y declararla válida para su circulación.[45] En el Nuevo Testamento se aplica a una persona o cosa que, después de haberse probado, se declara aceptado, apto o aprobado (ver Ro. 16:10 y 1 Co. 11:19).[46] La bienaventuranza o bendición prometida al que soporta la prueba y sale de ella «aprobado» es **«la corona de la vida»** *(tón stéphanon teîs zoeîs).* Esta expresión no puede referirse a la vida eterna que es dada a la persona cuando confía en Cristo para su salvación. La vida eterna no es un premio, sino un regalo que

---

41. Ver *The New International Dictionary of New Testament Theology*, I, p. 215.
42. *Ibíd.*
43. Este es un verbo compuesto: *hypo* = debajo y *méno* = permanecer. La idea es soportar el peso de una situación sin tratar de escapar de ella.
44. *New International Dictionary of New Testament Theology*, III, p. 808.
45. *Ibíd.*
46. *Ibíd.*

viene de Dios (Ef. 2:8-9 y Jn. 10:27-29). La frase «de la vida» es un genitivo apositivo, o sea, que la corona es en sí *la vida*.[47] Es probable que Santiago tuviese en mente el concepto judío de un disfrute pleno de la vida, como prueba de las bendiciones de Dios (Sal. 103:4-5). Ese disfrute comienza aquí en la tierra y se extiende hasta la eternidad (Sal. 21:3-5), pero sin hacer una dicotomía entre la vida en la tierra y la vida en el cielo. Para el judío, la vida plena se disfruta en la tierra, es decir, en el sitio donde Dios ha de establecer su reino.

La corona de vida mencionada por Santiago ha sido prometida por el Señor a los que le aman.[48] El verbo *epeggeílato* (prometió) es un aoristo histórico en la voz media y en el modo indicativo. La acción verbal expresa algo ocurrido en el pasado, pero visto en su totalidad y en su carácter real. La gloria es de aquel que hizo la promesa, a saber, Dios. Nótese, además, que la promesa es para **«los que le aman»**. Esta última expresión es un participio presente precedido por un artículo, e indudablemente señala a un grupo de personas que se caracteriza por amar a Dios. Amar a Dios significa darle toda la prioridad y obedecer su Palabra. «Los que le aman» son aquellos que verdaderamente han creído en Él y practican una fe viva.

En resumen, Santiago 1:2-12 constituye un llamamiento y una exhortación a los creyentes a permanecer firmes en medio de las pruebas. El creyente debe apelar a la fe viva para hacer frente a esas pruebas, pero hacerlo con gozo, paciencia, oración y confianza en Dios. Esas pruebas examinarán al creyente si permanece sin flaquear bajo el peso de dichas pruebas. El resultado será la abundancia de bendiciones (la «corona que es la vida») que Dios ha prometido a los que le aman.

LA FE VIVA EN RELACIÓN CON LAS TENTACIONES (1:13-18)

En la sección anterior, Santiago ha demostrado que Dios tiene una parte muy importante en las pruebas que muchas veces rodean al creyente. Dios usa las pruebas para madurar el carácter de sus hijos. El cristiano que posee una fe viva y dinámica aprende a esperar en Dios. También busca la sabiduría divina para entender el significado de las pruebas. Dios recompensa con abundancia de bendiciones al cristiano que es aprobado después de haber sufrido el examen de las pruebas.

Sin embargo, donde muchas veces surge el desconcierto y la perplejidad en el creyente es en lo relacionado con las tentaciones. ¿Cuál es el origen y el

---

47. Vaughan, *James*, p. 28.
48. Aunque en el original no aparece la palabra «Dios» o «Señor», se sobreentiende que la promesa viene de Dios.

significado de las tentaciones? ¿Cómo pueden vencerse? Todas estas y muchas otras interrogantes surgen en la mente del creyente respecto a esta cuestión. Santiago presenta una respuesta sobria a esas preguntas en la sección que a continuación consideraremos.

Traducción

Nadie diga [cuando] esté siendo tentado «estoy siendo tentado de Dios», porque Dios ni puede ser tentado del mal ni tienta Él a nadie. Pero cada cual es tentado [cuando] por su propia concupiscencia es arrastrado y seducido. Entonces la concupiscencia, habiendo concebido, da a luz pecado, y el pecado, cuando ha llegado a su plenitud, engendra muerte. No os engañéis, mis amados hermanos, todo buen acto de dar y toda dádiva perfecta es de arriba, desciende del Padre de las luces con quien no puede existir mutación ni la más mínima sombra causada por rotación. De su soberana voluntad nos parió por la palabra de verdad con miras a que seamos, por así decir, las primicias de sus criaturas.

Las tentaciones no se originan en Dios (1:13)

«**Nadie diga**» (*medeìs legéto*): El verbo «decir» está en el tiempo presente del modo imperativo, precedido por el pronombre indeterminado «nadie» (*medeìs*). Dicha frase expresa una prohibición de algo que ya estaba ocurriendo. «**Cuando alguno es tentado**» es la traducción del participio presente pasivo del verbo *peirázo*. El presente sugiere una acción continua y tal vez el hecho de que el que está siendo tentado está a punto de sucumbir a dicha tentación».[49] «**Estoy siendo tentado de Dios**» (*apò theoû peirázomai*) es una expresión enfática que, literalmente, dice «de Dios estoy siendo tentado». La preposición *apó* indica fuente de procedencia de la acción expresada por el verbo.[50] La persona que está sufriendo la tentación y está a punto de caer se excusa diciendo que está en tal situación porque Dios le ha colocado allí. Dicha persona está expresando una flagrante acusación contra Dios que pone de manifiesto un asombroso deseo naciente del carácter y de la naturaleza de Dios.

El apóstol Santiago rechaza enfáticamente semejante sugerencia, alegando que «**Dios ni puede ser tentado del mal ni tienta Él a nadie**». La conjunción «porque» (*gàr*) es usada para explicar el argumento presentado. La frase «Dios no puede ser tentado del mal» (*ho theós apeírastós estin kakón*) es difícil de expresar con fidelidad en castellano. La expresión «no puede ser tentado»

---

49. HIEBERT, *The Epistle of James*, p. 102.
50. Nótese que el énfasis está en el *origen*, no en la agencia de la tentación. La persona no culpa a Dios de ser el agente directo de la tentación, sino responsable de haberlo colocado en una situación tal que ha hecho posible la tentación.

(*apeírastós estin*) solo ocurre aquí en todo el Nuevo Testamento. El adjetivo verbal *apeírastós* es una palabra compuesta. Su raíz es el verbo *peirázo* (tentar) precedido por la partícula privativa «*a*» (no, sin). Santiago, evidentemente, está haciendo una declaración acerca de la absoluta impecabilidad de Dios; o sea, el hecho de que Dios no puede ser incitado a pecar. Tal cosa militaría en contra de la misma naturaleza de Dios.[51] El apóstol dice literalmente: «Dios intentarle es del mal». El tiempo presente «ser» (*estín*) apunta a una realidad continua que se extiende de eternidad a eternidad. El carácter santo de su naturaleza hace imposible que Dios sea tentado. En un solo versículo, Santiago hace una extraordinaria declaración de la doctrina llamada teología propia. Los lectores originales de la Epístola, al igual que nosotros, necesitan entender la doctrina de la santidad de Dios. Un Dios absolutamente santo no puede ser tentado a hacer lo que es contrario a su naturaleza.

Algunos han intentado negar la deidad de Cristo sobre la base de que el Señor fue tentado. La pregunta se ha formulado así: «Si Cristo era Dios, ¿cómo es que fue tentado?». La respuesta yace en el hecho de que Jesús era y es eternamente una persona divina. Al encarnarse, Jesús no dejo de ser Dios y, por lo tanto, no podía pecar. El Señor no fue tentado como Dios, sino que lo fue en la esfera de su humanidad. Como Dios, el Señor no era pecable, pero en su naturaleza humana era tentable.

> La declaración «Dios no puede ser tentado con el mal» es una afirmación de su impecabilidad. Los paganos contemplaban a sus dioses como seres sujetos a tentación, y consecuentemente, como fuente de tentaciones. Dios, en contraste, es absolutamente santo e impecable. En virtud de su naturaleza santa, es inmune al pecado. En Él no pueden albergarse ni malos pensamientos ni inclinaciones pecaminosas. ¿Cómo, entonces, podría ser Él la fuente del pecado?[52]

Santiago declara en lenguaje preciso que Dios no es susceptible al pecado. Dios es absolutamente santo y, como tal, está completamente separado de todo lo que es pecado o pecaminoso. Dios está infinitamente alejado de toda

---

51. Algunos comentaristas sugieren que el pasaje enseña que «Dios es totalmente inexperto en la tentación» y «nadie puede tentar a otra persona a hacer el mal a menos que esa persona tenga alguna experiencia (y por implicación haya gozado) en rendirse a la tentación». (Ver James MOFFATT, *The General Epistle of James, Peter and Jude*, p. 18). Aunque Moffatt podría estar en lo correcto, el contexto del pasaje se inclina más bien a la forma pasiva del adjetivo verbal «Dios *no puede* ser tentado por el mal», y no que «Dios no se siente inclinado al mal», o que «Dios es totalmente inexperto en la tentación», como pretenden enseñar algunos comentaristas (ver Henry ALFORD, «James», *The Greek New Testament*, IV, p. 280).

52. Thurman WISDOM, «Perfection Through Trials», *Biblical Viewpoint*, abril de 1980, p. 17.

posibilidad de ser tentado con el mal. En contraste con el hombre, en la naturaleza divina no se produce ni se origina ningún tipo de deseo hacia el pecado. Sin duda, eso es lo que el apóstol quiere decir con la frase «Dios no puede ser tentado con el mal». Es a causa de la imposibilidad de que Dios sea tentado con el mal, por lo que «Él no tienta a nadie», o más enfático aún, «y Él no tienta a nadie». Como expresa un escritor:

> La misma perfección que imposibilita que Dios sea tentado, también imposibilita que Él tiente a alguien.[53]

En resumen, el apóstol Santiago deja bien claro que Dios no es el autor ni el originador de las tentaciones. No es Él quien somete a sus hijos a una situación donde se vean obligados a pecar. La razón dada por el apóstol es que Dios es absolutamente invulnerable a la tentación a causa de su naturaleza perfecta e infinitamente santa. A causa de la imposibilidad de incitar a Dios a pecar, tampoco Él somete a nadie a tal situación. Esta es la razón de que, cuando alguno es tentado, jamás debe decir que es Dios quien ha provocado la situación en que se encuentra.

Debe observarse que Santiago contrasta las pruebas y las tentaciones. Las pruebas tienen, entre otras, la finalidad de madurar el carácter del creyente. Las tentaciones tienen como finalidad incitar al mal. En lugar de originar la tentación, Dios libra a sus hijos de esta (2 P. 2:9 y 1 Co. 10:13).

Las tentaciones se originan en la naturaleza pecaminosa del hombre (1:14-15)

Si las tentaciones no tienen su fuente en Dios, ¿dónde, pues, se originan? Santiago contesta esa pregunta alegando que el pecado nace en el propio corazón humano. **«Pero cada cual es tentado [cuando] es arrastrado por su propia concupiscencia, y seducido»** (v. 14). En contraste con el que pretende responsabilizar a Dios por las tentaciones, el escritor sagrado inculpa a la naturaleza pecaminosa del hombre.[54]

La expresión «cada cual» *(hékastos)* indica que no hay diferencia. Lo que el apóstol va a decir afecta a toda persona. El verbo *peirázetai* («es tentado») está en el tiempo presente. Esto sugiere que la tentación es una experiencia continua en la vida del ser humano. Es como un enemigo que no cesa de acechar.

La palabra «concupiscencia» *(epithymía)* significa «tener un deseo pro-

---

53. Vaughan, *James*, p. 30.
54. Tasker observa correctamente que el hecho de no mencionarse a Satanás no debe tomarse como si Santiago pasase por alto la realidad de la existencia del Tentador. Ver Tasker, *The General Epistle of James*, p. 46.

fundo hacia algo». Dicho vocablo tiene un significado neutro, ya que solo el contexto determina si el deseo es hacia algo bueno o malo.[55] La expresión «por su propia concupiscencia» indica que hay un agente directo («por», gr. *hypó*) y una acción personal «su propia» *(teîs idías)*. De modo que la persona que está siendo tentada, está directamente implicada en la cuestión a través de sus propios deseos. El apóstol usa seguidamente dos participios: «atraído» *(exelkómenos)* y «seducido» *(deleazómenos)*. Ambas expresiones describen de manera gráfica cómo se produce la caída en la tentación. El profesor Hiebert observa lo siguiente:

> Los dos participios «atraído» y «seducido» representan dos fases de un mismo proceso. Ambos están en la voz pasiva e indican cómo la concupiscencia afecta a la persona tentada. Ambas expresiones se usaban en relación con la actividad del pescador, y más tarde se usaba en referencia a las asechanzas de una ramera. Santiago personifica el acto de la concupiscencia y probablemente tiene en su mente el cuadro de la ramera presentado en Proverbios 7:6-23.[56]

En un lenguaje altamente descriptivo, Santiago muestra cómo es que una persona cae en la tentación. Los deseos pecaminosos generados por una naturaleza corrompida entran en acción. Esas pasiones comienzan a arrastrar y a seducir a su víctima como un pez que velozmente se dirige a la carnada, sin saber que el cebo está pegado a un anzuelo que al ser tragado producirá su ruina. Este versículo enseña, sin lugar a dudas, que el pecado es personal y que el hombre es pecador por naturaleza (Ef. 2:3). El hombre nace pecador. No se convierte en pecador, sino que lo es desde el vientre de su madre (Sal. 51:5).

Para explicar los resultados funestos de caer en la tentación, Santiago emplea un lenguaje metafórico. El apóstol asemeja el proceso al acto de la concepción, gestación, dar a luz y desarrollo. La palabra **«entonces»** *(eîta)* indica que el escritor desea explicar el próximo paso. Es decir, lo que ocurre una vez que la víctima ha sido atraída y seducida. «La concupiscencia» *(he epithymía)*, es decir, los deseos malignos, se refiere a algo definido (nótese la presencia del artículo). Es como si, de pronto, esos deseos se personificasen y comenzaran a actuar. Entonces tiene lugar una reacción en cadena.

---

55. Por ejemplo, en Filipenses 1:23 la palabra *epithymía* se usa para indicar el gran deseo de Pablo de estar con Cristo. En ese caso, dicho vocablo se usa positivamente para indicar un buen deseo. Pero en Romanos 7:7, la misma palabra se traduce «codicia», y el apóstol se refiere al mandamiento «no codiciarás». De modo que, como puede observarse, solo el contexto da la clave del uso de dicha palabra.

56 Hiebert, *The Epistle of James*, p. 106.

Santiago se refiere a tres etapas para describir de principio a fin lo que ocurre cuando se cae en la tentación.

1. **«Después que ha concebido»** (v. 15, *syllaboûsa)*. La palabra así traducida es un participio aoristo del verbo *syllambáno*. Dicho verbo es compuesto *(syn* = con, junto con; *lambáno* = tomar, apoderarse de) y tiene varios significados según su uso en el Nuevo Testamento.[57] En este caso concreto significa concebir sexualmente. Pero, además, se sugiere que ha habido un sometimiento de la voluntad de la persona a la tentación. Como ha expresado un comentarista:

> El mero hecho de ser tentado no implica en sí algo pecaminoso. Sino que el pecado nace cuando el deseo del hombre sale al encuentro, abraza la cosa prohibida y ocurre una unión pecaminosa entre los dos.[58]

La fuerza del verbo *syllambáno* sugiere que la voluntad de la persona ha sido vencida por la concupiscencia y se ha rendido a la tentación. La idea es que el individuo ha respondido afirmativamente a los deseos. Su capacidad volitiva ha consentido y el resultado ha sido que la concupiscencia ha concebido.

2. **«Da a luz el pecado»** *(tíktei hamartían)*. Este es el resultado de la concepción… gestación.[59] Santiago dice, literalmente, «pare pecado». El verbo está en el tiempo presente del modo indicativo. Es indudable que el apóstol desea enfatizar la realidad del suceso. La palabra «pecado» *(hamartían)* no va acompañada del artículo en el original. La ausencia del artículo significa que se está enfatizando el pecado en general (cualquier pecado) y no uno en particular.

Debe notarse, además, que la palabra usada con referencia al pecado es *hamartía*. En la literatura clásica, el verbo *hamartáno* significaba «errar el blanco», «perder», «fallar» o «equivocarse». En tiempos de Aristóteles (siglo IV a.C.), dicho vocablo era usado con un amplio significado, abarcando desde un acto insensato hasta el hecho de quebrantar una ley.[60] En el Nuevo Testamento se usan tanto el verbo *hamartáno* (pecar) como el nombre *hamartía* (pecado) para indicar todo aquello que se opone a Dios.[61] Richard C. Trench, quien hace más de un siglo fue profesor de exégesis del Nuevo Testamento, ha escrito:

---

57. Ver William F. Arndt y F. Wilbur Gingrich, *A Greek-English Lexicon of the New Testament and Other Early Christian Literature*, p. 784.
58. Alexander Ross, *The Epistle of James*, p. 34.
59. Nótese el uso de la misma metáfora en el Salmo 7:14.
60. Walther Gunther, «Sin», *The New International Dictionary of New Testament Theology*, III, pp. 573-585.
61. *Ibíd*, p. 579.

Lo que sí es suficientemente claro es que, cuando el pecado es visto como *hamartía*, se considera como que se ha fallado el blanco del verdadero fin y alcance de nuestras vidas, o sea, de Dios.[62]

3. **«Y el pecado, siendo consumado, da a luz la muerte»** *(he dé hamartía apotelestheîsa apokúei thánaton)*. La conjunción «y» *(dé)* añade la tercera etapa del proceso. «El pecado» *(he hamartía)* es una manera de llamar la atención al uso previo de la palabra *hamartía*. La presencia del artículo señala al pecado específico que ha sido concebido y parido por la concupiscencia. La expresión «siendo consumado» *(apotelestheîsa)* es un participio pasivo aoristo del verbo *apoteléo*, que significa «completar», «estar totalmente formado». Santiago, evidentemente, está comparando el proceso de caer en pecado y sus consecuencias con la concepción de un niño en el vientre de una madre. El embrión se desarrolla hasta convertirse en feto. Cuando el proceso ha sido consumado y el período de gestación se ha completado, se produce el nacimiento.

En el caso del pecado, el nacimiento que ocurre es en verdad triste. «Da a luz muerte» *(apokúei thánaton)*. El verbo *apokúeo* es un término médico que indica el acto de parir de una mujer o un animal.[63] Lo trágico del nacimiento mencionado aquí es que su nombre es *muerte (thánaton)*. «El hijo de la concupiscencia es el pecado, el del pecado es muerte... El niño nace muerto».[64]

La Escritura afirma que «la paga del pecado es muerte» (Ro. 6:23). La respuesta a la cuestión de la muerte se encuentra únicamente en la persona y la obra de Cristo (He. 2:14-15; 2 Co. 5:21). Pablo dice: «por tanto, como el pecado entró en el mundo por un hombre, y por el pecado la muerte, así la muerte pasó a todos los hombres, por cuanto todos pecaron» (Ro. 5:12). Todo ser humano, sin excepción, es pecador. En Adán todos hemos pecado. El pecado de Adán afectó a toda su descendencia porque toda la raza humana fue creada en Adán.

Resumen

El hombre quiere culpar a Dios por su pecado en un afán de autoexonerarse. Santiago rechaza enfáticamente ese razonamiento. El apóstol enfoca la problemática del pecado desde el punto de vista de la responsabilidad humana. Como ha expresado de manera elocuente el gran teólogo reformado G. C. Berkouwer:

El pecado humano es irrazonable e inexplicable pero su realidad es la consecuencia del propio corazón caído del hombre. Es así como Santiago habla

---

62. Richard C. Trench, *Synonyms of the New Testament*, p. 240.
63. Robertson, *Word Pictures in the New Testament*, VI, p. 19.
64. *Ibíd.*

de ser «atraído» y «seducido» por los propios deseos de uno; se refiere a una concupiscencia en estado de gestación que «da a luz pecado» (1:14s)... Pero cuando indagamos sobre el «origen» del pecado, solo podemos palpar en las tinieblas. Además, esas tinieblas no son el vacío de un abismo epistemológico, sino lo desolador de *nuestra culpa*.[65]

Aunque es cierto que el pecado humano resulta inexplicable, no es menos cierto que es inexcusable. Es asombroso, sin embargo, que Dios ha hecho provisión en el sacrificio de Cristo para resolver la cuestión del pecado humano (Ro. 6:23; 1 Jn. 1:9). El creyente puede vencer la tentación mediante una fe viva en la persona de Cristo, quien no tan solo ha vencido la tentación, sino que también ha vencido al tentador.

Dios nuestro Padre es el dador de toda buena dádiva (1:16-18)[66]

En la sección anterior, Santiago ha refutado la acusación de que las tentaciones tienen su origen en Dios. Santiago afirma que la impecabilidad de Dios imposibilita que de Él proceda la tentación. El apóstol demuestra que el hombre es responsable, y al mismo tiempo culpable, cuando cae en la tentación. En los versículos 16-18, el autor expone que, en lugar de originar las tentaciones, Dios, como nuestro Padre, provee bendiciones para sus hijos.

«No erréis hermanos míos amados» (v. 16, *me planâsthe adelfoí mou agapetoí*). El verbo errar *(planáo)* está en el presente del modo imperativo de la voz media. Dicho verbo significa «guiar por mal camino», «extraviar», «hacer deambular». El apóstol expresa una prohibición terminante. Sus lectores marchaban por el camino equivocado. Santiago les ordena detenerse y regresar al camino correcto. La voz media sugiere que los lectores de la Epístola eran responsables por la situación en que estaban.

A pesar de su firmeza, Santiago manifiesta también ternura pastoral. Se refiere a los creyentes como «hermanos míos amados». La palabra «hermanos» indica relación fraternal. Aunque dicha palabra se usaba de manera general entre los hebreos, debe recordarse que a causa de una nueva relación con Cristo, dicho vocablo ha adquirido un mayor sentido de intimidad. La expresión «amados» *(agapetoí)* establece que Santiago está hablando a los creyentes no en una base

---

65. G. C. BERKOUWER, *Sin,* pp. 111-112.
66. El versículo 16 indica una transición entre las dos secciones. Algunos toman la expresión «no erréis...» en relación con los versículos 13-15. De ser así, Santiago estaría previniendo a sus lectores acerca de no errar en lo que concierne al origen de las tentaciones. Otros expositores prefieren tomar la mencionada expresión en conexión con la actividad benevolente de Dios para con sus hijos. Los que siguen la segunda opción estiman que Santiago previene a sus lectores acerca de no olvidarse que Dios es el dador de toda buena dádiva.

legal sino fraternal. El apóstol guarda un equilibrio perfecto entre la firmeza y la fraternidad, entre la amonestación y el amor.

«Toda buena dádiva y todo don perfecto...» (v. 17a, *pâsa dósis agathè kaì pân dórema téleion*). Después de haber negado que Dios sea el responsable de las tentaciones, Santiago afirma que la actividad del Señor para con sus hijos es para bien. Las palabras «dádiva» *(dósis)* y «don» *(dórema),* aunque ambas son sustantivos, tienen énfasis distintos. La primera enfatiza el acto de dar, mientras que la segunda resalta la cosa dada. El acto divino de dar es intrínsecamente bueno, nunca es generado por motivos ni con fines malignos, sino útiles y beneficiosos para el recipiente. Además, el don divino es perfecto *(téleion)* en el sentido de que es *completo.* Dios da en armonía con las riquezas de su gracia que son inagotables. El profesor Curtis Vaughan observa lo siguiente:

> El sentido general de la frase es claro: toda clase y todo grado de bien proceden de Dios. Podría haber muchas causas secundarias, pero Él es la fuente original de todo el bien que llega a nosotros.[67]

«Es de arriba, descendiendo del Padre de las luces...» (v. 17b, *anothén estin katabaînon apò toǔ patròs ton fóton*). La expresión «de arriba» o «de lo alto» señala el origen celestial de la dádiva y el don mencionados anteriormente. El participio presente «descendiendo» *(katabaînon)* subraya el carácter continuo de los dones de Dios para sus hijos.[68]

El apóstol Santiago llama a Dios «el Padre de las luces» y dice que las bendiciones que recibimos vienen de Él *(apó toû).* Debe notarse el uso del artículo con el sustantivo «luces». Eso implica que Dios es la fuente originadora, no solo de la luz en sí, sino también de todos los cuerpos que producen o transmiten luz. Él es el Creador de los astros, los planetas, el sol, la luna y toda otra sustancia energética.[69] La luz se asocia con la santidad de Dios (1 Jn. 1:5).

«En el cual no hay mudanza ni sombra de variación» (v. 17c, *par' hoî ouk éni parallagèi eì tropeîs aposkíasma).* En el versículo 17, Santiago establece la inmutabilidad del Creador. «En el cual» es la traducción de *par ho* que, literal-

---

67. Vaughan, *James,* p. 32.
68. La sintaxis en el texto original permite dos lecturas distintas de la frase bajo consideración. Una posibilidad sería «toda buena dádiva y todo don perfecto de arriba está descendiendo del Padre de las luces». La otra posibilidad es la que sugerimos aquí: «toda buena dádiva y todo don perfecto es de arriba, descendiendo del Padre de las luces». Aunque no hay gran diferencia entre las dos lecturas, por razón de énfasis se prefiere la segunda. Hay no menos de siete variantes textuales en esta frase.
69. La Escritura dice que «Dios es luz» (1 Jn. 1:5). Dicha expresión enfatiza, entre otras cosas, la santidad de Dios. Tal vez de manera indirecta, Santiago 1:17 también enfatiza esa verdad de la naturaleza de Dios. El Dios santo no puede ser el originador de las tentaciones porque es el dador de toda buena dádiva y todo don perfecto.

mente, significa «con quien» o «junto a quien». Dios no cambia en su naturaleza ni en su ser. Él es el eterno «yo soy» (Éx. 3:14). Los astros y los planetas cambian, pero «con Dios no hay mudanza» *(parallagéi).* La palabra *parallagéi* (mudanza) proviene del verbo *parallásso,* que significa «hacer alternar», así como se alternan los mosaicos por su tamaño o su color. Todo cambio es o para bien o para mal, para mejorar o para empeorar. Dios es absolutamente perfecto, de modo que no necesita cambio de clase alguna. «Ni sombra de variación» *(heî tropeîs aposkíasma).* La palabra *tropéi* significa «cambio» y *aposkíasma* es la sombra que un objeto deja caer sobre otro. Aunque la metáfora usada por Santiago no es del todo clara, lo cierto es que el apóstol enfatiza el carácter invariable de Dios.[70] Él no cambia ni en su naturaleza ni en su propósito eterno ni en su carácter.[71] Dios afirma categóricamente: «porque yo Jehová no cambio...» (Mal. 4:6a).

No solo es Dios proveedor de buenas dádivas, sino que también es el autor de la regeneración. **«De su voluntad»** (v. 18, *boulethis*) es un participio aoristo en la voz pasiva del verbo *boúlomai.*[72] Dicha expresión es enfática por su posición al principio de la oración, y subraya que el precioso don de la nueva vida en Cristo tiene su origen en un acto de la voluntad divina. *Boúlomai* significa «planear», «decidir». Santiago afirma de manera terminante y enfática que Dios «de su propio plan y decisión», es decir, de su soberana voluntad «nos parió». Como expresa el profesor Hiebert:

> El pecado trajo la muerte (1:15), pero Dios resueltamente determinó no dejarnos perecer en el pecado. Su voluntad deliberada para salvarnos no fue forzada por ninguna necesidad externa. Habiéndolo determinado, Dios actuó libremente para salvarnos, un hecho completamente incongruente con la creencia de que Dios nos tienta a pecar.[73]

«Nos hizo nacer» (v. 18b, *apekýesen hemâs*). El verbo usado aquí es el mismo que aparece en 1:15, donde dice que «el pecado, siendo consumado, da a luz la muerte». El gran contraste aquí es que Dios, por así decirlo, ha dado a luz al creyente. Este es, sin duda, uno de los cuadros más maravillosos de la enseñanza

---

70. Hay no menos de siete variantes textuales en esta frase.
71. James S. PACKER, *Hacia el conocimiento de Dios,* pp. 81-88.
72. En el Nuevo Testamento hay dos palabras que se traducen por el vocablo castellano «voluntad». La más común es *thelo* y sus derivados (207 veces). La otra es *boúlomai* y sus derivados (37 veces). Aunque muchas veces parece que ambas palabras se usan como sinónimas, «en muchas otras ocasiones *boúlomai* se usa para denotar un acto volitivo consciente como resultado de una reflexión consciente, o sea, una decisión de la voluntad. Tales actos volitivos siempre presuponen la posibilidad de libertad de decisión». (Ver 1 Ti. 2:8; 5:14; Tit. 3:8; Mr. 15:15; Hch. 12:4; Mt. 11:27; 1 Co. 12:11; Stg. 4:4). Para un estudio detallado de los usos de esos vocablos, ver *The New Internacional Dictionary of New Testament Theology,* III, pp. 1015-1023.
73. HIEBERT, *James,* p. 115.

bíblica sobre el nuevo nacimiento. El creyente es engendrado de Dios (Jn. 1:13) y es «parido» por Dios. Esta verdad tiene que ver con la regeneración por la fe en Cristo, ya que el verbo en aoristo apunta al momento de la conversión, y el pronombre «nos» se refiere a los que han creído. Dios ni engendra ni da a luz el mal. Por el contrario, Él engendra y da a luz buenas dádivas. La más preciosa de ellas es la regeneración. El nuevo nacimiento es un milagro de Dios realizado por el Espíritu Santo sobre la base de la obra redentora de Cristo en la cruz.

«Por la palabra de verdad» (v. 18*c*, *lógoi aletheías*) expresa la instrumentalidad usada por Dios para hacer llegar su salvación al hombre. El vocablo «verdad» (*aletheías*) es el mismo que Jesús uso cuando dijo: «yo soy el camino, y la verdad, y la vida» (Jn. 14:6).

> En él también vosotros, habiendo oído la palabra de verdad, el Evangelio de vuestra salvación, y habiendo creído en él, fuisteis sellados con el Espíritu Santo de la promesa (Ef. 1:13).

La salvación está en *la persona de Cristo*. Él es el Salvador, nadie más. La regeneración es obrada por la persona del Espíritu Santo sobre la base de la obra expiatoria realizada por Cristo. Dios, sin embargo, usa su Palabra para hacer llegar al hombre el mensaje del evangelio que señala el camino a Cristo.

«Para que seamos primicias de sus criaturas» (v. 18*d*, *eis tò eînai hemâs aparchén tina tôn autoû ktismáton*). Esta cláusula indica propósito. Dios salva al pecador con un propósito específico. Santiago usa la palabra «primicias» *(aparchén)* de manera metafórica.[74] El lector del Antiguo Testamento recuerda que tanto el primogénito del hombre como del ganado se dedicaban a Yahwéh (Lv. 19). Del mismo modo, el primer fruto de toda cosecha también debía dedicarse al Señor, según la ley mosaica (Dt. 18:4). El apóstol Santiago aplica esa verdad veterotestamentaria para recordar a sus lectores que toda persona regenerada es algo muy especial para Dios. Nótese que Santiago subraya que «somos primicias *de sus criaturas»*. El creyente es posesión especial de Dios porque ha sido creado «en Cristo» (Ef. 2:10). «Si alguno está en Cristo, nueva creación es» (2 Co. 5:17).

Resumiendo, Dios permite que el cristiano sea probado con el fin de madurar su carácter. Pero Dios ha equipado al creyente para que pueda resistir las pruebas. La tentación, sin embargo, tiene como fin incitar al mal. Dios, por lo tanto, no puede ser el autor de la tentación a causa de su carácter santo y su

---

74. La palabra «primicias» se usa metafóricamente en varios pasajes del Nuevo Testamento. En 1 Corintios 15:20, 23, Cristo es las primicias de la resurrección; en 1 Corintios 16:15, «la familia de Estéfanas es las primicias de Acaya»; los creyentes de la edad presente «tenemos las primicias del Espíritu» (Ro. 8:23). Los 144.000 israelitas mencionados en Apocalipsis 14 son llamados «primicias para Dios y para el Cordero» (14:4).

absoluta impecabilidad. De modo que nadie debe culpar a Dios cuando es tentado, sino que más bien debe buscar refugio en Él mediante el ejercicio de una fe viva y genuina. Dios, por el contrario, es el autor y dador de todo lo que es bueno. Él nos ha bendecido, dándonos una nueva vida e incorporándonos a su familia. Debe recordarse que la salvación es en su totalidad un regalo de Dios.

LA FE VIVA EN RELACIÓN CON
LA PALABRA DE DIOS (1:19-27)

Traducción

Sabéis esto, hermanos míos amados. Pero todo hombre sea presto para oír, lento para hablar, lento para [la] ira, porque [la] ira del hombre no obra [la] justicia de Dios. Por lo cual, poniendo a un lado toda polución y abundancia de malicia, con mansedumbre recibid la palabra implantada, esa que es dinámicamente capaz de salvar vuestras almas. Pero volveos hacedores de la palabra y no oidores solamente, engañándoos a vosotros mismos. Porque si alguno es oidor de la palabra y no hacedor, el tal [es] semejante a [un] hombre contemplando su rostro natural en un espejo. Porque se contempla a sí mismo y [tan pronto] se ha ido, de inmediato se olvidó qué clase de hombre era. Pero el que mira con atención a la ley perfecta de la libertad y persevera, no siendo un oidor olvidadizo sino hacedor de la obra, este será hombre feliz en lo que hace. Si alguien se considera ser religioso [pero] no refrena su lengua sino que engaña su corazón, la religión de tal hombre es vana. La religión pura e incontaminada delante de nuestro Dios y Padre es esta: visitar a los huérfanos y las viudas en sus tribulaciones [y] cuidarse a uno mismo sin mancha del mundo.

Una lectura, aunque fuese casual, de Santiago 1:19-27 sería suficiente para notar que el autor enfatiza el lugar que la Palabra de Dios debe ocupar en el creyente. Si esa Palabra fue el instrumento usado por Dios para mostrarnos el camino de la salvación (1:18), también puede ser el instrumento divino para regular nuestro comportamiento en este mundo. El apóstol señala tres aspectos de la relación entre el creyente y el Palabra de Dios: (1) el creyente ha recibido la semilla de la Palabra y esta debe germinar dando fruto de buen comportamiento (1:19-21), (2) el creyente debe poner en práctica los principios de la Palabra de Dios para hacerse poseedor de bendiciones (1:22-25), y (3) el creyente que obedece la Palabra de Dios practica la verdadera religión (1:26-27).

«**Sabéis esto, hermanos míos amados**» (v. 19*a*, *íste, adelphoí mou agapetoí*). La traducción que aparece en la Reina-Valera ("Por esto") está basada en el llamado Textus Receptus. En el presente estudio se ha optado por la lectura que aparece en el texto crítico por considerarla más apropiada.[75] Es más lógico tomar esta frase como una referencia al versículo 18. O sea, que los creyentes sabían que habían recibido la nueva vida por voluntad divina, que el instrumento usado para llevarlos a ese conocimiento era la Palabra de Dios y que eran primicias de las criaturas de Dios.

La expresión «sabéis esto» *(íste)* en su forma podría estar en el modo imperativo o en el indicativo (ambas formas son idénticas). En este estudio se prefiere el modo indicativo, ya que la función de este modo parece armonizar mejor con el contexto. Santiago, evidentemente, asume que sus lectores eran conscientes de la realidad expresada en el versículo 18.[76] «Hermanos míos amados» *(adelphoí mou agapetoí)* es una expresión de profundo afecto fraternal que Santiago usa por segunda vez (ver 1:16). Ese sentido de intimidad familiar y ternura pastoral es evidencia del interés personal del apóstol hacia sus lectores. La exhortación se centra en ir más allá del conocimiento. Es necesario avanzar a una práctica fructífera de la fe.

«Pero todo hombre sea presto para oír» (v. 19b, *ésto dé pâs ánthropos tachýs eis tò akoûsai).* Ya que el contexto del pasaje pone de manifiesto que Santiago está tratando sobre la relación del creyente con la Palabra de Dios, es lógico pensar que la expresión «presto para oír» se refiere a prestar atención a las Escrituras. Tal vez esa era una de las causas primordiales de los problemas que confrontaban los creyentes a quienes el apóstol escribe. El verbo «sea» *(ésto)* está en el modo imperativo, expresando mandato o exhortación. «Santiago les recuerda que su conocimiento del nuevo nacimiento a través de la Palabra debe guiarles a una nueva vida dirigida por la Palabra.[77] El apóstol pronuncia una triple exhortación. Los creyentes deben ser: (1) «prestos para oír», (2) «tardos para hablar» y (3) «tardos para airarse».[78]

«Presto para oír» *(tachýs eis tò akoûsai).* La palabra «presto» *(tachýs)* es un adjetivo que describe la actitud que gobierna la acción que se ejecuta. El verbo «oír» *(akoûsai)* está en el tiempo aoristo y se refiere, sin duda, al acto de escuchar la lectura de la Palabra de Dios, seguida de la instrucción oral o de la exposición del mensaje. El modo infinitivo del verbo sugiere que «oír» debe ser una actitud permanente de los lectores de la Epístola.

---

75. En el Textus Receptus aparece la partícula ilativa *hóste* (por esto), mientras que en el texto crítico aparece *íste* (una variante verbal derivada de *oída).* *Hóste* sería la lectura más fácil e *íste* la más difícil. La tendencia de los amanuenses era ir de lo más difícil a lo más fácil. De ser así, *íste* sería la lectura original. Algunos comentaristas, sin embargo, siguen prefiriendo *hóste* (p. ej., ADAMSON, *The Epistle of James,* p. 78), mientras que otros prefieren *íste* (p. ej., TASKER, *The General Epistle of James,* pp. 49-59).

76. Para comparar otros uso de *íste* (sabéis esto), ver Efesios 5:5 y Hebreos 12:17.

77. HIEBERT, *James,* p. 123.

78. Aunque hay una generalización en la expresión «todo hombre» (v. 19), el contexto indica que Santiago se dirige particularmente a los que han nacido de nuevo.

«Tardo para hablar» (v. 19c, *bradýs eis tò laleîsai*). Santiago usa el mismo tipo de construcción gramatical, pero con el propósito de presentar la otra cara de la moneda.[79] El adjetivo «tardo» enfatiza también una actitud, no una incapacidad. La idea es «tardo para comenzar a hablar» y no «tardo en el proceso de hablar». Evidentemente, la instrucción del apóstol es que el creyente preste absoluta atención a lo que oye, o sea, que se esfuerce por escuchar. Pero, habiendo escuchado, debe tomarse tiempo antes de hablar. Es posible que Santiago tuviese en mente las palabras de Eclesiastés 5:2: «No te des prisa con tu boca, ni tu corazón se apresure a proferir palabra delante de Dios; porque Dios está en el cielo, y tú sobre la tierra; por tanto, sean pocas tus palabras».

Finalmente, el apóstol exhorta al creyente a ser **«tardo para la ira»** (v. 19d, *bradýs eis orgeín)*. Debe notarse la ausencia del verbo en esta última frase. Tal vez la razón de tal construcción gramatical fuese el deseo de enfatizar el hecho de que el ser «tardo en el proceso de hablar» dará como resultado ser «tardo para la ira».

La palabra «ira» *(orgeí)* es de uso frecuente, tanto en la literatura clásica como bíblica. Los griegos la usaban para referirse a un impulso natural o a la manifestación de una poderosa pasión interna.[80] El vocablo *orge* también se usaba en la literatura griega para describir el comportamiento de las divinidades. «La idea de dioses iracundos es uno de los factores básicos de la mayoría de las religiones».[81] El Antiguo Testamento menciona tanto la ira de Dios como la del hombre. En ambos casos, la Septuaginta usa la palabra *orgeí*, aunque no exclusivamente. En el Nuevo Testamento, *orgeí* se usa 36 veces.[82] A veces se usa *orgeí* como sinónimo de *thymós* (Lc. 4:28; Hch. 19:28; 2 Co. 12:20; Gá. 5:20), pero existe una ligera diferencia entre ambas palabras. Generalmente, *thymós* significa una súbita manifestación de ira, mientras que *orgeí* denota una indignación que ha surgido gradualmente y continúa con una actitud hostil.[83]

«Porque la ira del hombre no obra la justicia de Dios» (v. 20, *orgeí gàr andròs dikaiosýnein theôu ouk ergázetai)*. «Porque» *(gàr)* introduce la explicación del porqué de la previa exhortación. «La ira del hombre» *(orgeí andròs)*, es decir, la indignación o la continua hostilidad humana, obrando sobre la base de las emociones y sin el control del amor.[84] «No obra la justicia de Dios» *(dikaiosýnein theôu ouk ergázetai)*. El énfasis de la frase es «la justicia de Dios».

---

79. El verbo «hablar» *(lalesai)* es también un aoristo ingresivo al igual que «oír» *(akusai)*.
80. H. C. HAHN, «Anger», *The New International Dictionary of Testament Theology*, I, pp. 105-113.
81. *Ibíd.* p. 107.
82. *Ibíd.* p. 110 (ver Ef. 4:31; Col. 3:8; Mr. 3:5; Ro. 13:4-5).
83. Ver THAYER, *Greek-English Lexicon of the New Testament*, p. 293.
84. Dios es el único ser que guarda el perfecto equilibrio entre la ira, el amor y la justicia. Por eso es perfectamente correcta la enseñanza bíblica sobre la ira de Dios.

Dicha expresión se refiere a los actos justos que Dios demanda de sus hijos, o sea, la ética o el estilo de vida que debe caracterizar a la persona regenerada. La ira del hombre no puede producir esa ética, pero el Espíritu Santo, obrando a través de la Palabra de Dios, sí puede. Nótese que el verbo «obra» *(ergázetai)* está en el modo indicativo pero precedido por una negación. La idea de dicha expresión podría significar que la ira del hombre jamás produce la clase de justicia que agrada a Dios. Más adelante, Santiago expresa que el fruto de justicia se siembra en paz (3:8). Cuando el cristiano se deja llevar de la *ira,* no puede obrar con justicia; además impide, o por lo menos dificulta, la vindicación de la justicia de Dios en el mundo.[85]

En el versículo 21, Santiago establece la pauta que el creyente debe seguir para obrar los actos justos de Dios. «**Por lo cual**» *(diò)* «es la más fuerte conjunción ilativa»[86] y es usada aquí para remitir al lector a lo dicho anteriormente. Es sobre la base de lo dicho particularmente en los versículos 19 y 20, como Santiago exhorta a los creyentes a obedecer el contenido del versículo 21.

«Desechando toda inmundicia y abundancia de malicia» (v. 21*a, apothémenoi pâsan ruparían kaì perisseían kakías).* Esta frase expresa el primer paso que debe darse para ejecutar los actos justos de Dios. La palabra «desechando» *(apothémenoi)* es un participio aoristo en la voz media del verbo *apotíthemi,* que, literalmente, significa «despojarse» o «desvestirse». Dicho verbo se usa aquí en sentido metafórico, ilustrando de manera objetiva la actitud que el creyente debe tomar hacia las cosas que desagradan a Dios (ver Ro. 13:12; Col. 3:8; Ef. 4:22, 25; 1 P. 2:1). La palabra «inmundicia» *(ruparían)* significa algo sucio o andrajoso y también es usada metafóricamente como símbolo de impureza moral.[87] «Abundancia de malicia» *(perisseían kakías).* El vocablo «abundancia» *(perisseían)* solo aparece cuatro veces en el Nuevo Testamento (Ro. 5:17; 2 Co. 8:2, 10:15 y Stg. 1:21), y literalmente significa «sobreabundancia». La palabra «malicia» *(kakías)* es lo opuesto a virtud. Generalmente, *kakías* abarca todo lo que es vicio o cosa perversa. De modo que el creyente es exhortado a desligarse o desnudarse (por así decirlo) de toda *(pâsan)* cosa negativa que le impida vivir en armonía con la ética establecida por Dios.

La primera parte del versículo 21, en cierta manera, expresa algo negativo. El creyente es exhortado a deshacerse de algo que obstaculiza su vida. La segunda parte, sin embargo, es positiva: **«Recibid con mansedumbre la palabra implantada»** (v. 21*b, en praûteti déxasthe tòn émphyton lógon).* El énfasis de la frase está en la expresión «con mansedumbre» (colocada al principio en el original),

---

85. Walter W. Wessel, «Santiago», *Comentario bíblico Moody: Nuevo Testamento,* p. 476.

86. Dana y Mantey, *Gramática griega del Nuevo Testamento,* p. 215.

87. La forma adjetivada de dicha palabra ocurre en Santiago 2:2 con referencia a una persona vestida con ropas andrajosas. Solo aparece en Santiago 1:21 y 2:2 en todo el Nuevo Testamento.

indicando que Santiago da prioridad a la actitud del corazón. El verbo «recibid» es un aoristo imperativo y sugiere urgencia en la acción. Apremia al creyente, tanto a despojarse de los impedimentos que obstaculizan su crecimiento como a recibir la palabra que acelera ese crecimiento.[88]

«La palabra implantada» *(tòn émphyton lógon)* es una frase que no aparece en ningún otro pasaje del Nuevo Testamento, aunque el concepto es enseñado en la Palabra de Dios (Jos. 1:8; Col. 3:16; 1 P. 2:2). ¿Cómo es posible que el creyente tenga que recibir la palabra que ya ha sido implantada en él? A simple vista, esto parece ser contradictorio, pero en realidad no lo es. La Palabra fue implantada en el creyente en el acto de la regeneración, pero es necesario que esa palabra sea enraizada, o sea, que forme parte de la vida misma del creyente. Es necesario que la Palabra de Dios habite, «como en su propia casa», en el corazón del creyente para que efectúe su obra completa.[89]

«La cual puede salvar vuestras almas» (v. 21c, *tòn dynámenon sôsai tàs psychás hymôn)*. Santiago enfatiza el poder dinámico de la Palabra de Dios de la misma manera que Pablo se refiere al evangelio en Romanos 1:16. Debe recordarse nuevamente que es Cristo quien salva, pero Dios usa el instrumento de la Palabra para traer al hombre al punto de la salvación (1 P. 1:23). El verbo «salvar» *(sosai)* está en el tiempo aoristo de la voz activa. Santiago desea enfatizar no el proceso de la salvación (para lo cual habría usado el presente), sino el acto final o escatológico de esta. Como expresa el profesor Vaughan:

> La referencia [es] a la salvación completa y final del cristiano. La Palabra de Dios, recibida y enraizada en el corazón del cristiano, es usada por el Espíritu Santo para promover la santidad, estimular el crecimiento espiritual, desarrollar el carácter, y generalmente produce las cosas que acompañan a la salvación[90]

Resumen

El apóstol Santiago señala en 1:19-21 de su Epístola que una de las evidencias de que la fe viva está operando en la vida del creyente es el fruto producido por la Palabra de Dios. Ese fruto se manifiesta mediante una ética que armoniza con la justicia de Dios. El apóstol exhorta al creyente a desligarse de toda suciedad e inmundicia espiritual y a revestirse de las virtudes que se derivan de una relación íntima con la Palabra de Dios.

---

88. El verbo «recibir» *(déchomai)* denota la idea de «recibir con los brazos abiertos», «dar la bienvenida» (ver ARNDT y GINGRICH, *A Greek Lexicon of the New Testament*, p. 176).

89. Jesús hizo referencia al hecho de que un creyente de vida fructífera es aquel en el cual permanecen sus palabras (Jn. 15:7).

90. VAUGHAN, *James*, p. 38.

El hacedor de la Palabra evidencia madurez espiritual y es bienaventurado (1:22-25)

La exhortación anterior tiene relación con la recepción de la Palabra en la vida del creyente. La Palabra debe enraizarse, a fin de constituirse en algo vital y dinámico en la persona del hijo de Dios. En la presente sección, el apóstol enfoca el tema de la obediencia a la Palabra. El creyente que obedece las proposiciones de las Escrituras es un hacedor de la Palabra y recibe las bendiciones derivadas de dicha obediencia.

«Pero sed hacedores de la palabra» (v. *22a, gínesthe dé poietaì lógou).* El creyente no debe conformarse con solo recibir la Palabra. Su meta debe ser obedecer la Palabra. Es decir, el cristiano debe transformar en acción el contenido de las Escrituras. El verbo «sed» *(gínesthe)* es un presente imperativo en la voz media. El tiempo presente indica acción continua. La voz media sugiere que el sujeto participa de la acción. El creyente debe tener la iniciativa. Es decir, de manera espontánea debe ser un hacedor de la Palabra. El mandato o exhortación es que el creyente continúe siendo (sin interrupción) un hacedor de la Palabra. La expresión «hacedores» *(poietaì)* se refiere a aquel que se somete o se sujeta a la ética de la Palabra (ver 1:23, 25; 4:11; Ro. 2:13 y Hch. 17:28).[91]

«Y no tan solamente oidores, engañándoos a vosotros mismos» (v, *22b, kaì méi mónon akroatèis paralogizómenoi eautoús).* Ciertamente, oír la Palabra es imprescindible («la fe viene por el oír», Ro. 10:17), pero el oír no es un fin en sí, sino más bien el comienzo para poner la fe en acción. De ahí que el adverbio «solamente» *(mónon)* sea tan importante en este caso. La palabra «oidores» *(akroatèis)* se refiere a oír la instrucción pública que de manera oral se daba a la congregación. La exhortación tiene una aplicación directa a los creyentes de nuestros días. Es posible que la gran mayoría de los que escuchan los sermones dominicales pongan en práctica muy poco o casi nada de lo que han escuchado. Los que así hacen son meros oidores y no hacedores de la Palabra. Adoptar tal actitud significa un autoengaño *(paralogizómenoi eautoús).* La expresión «engañándoos» es un participio presente en la voz media del verbo *paralogízomai,* que significa «engañar mediante falso razonamiento».[92] La verdad expuesta por el escritor bíblico es que todo creyente que se contente con solo oír la Palabra, pensando que eso es suficiente, está usando un falso razonamiento que acaba en un autoengaño. Como ha expresado C. Leslie Mitton:

---

91. La palabra «hacedores» es la traducción del vocablo griego *poietaì,* de donde procede la palabra castellana «poeta». Esa es la traducción que se le da en Hechos 17:28.

92. Según C. Leslie Mitton, la palabra *paralogízomai* sugiere un comportamiento incongruente e irracional. Ver Mitton, *The Epistle of James,* p. 68.

Escuchar un sermón acerca de la humildad o el perdón parecería un acto religioso encomiástico, pero el verdadero acto religioso comienza cuando el oyente convierte en obras lo que ha oído, y, en obediencia a Cristo, actúa modesta y perdonadoramente.[93]

En los versículos 23 al 25, Santiago usa una estupenda metáfora para comparar la diferencia entre el mero oidor y el hacedor de la Palabra. «**Porque**» *(hóti)* es una conjunción explicativa usada para dar la razón del contenido del versículo 22. «**Si alguno es oidor de la Palabra, pero no hacedor de ella**» (v. 23*a, eí tis akroatéis lógou estìn kaì ou poietéis).* Esta frase es una condicional simple, en la que se da por sentado la realidad de la premisa.[94] Santiago asume la existencia de alguien que es oidor y no hacedor de la Palabra. Seguidamente, el apóstol expresa: «**Este es semejante al hombre que considera en un espejo su rostro natural**» (v. 23*b, hoûtos éoiken andrí katanooûnti tò prósopon teîs genéseos autoû en esóptroi).* El uso del pronombre demostrativo *hautos* es enfático por su posición al principio de la oración. Es como si Santiago pudiese señalar con su dedo e identificar a la persona de quien está hablando. El apóstol compara al mero oidor con un hombre que «considera» *(katanooûnti)* su rostro natural en un espejo. La palabra «considerar» es el participio activo del verbo *katanoéo,* que significa «considerar atentamente», «fijarse».[95] De modo que el «oidor de la Palabra» ha considerado «su rostro natural» (lit., «el rostro de su génesis») en el espejo de la Palabra de Dios. Pero, tristemente, por ser solo oidor, no actuó basándose en lo que vio. No hubo una aplicación personal de la verdad oída. Es decir, solo hubo interés en recibir información, pero no en transformarla en ejecución.

«**Porque él considera a sí mismo**» (v. 24*a, katenóesen gàr eautòn).* El verbo «considera» está en el tiempo aoristo[96] y debe traducirse «consideró». La acción verbal es vista en su totalidad. El mencionado hombre consideró su propia persona, se fijó en sí mismo y se vio tal como era. Pero en lugar de actuar para corregir sus defectos, «se ha ido» y «se olvidó» cómo era. Es importante notar aquí la fuerza de los tres verbos usados: (1) «consideró» (aoristo), (2) «se ha ido» (perfecto) y (3) «se olvidó» (aoristo). Es como si Santiago quisiese dibujar en la mente del lector lo que ha sucedido. El hombre aludido «se consideró atenta-

93. *Ibíd.* p. 67.

94. Ver DANA y MANTEY, *Gramática griega del Nuevo Testamento,* pp. 280-284.

95. El verbo *katanoéo* es compuesto (*katá* = abajo, *noûs* = mente) y, literalmente, significa «bajar la mente» en el sentido de fijarla atentamente en un objeto. El prefijo *katá* fuerza la acción del verbo, haciéndolo enfático.

96. Debe recordarse que el aoristo es un tiempo indefinido que representa la acción como alcanzada. Este tiempo puede contemplar la acción como alcanzada. Este tiempo puede contemplar la acción en su totalidad (constantivo), en su inicio (ingresivo), o en sus resultados (culminación). Ver DANA y MANTEY, *Gramática griega del Nuevo Testamento,* pp. 187-192.

mente» en el espejo. Pero en lugar de actuar a raíz de lo que ha visto, he aquí «**se ha ido**» (v. 24*b*, *apeléilythen*). El triste resultado es que «**inmediatamente** (v. 24*c, euthéos*) **se olvidó**» *(epelátheto)*. Santiago, incuestionablemente, presenta un cuadro dramático que ilustra lo que podría ocurrir a cualquier creyente que no pone en práctica lo que aprende al oír la Palabra de Dios. Ciertamente, las palabras del Salmo 19:7-14 son muy apropiadas, al considerar la actitud del creyente hacia las Escrituras. Guardar los preceptos de la Palabra de Dios tiene como resultado recibir «grandes galardones» (Sal. 19:11*b*).

El versículo 25 contrasta la diferencia entre el simple oidor y el oidor-hacedor de la palabra. La conjunción «mas» *(dè)* se usa en su función adversativa o de contraste. «**El que mira atentamente en la perfecta ley**». La expresión «el que mira» es un participio activo en el tiempo aoristo del verbo *parakýpto* y está precedido del artículo definido. Este verbo significa «agacharse para mirar», «mirar de cerca», «mirar con atención» (ver Lc. 24:12; Jn. 20:5, 11; 1 P. 1:12). El participio con su artículo «presenta al hombre encorvándose sobre el espejo que está sobre la mesa, para examinar más detalladamente lo que este revela».[97] La preposición «en» *(eis)* indica la dirección o el blanco al que se dirige la mirada.

«**La perfecta ley de la libertad**» (v. 25*b, nómon téleion tòn teîs eleutherías)* es simbolizada por el espejo antes aludido. Es evidente que el apóstol se refiere a la totalidad de la revelación divina y no solo a lo que se conoce como «ley» *(torah)*. Ciertamente hay una referencia a «la palabra implantada» (1:20). Nótese que la palabra «ley» aparece sin el artículo en el original. De modo que el escritor desea enfatizar el aspecto cualitativo de la palabra y no identificar una porción de ella.[98] La totalidad de la Palabra de Dios es la expresión de la voluntad de Dios para sus hijos y, como tal, tiene fuerza legal. La perfecta ley es completa. Dios no ha omitido nada que sea necesario para hacer su voluntad. Esa perfecta ley es, además, «la de la libertad». El que la guarda experimenta la verdadera libertad, es decir, sabe que está haciendo la voluntad del Dios soberano. William Barclay sintetiza bien por qué Santiago usa las expresiones «ley perfecta» y «ley de la libertad»:

> Existen tres razones por las que esa ley es perfecta: *(a)* Es ley de Dios, dada y revelada por Dios. El estilo de vida que Jesús estableció para sus seguidores es el estilo de vida que concuerda con la voluntad de Dios. *(b)* Es perfecta porque no puede ser mejorada... *(c)* Pero hay todavía otro sentido en el cual la ley cristiana es perfecta. *Téleios* es la palabra que en nuestra versión ha sido traducida como *perfecta*, y *téletios* casi siempre describe la perfección

---

97. Hiebert, *James*, pp. 135, 136.
98. Debe recordarse que el mismo Jesús se refirió al Salmo 82:6, llamándolo «vuestra ley» (ver Jn. 10:34).

hacia un determinado fin… La llama también ley de la libertad. Es decir: una ley que, cuando se cumple, se encuentra su verdadera libertad.[99]

«Y persevera en ella» (v. *25c, kaì parameínas*). El participio aoristo activo *parameínas* procede del verbo *paraméno*, una palabra compuesta *(pará* = «junto a», «al lado de» y *méno* = «permanecer»)* que significa «permanecer al lado de, o junto a, una persona u objeto». Este participio va íntimamente ligado al que aparece al principio del versículo y se tradujo «el que mira atentamente» *(ho parakýpsas)*. De modo que hay dos características importantes que marcan la actitud del hacedor de la palabra: (1) mira con atención hasta el punto de encorvarse para observar y (2) permanece junto a lo que está observando, o sea, no tiene prisa por retirarse. Es por ello por lo que no es oidor olvidadizo o, como dice el original, no es un oidor al que le falla la memoria *(ouk akroateìs epilesmoneîs)*. Santiago describe al hombre que no es un oidor olvidadizo como un **«hacedor de la obra»** (v. *25d, poieteîs érgou)*. **«Sino»** indica un fuerte contraste. La expresión «de la obra» es un genitivo descriptivo. La persona así descrita no es una que se limita a oír ni tampoco un parlanchín, sino alguien conocido por sus hechos.

Finalmente, el apóstol pronuncia una bienaventuranza a favor del hacedor de la palabra. **«Este será bienaventurado en lo que hace»** (v. *25e, hoûtos makários en teî poieísei autoû éstai)*. El uso del pronombre «este» *(hoûtos)* identifica específicamente a la persona de quien se habla. El verbo «será» está en el modo indicativo, señalando la realidad de la bendición prometida. La palabra «bienaventurado» está en una posición enfática. El autor, literalmente, dice: «este, *bienaventurado* en lo que hace será».[100] La enseñanza de esa frase es que la persona es bendecida durante y después de la ejecución de su obra. En conclusión, el que obedece la Palabra de Dios no solo es bendecido en el acto de obediencia, sino más allá aún. Como dice el salmista respecto a los mandamientos del Señor: «en guardarlos hay gran galardón» (Sal. 19:11b). Cristo comparó al hombre que guarda su palabra con el que edifica su casa sobre la roca. No importa lo que venga, su casa no cae (Mt. 7:24-25).

El hacedor de la Palabra evidencia el fruto de la Palabra en la práctica de la religión (1:26-27)

Los versículos 26 y 27 de esta sección resumen de manera muy práctica lo que Santiago ha estado enseñando a partir del versículo 18. La vida del hombre

---

99. BARCLAY, *Santiago, I y II Pedro,* p. 76.
100. Ver el uso de la palabra «bienaventurado» *(makários)* en 1:12 y el comentario de dicha expresión que aparece en la nota 41 de este capítulo.

en la sociedad antigua se centraba en su religión. Babilonios, asirios, cananeos, persas, griegos, romanos, egipcios y muchos otros pueblos participaban de una sociedad politeísta. Los judíos, por otra parte, se consideraban religiosamente superiores por ser monoteístas y por ser depositarios del Canon Sagrado. El apóstol Santiago, sin embargo, enfoca aquí el tema de la práctica religiosa. Así como no es suficiente ser oidor de la Palabra, tampoco lo es decir que uno es religioso; es necesario demostrarlo de una manera genuina y concreta.

«Si alguno se cree religioso entre vosotros» (v. 26a, *eí tis dokeî threskós eînai*). Esta frase es una condicional simple en la que se asume que lo dicho es cierto. La palabra «religioso» *(threskós)* es de etimología incierta.[101] Se usa con referencia a la persona ocupada en la observancia religiosa. De ahí su significado de «pío», «devoto» o «religioso». Algunos eruditos sugieren que dicha palabra se refiere a «la observación externa de la adoración pública, tal como la asistencia al culto, limosnas, oración, ayuno (Mt. 6:1-18).[102] La palabra «religión» *(threskeía)* que aparece al final del versículo, como puede observarse, procede de la misma raíz que el vocablo «religioso». Ambos términos, «religioso» y «religión», tienen que ver con cultos devocionales o con prácticas religiosas en sí. Según Hiebert, el vocablo *religión* «denota una práctica celosa y diligente de aspectos externos y ceremoniales de la adoración».[103] La enseñanza concreta del pasaje no se centra en una prohibición de la práctica religiosa, sino en una demostración cabal de la misma. Santiago no está diciendo que es pecaminoso ser religioso. Lo que sí está diciendo es que ser religioso no significa teorizar sobre la religión (cualquiera que esta sea). Ser religioso significa vivir una ética que armonice con las demandas de la Palabra de Dios. Solo la ética religiosa expuesta en la Biblia presenta el orden correcto de prioridades: Dios primero, el prójimo segundo, y finalmente yo. El que solo habla de su religión sin vivirla a través de hechos concretos está practicando una religión vacía y engañando a su propia persona.

«La religión pura y sin mancha delante de Dios el Padre es esta» (v. 27a, *threskeía katharà kaì amíantos parà toî theoî kaì patrì haúte estín*). Los primeros lectores de la Epístola de Santiago eran, sin duda, gente religiosa. Seguramente, por muchos años habían practicado el judaísmo y es posible que algunos de cierto modo continuasen aún dentro de la esfera judaica.[104] La religión revelada en el Antiguo Testamento había sido amalgamada con las tradiciones de los escribas, fariseos y rabinos. Para estos, la religión se había convertido en un fin en

---

101. Robertson, *Word Pictures*, III, p. 24.
102. *Ibíd.*
103. Hiebert, *James,* p. 105.
104. El judaísmo como religión había adquirido un formalismo exagerado. Fue contra ese formalismo y mecanismo religioso contra el que Jesús pronunció sus más duros ataques. Ver Mateo 23.

sí, y no en un medio para glorificar a Dios. Santiago habla de una religión «pura» *(katharà) y* «sin mancha» *(amíantos).* «Pura» en el sentido de ser limpia, y «sin mancha» en el sentido de ser libre de contaminación. Nótese que el apóstol usa a Dios como el criterio para juzgar la calidad de la práctica religiosa: «Delante de Dios el Padre» *(parà toî theoî kaì patrì).* No es el hombre quien determina si una práctica religiosa es correcta. Solo Dios puede emitir tal juicio.

Santiago menciona dos manifestaciones prácticas de la religión «pura» y «sin mancha»: (1) **«visitar a los huérfanos y a las viudas en sus tribulaciones»**, y (2) **«guardarse sin mancha en el mundo»** (v. 27b). El verbo «visitar» *(episképtesthai)* significa «estar al cuidado de algo», «inspeccionar», «examinar visualmente», «visitar con el propósito de ayudar, beneficiar o consolar». Los huérfanos y las viudas *(orphanoús kaì cheíras)* son objetos del cuidado especial de Dios, tanto en el Antiguo como en el Nuevo Testamento. «Padre de huérfanos y defensor de viudas es Dios en su santa morada» (Sal. 68:5).[105] Es posible que ningún otro grupo social sufra mayores privaciones que las viudas y los huérfanos. Jesús acusó a los fariseos de devorar a las viudas (Mr. 12:40) y bendijo a la viuda de Naín devolviéndole a la vida a su hijo único (Lc. 7:11-17).[106] La expresión «en sus tribulaciones» se refiere a la esfera total de las necesidades de las viudas y los huérfanos. Estas personas sufren opresión y aflicción física, pero también padecen necesidades espirituales y emocionales. Cualquiera que sea la naturaleza de la tribulación, deben ser asistidos. Las viudas, los huérfanos y los extranjeros son los estamentos más vulnerables en cualquier sociedad.

La primera de las dos manifestaciones prácticas de la verdadera religión tiene que ver con el servicio a otros, es decir, con el cuidado hacia el prójimo. La segunda tiene que ver con la pureza personal: «guardarse sin mancha en el mundo». El texto original lo expresa aún más enfáticamente: **«Sin mancha a sí mismo guardar del mundo»** (v. 27c). La palabra «sin mancha» es compuesta *(a =* sin; *spílos =* mancha) y se usa en referencia a Cristo en 1 Pedro 1:19 («Cordero sin mancha»), y con relación al creyente que espera la venida del Señor (2 P. 3:14; ver también 1 Ti. 6:14). Dicho vocablo significa «intachable», «libre de censura», «libre de todo vicio». El verbo «guardar» es un presente activo del modo infinitivo. La idea expresada por dicha forma verbal es una acción continua o sin interrupción. El uso del pronombre reflexivo «a sí mismo» *(eutón)* sugiere la responsabilidad humana. No debe dudarse del cuidado de Dios, pero el creyente debe cuidarse a sí mismo. La expresión «del mundo» *(apò toû kósmou)* señala hacia la fuente de la contaminación. La referencia no es al mundo

---

105. La Biblia menciona varios ejemplos del cuidado hacia los huérfanos y viudas (ver Éx. 22:22; Dt. 10:18; Is. 1:17; 10:2; Jer. 5:28; Zac. 7:10; Hch. 6:1; 1 Ti. 5:3-5, 9).

106. Es interesante notar que la resurrección del hijo de la viuda de Naín era considerado como que «Dios ha visitado a su pueblo» (Lc. 7:16).

material, sino al sistema mundial influido por Satanás. El creyente está en el mundo, pero no pertenece al mundo (Jn. 17:11, 16). Debe relacionarse con los seres humanos con el fin de evangelizarlos (1 Co. 5:10), pero no debe amar las cosas de este mundo (1 Jn. 2:15-17).

Resumen

El apóstol Santiago ha enfocado en 1:2-27 tres áreas importantes relacionadas con el ejercicio de la fe viva por parte del creyente. Primeramente (1:2-12), la fe viva en el creyente ha sido presentada en relación con las pruebas. El apóstol expresa que las pruebas tienen un origen divino. Dios las usa en la vida del creyente para madurar su carácter. En segundo lugar, Santiago se centra en la cuestión de las tentaciones. Enfáticamente, expresa el apóstol que las tentaciones no se originan en Dios, sino en el corazón pecaminoso del hombre (sin negar, por supuesto, la intervención satánica). Pero cuando el creyente de fe viva se enfrenta a las tentaciones, el resultado es firmeza y bendiciones de parte de Dios. Finalmente, Santiago presenta la relación entre el creyente y la Palabra de Dios (1:19-27). Cuando el creyente de fe viva se enfrenta a la Palabra de Dios, el resultado es frutos que glorifican al Señor. El hijo de Dios es llamado a ser hacedor y no solo oidor de la Palabra. Además, es llamado a manifestar una ética religiosa con base bíblica. Esa ética tiene un aspecto social y fraternal, pero también otro aspecto personal.

8

La fe viva produce imparcialidad y buenas obras (2:1-26)

La Epístola de Santiago enseña una ética cristiana a carta cabal y establece que una relación correcta con Dios redundará en una relación correcta con el prójimo. En el segundo capítulo de su epístola, el apóstol Santiago enfatiza la importancia del trato imparcial hacia otras personas (2:1-13), así como la demostración de una fe viva y dinámica mediante las buenas obras que glorifiquen a Dios (2:14-26).

EL HOMBRE DE FE VIVA PRACTICA LA IMPARCIALIDAD (2:1-13)

Traducción

Hermanos míos, no tengáis la fe en nuestro glorioso Señor Jesucristo [como instrumento] de favoritismo. Porque si entrase en vuestra sinagoga un hombre con anillo de oro y con vestido lujoso y también entrare un pobre con vestido andrajoso y dieseis especial atención al que viste con ropa lujosa y decís «tú siéntate aquí en el buen lugar» y decís al pobre «tú permanece de pie o siéntate allá debajo de mi estrado», ¿no habéis discriminado entre vosotros mismos y os habéis convertido en jueces con malos pensamientos? Escuchad, amados hermanos míos, ¿no escogió Dios a los pobres [según] el mundo [para ser] ricos en fe y herederos del reino que prometió a los que le aman? Pero vosotros habéis deshonrado al pobre. ¿No os oprimen los ricos y ellos mismos os arrastran a los tribunales? ¿No blasfeman ellos el nombre honorable que ha sido invocado sobre vosotros? Si en verdad cumplís la ley real según la Escritura: Amarás a tu prójimo como a ti mismo, bien hacéis. Pero si hacéis acepción de personas, cometéis pecado, siendo redargüidos por la ley como transgresores. Porque cualquiera que guardase toda la ley, pero tropezare en un punto, se ha hecho culpable de todos. Porque el que dijo «no adulteres», también dijo «no cometas homicidio». Pero si no adulteras, pero cometes homicidio, te has vuelto transgresor de la ley. Así hablad y así haced, como quienes habéis de ser juzgados mediante la ley de la libertad. Porque el juicio [es] sin misericordia para el que no mostró misericordia. La misericordia triunfa sobre el juicio.

En este párrafo, Santiago da cuatro razones fundamentales de por qué el creyente debe de practicar la imparcialidad: (1) es congruente con la fe viva y dinámica, (2) armoniza con los propósitos electivos de Dios, (3) es congruente con el mandamiento específico de las Escrituras y (4) guarda relación con el juicio venidero.

La imparcialidad es congruente con la fe viva porque da prioridad a las cualidades internas de la persona (2:1-4)

«Hermanos míos» (v. 1a, *adelphoí mou*) es una frase que se usa repetidas veces a través de esta epístola para indicar (1) la íntima relación de Santiago con los lectores de la Epístola, (2) la transición a un nuevo asunto (ver 1:19; 2:5, 14; 3:1 y 5:7). En cada caso en que aparece dicha expresión, lo que sigue es una exhortación enfática respecto al comportamiento de los creyentes. Santiago, indudablemente, mezcla el afecto fraternal con la firmeza pastoral de una manera estupenda.

«No tengáis la fe en nuestro glorioso Señor Jesucristo [como instrumento] **de favoritismo»** (v. 1b). El verbo «tengáis» *(échete)* es el presente activo imperativo de *échô* (tener), precedido de la negación *meî* (no). La idea es que los creyentes ya estaban realizando la práctica del favoritismo. El apóstol les pide que cesen de hacer lo que han estado haciendo. La exhortación, sin duda, tiene relación con la enseñanza tocante a la «religión pura y sin mancha» que aparece al final del capítulo 1. La religión del cristiano está basada en su fe personal en «el Señor Jesucristo, el Señor de la gloria». La enseñanza que el apóstol desea comunicar es que el favoritismo es incompatible con la fe en el Señor Jesucristo.

La expresión «favoritismo» (RVR-60, «acepción de personas») es una palabra compuesta en el texto original. Es la unión de los vocablos: *prósopon* (rostro) y *lambáno* (tomar, alzar, capturar). De modo que, literalmente, dicha palabra significa «alzar el rostro de una persona», o sea, mostrarse favorable o parcial hacia alguien.[1] El favoritismo es condenado en las Escrituras porque pasa por alto la justicia y el mérito, actuando de manera impropia.

---

1. La idea aparece expresada en Levítico 19:15 y Salmos 82:2. Evidentemente, Santiago usa el equivalente al hebreo *panim nasa*.

El apóstol identifica al «Señor Jesucristo» como «la Gloria». En 1 Corintios 2:8, Pablo se refiere a Cristo como «el Señor de la gloria». Hace más de dos siglos, el expositor alemán John Albert Bengel escribió:

> La gloria es Cristo mismo. Es así como Santiago lo declara ser el Hijo de Dios, y proclama su resurrección de los muertos, como convenía a un após- tol. Cristo es la gloria; y, por lo tanto, la fe en Él es gloriosa, y los fieles son gloriosos. Esa gloria de los fieles excede los honores del mundo; nadie que haga acepción de personas reconoce tal cosa.[2]

El Señor Jesucristo, el cual es la gloria, condescendió hasta hacerse hombre y sufrir muerte de cruz.[3] Usar la fe en Cristo para practicar el favoritismo y la parcialidad es pasar por alto la misma persona de nuestro Señor, quien «por amor a vosotros se hizo pobre, siendo rico, para que vosotros con su pobreza fueseis enriquecidos» (2 Co. 8:9).

Aquel que se humanó y se humilló hasta la muerte es la gloria en persona.[4] Jesucristo es el revelador de la gloria de Dios. «Bendito Jehová Dios, el Dios de Israel, el único que hace maravillas, bendito su nombre glorioso para siempre. Y toda la tierra sea llena de su gloria. Amén y amen» (Sal. 72:18-19). Él regresará a la tierra «con poder y gran gloria» (Mt. 24:30*c*).

Resumiendo, el apóstol Santiago condena enfáticamente la práctica de la discriminación, particularmente entre creyentes, y demanda que dicha acti- tud cese de inmediato. El apóstol expresa que el favoritismo es incongruente con la lealtad que el cristiano debe al Señor Jesucristo, el cual es el Señor de la gloria. Estimar a una persona por encima de otra, o dar mayor consideración a aquel que está más alto en la escala social, es una negación de la fe cristiana y una contradicción flagrante del versículo que dice: «No hagáis distinción de personas en el juicio; así al pequeño como al grande oiréis; no tendréis temor de ninguno, porque el juicio es de Dios...» (Dt. 1:17).

Seguidamente, Santiago presenta una ilustración del favoritismo que debe ser evitado por los creyentes. En su característico estilo descriptivo, el apóstol narra lo que podría pasar en una congregación. **«Porque si entrase en vues-**

---

2. John Albert BENGEL, *New Testament Commentary*, II, p. 703.

3. La expresión «la gloria» *(tes doxes)* está en aposición con «el Señor Jesucristo» *(toe kuriou Iesou chris- tou).*

4. En el Antiguo Testamento, la presencia de Jehová se manifestó en el tabernáculo de reunión (Éx. 40:34) en la forma de una nube y se dice que «la gloria de Jehová llenó el tabernáculo». En Levítico 9:6, 23 se menciona la aparición al pueblo de Israel de la gloria de Jehová. Ezequiel se refiere a la partida de la gloria de Dios (Ez. 8:4; 9:3; 10:4, 18) a causa del juicio de Dios sobre Israel. Pero también se menciona el regreso futuro de la gloria al pueblo de Israel (Is. 40:5; 60:1-2; Ez. 43:2, 4-5; 44:4). Varios pasajes del Nuevo Testamento identifican a Cristo como «la gloria» (ver Ro. 9:4; 2 Co. 4:6; He. 1:3).

tra sinagoga» (v. *2a, eàn gàr eisélthei eis synagogeín hymôn).* El autor está expresando una condición futura, con una considerable probabilidad de su cumplimiento.[5] El caso descrito de la ilustración, sin embargo, *no era ajeno* al conocimiento de los lectores.[6]

La expresión «vuestra sinagoga» *(synagogeín hymôn)* se refiere a un sitio de reunión para la adoración.[7] Dicha palabra era de uso frecuente en los Evangelios (Lc. 4:15; 12:11 y muchos más). En la Septuaginta, el vocablo *sinagoga* traducía la palabra hebrea *ehdáh* (reunión) y enfatiza a la congregación en sí más que el lugar de reunión.[8] Es evidente, sin embargo, que Santiago se está refiriendo a una asamblea de creyentes cristianos, ya que la Epístola en sí está dedicada a cristianos.[9] Debe recordarse, además, que, como hebreos, los lectores de la carta debían de estar bien compenetrados con la expresión «sinagoga» y que posiblemente usaban aún dicho vocablo con referencia a sus reuniones como iglesia cristiana.

«Un hombre con un anillo de oro *y* **vestido lujoso»** (v. 2b, *anér chrysodáktylios en estheîti lampraî).* Esta frase describe a una persona de la alta sociedad en aquellos tiempos. La expresión «anillo de oro», literalmente, significa «dedo de oro» *(chrýsos,* «de oro», y *dáctylos,* «dedo»). «La expresión no sugiere solo un anillo, sino más bien un dedo cargado de anillos de oro».[10] Las personas ricas usaban anillos de oro como símbolo de su categoría social. El hombre descrito en el pasaje, sin embargo, se distingue por llevar varios anillos en un dedo, indicando así que estaba por encima aun de los ricos de su tiempo. Pero, además, se le describe vestido lujosamente. La palabra *lampraî* significa algo brillante o resplandeciente (Lc. 23:11; Hch. 10:30; Ap. 18:14) *y enfatiza el carácter* lujoso o atractivo del vestido.

«Y también entrare un pobre con vestido andrajoso» (v. 2c, *eisélthei de kaì ptochós en ryparaî estheîti).* El contraste no podría expresarse con mejores detalles: dos hombres de apariencia totalmente distinta podrían hacer su entrada en una congregación cristiana. El primero es un rico lujosamente vestido, que luce sus joyas de oro. El segundo es «un pobre» *(ptochós),* o sea, desposeído de bienes materiales. Este hombre pobre viste ropas andrajosas y su apariencia física manifiesta que su nivel social es de lo más bajo.[11] Su vestimenta es descrita

---

5. Ver DANA y MANTEY, *Gramática griega del Nuevo Testamento,* pp. 280-284.
6. Edmond HIEBERT, *The Epistle of James,* p. 150.
7. Sinagoga es una palabra compuesta: *syn* = «con» o «junto con», y *ágo* = «guiar» o «traer». La idea fundamental en dicho vocablo es una reunión o una asamblea.
8. W. WHITE JR., «Synagogue», *The Zondervan Pictorial Encyclopedia of the Bible,* V, pp. 554-567.
9. El uso de la palabra «sinagoga» con referencia al lugar de reunión de cristianos favorece una fecha temprana para la Epístola de Santiago.
10. HIEBERT, *James,* p. 151.
11. En el Antiguo Testamento se usan varias palabras que se traducen «pobre» en castellano: (1) *Ebyón*

como «sucia», «andrajosa», «mal oliente» *(ryparai)* en contraste con el vestido «lujoso» o «espléndido» del rico.

Con la destreza de un consumado artista, Santiago ha pintado el cuadro de la posible entrada en la asamblea de dos personas totalmente distintas en apariencia física. ¿Cuál ha de ser la actitud de la iglesia y, en particular, de sus líderes? **«Y dieses especial atención al que viste con ropa lujosa»** (v. *3a, epiblépseite dé epì tòn foroûnta teìn estheîta teìn lampràn*). El verbo *epiblépsete* es un aoristo subjuntivo, compuesto de *epí* («sobre», «encima»), y *blépo* («mirar»). El aoristo subjuntivo casi siempre realiza una función de futuro. La idea expresada por dicho verbo es la de «mirar favorablemente» (ver Lc. 1:48; 9:38), esto es, con una actitud preferencial. La forma plural del verbo sugiere que la congregación en pleno fijó su atención en el hombre de ropa espléndida y dio su aprobación a que se le diese un lugar de honor sobre la base de su apariencia externa.

«Y dijerais: tú siéntate aquí en el buen lugar» (v. *3b, kaì eípeite, sy káthou hôde kalôs*). Santiago continúa describiendo el posible caso, usando otro verbo en el modo subjuntivo: «y dijerais» significa que el que habla expresa el sentir de toda la congregación. «Tú» es enfático por ser colocado al principio de la oración y por ser pleonástico, es decir, gramaticalmente no es necesario para comprender la oración. Dicho pronombre significa que el que preside se dirige directamente a la persona que ha entrado. La petición es que se siente «en el buen lugar», es decir, que ocupe el sitio reservado para personas honorables.

La cortesía y la deferencia mostradas al rico contrastan con la indiferencia y la discriminación con que el pobre es recibido. **«Y dijerais al pobre»** (v. *3c*). El texto original enfatiza la expresión «al pobre».[12] La apariencia externa es el criterio usado para marcar la diferencia entre los dos hombres. De una manera abrupta se le dice al pobre: «Tú permanece de pie o siéntate allá debajo de mi estrado». El comentarista inglés, C. Leslie Mitton, lo ha expresado así:

En contraste, el pobre recibe un trato muy secundario. Como si se pensase que cualquier cosa le vendría bien, porque es pobre. Se le dice que puede

---

se usa con referencia a quienes tienen muy pocos o ninguno de los bienes terrenales y están sujetos a opresión o abuso (Éx. 23:6, 11; Dt. 15:11; Am. 2:6; 5:12). (2) *Dal* aparece con frecuencia en los libros de sabiduría y se refiere a aquellos cuya situación ha empeorado a causa de la opresión (Job 20:19; Am. 4:11). También se usa para contrastarlo con los ricos (Éx. 10:15; Pr. 28:11). (3) *Ani* es la palabra que se usa con mayor frecuencia para describir al pobre y menesteroso. A estos se les debe derecho a espigar en los campos (Lv. 19:10; 23:22). También son aquellos de quienes Dios se apiada (Is. 49:13), a los que salva (Sal. 34:6) y libra (Sal. 35:10). En el Nuevo Testamento, la palabra más frecuentemente usada para describir al pobre es *ptochós* (31 veces). Jesús se preocupó de los pobres. Es más, Él se hizo pobre (2 Co. 8:9). La iglesia primitiva demostró su preocupación por los pobres (Hch. 2:45; 4:34) y Pablo se refiere a la exhortación recibida por él y Bernabé a no olvidarse de los pobres (Gá. 2:10).

12. El texto original dice: «y *al pobre* dijerais», enfatizando el hecho de que el pobre recibe el trato mencionado por ser lo que es.

permanecer de pie, si lo desea, o, si tiene que sentarse, tiene que conformarse con el suelo.[13]

El caso presentado por Santiago es una ilustración de lo que podría ocurrir a una congregación cristiana que pierde de vista el objetivo de la fe viviente. Cuando eso ocurre, el resultado inevitable se manifiesta en el trato hacia otras personas. Por eso el apóstol subraya que la fe en Cristo no debería usarse como instrumento de favoritismo. Recuérdese que Cristo trató a Nicodemo y a la mujer samaritana con la misma cortesía y deferencia. Cristo no discriminó a la multitud de pobres que se acercaban a Él.

Santiago concluye el argumento de su ilustración con una pregunta retórica pero penetrante. Recuérdese que, en el versículo 2, el apóstol introduce por medio de una oración condicional un caso hipotético de lo que muy bien podría ser la experiencia de los creyentes a quienes escribe. Si la hipótesis se convierte en realidad, dice Santiago: «¿No habéis discriminado entre vosotros mismos y os habéis convertido en jueces con malos pensamientos?».

El uso de la partícula negativa con que comienza la pregunta sugiere que los lectores tienen que admitir que la evaluación hecha por el apóstol es correcta. La respuesta a dicha pregunta tiene que ser positiva. El verbo **«habéis discriminado»** (v. 4*a*, *diekrítheite*) es un aoristo gnómico del modo indicativo y voz pasiva.[14] El mencionado verbo es una palabra compuesta *(día* «a través», con la idea de separación, y *kríno* «separar», «escoger», «juzgar») cuyo significado según el contexto es «separar o dividir entre dos», «discriminar» o «hacer distinción». Discriminar, según Santiago, es actuar incongruentemente en relación con la fe cristiana. La práctica del favoritismo contradice la ética de la Biblia. Dios manda tratar a todos por igual.

La expresión **«entre vosotros mismos»** (v. 4*b*, *en eautôis*) sugiere una actitud vacilante y propicia para la división interna de la congregación. La práctica de la parcialidad coloca a los miembros de la congregación en lucha contra ellos mismos. **«Y os habéis convertido en jueces con malos pensamientos»** (v. 4*c*, *kaì egénesthe kritaí dialogismôn ponerôn)* es el corolario de discriminar en base a la apariencia externa, sin tener en cuenta las cualidades intrínsecas de la persona. Santiago los llama «jueces con malos motivos» porque han juzgado de manera superficial. Es decir, han llegado a una conclusión antes de conocer a fondo el objeto de juicio.

Hacer juicio no es en sí pecaminoso, pero pronunciar un veredicto antes de examinar las evidencias sí lo es. El caso propuesto por Santiago ilustra tal acción.

---

13. Mitton, *The Epistle of James*, p. 83.
14. Para una explicación del aoristo gnómico, ver Dana y Mantey, *Gramática griega del Nuevo Testamento*, p. 190.

La congregación pronuncia juicio sobre la base de la apariencia externa de los dos visitantes. Da el lugar de honra a uno y el de deshonra al otro, olvidando que, junto a la cruz, todos los hombres están al mismo nivel.

La práctica de la imparcialidad es congruente con los propósitos electivos de Dios (2:5-7)

El creyente ha de practicar la imparcialidad, no solo porque es congruente con la fe genuina, sino también porque lo es con los propósitos electivos de Dios. Dios no escoge sobre la base de lo externo, sino teniendo en cuenta el aspecto intrínseco de la persona (2:5, 6, 7).

«Escuchad, amados míos» (v. *5a, akoúsate, adelphoí mou agapeitoí*). El apóstol llama la atención de sus lectores con un aoristo imperativo, «escuchad», que contiene la idea de urgencia. Pero al mismo tiempo mantiene su tono pastoral, llamándolos «amados hermanos míos». Esta es una gran combinación que el apóstol usa a través de su carta, demostrando su gran equilibrio didáctico y su amor pastoral.

Santiago usa otra pregunta retórica a la que se espera una respuesta positiva: **«¿No escogió Dios?»** (v. *5b, ouk ho theós exeléxato*). El verbo «escogió» es un aoristo en la voz media y en el modo indicativo.[15] Dios ha hecho la elección en conformidad con su soberana voluntad. Pablo lo expresa diciendo:

> Sino que lo necio del mundo escogió [*exeléxato*] Dios, para avergonzar a los sabios; y lo débil del mundo escogió [*exeléxato*] Dios, para avergonzar a lo fuerte; y lo vil del mundo y lo menospreciado escogió [*exeléxato*] Dios, y lo que no es, para deshacer lo que es (1 Co. 1:27-28).

La elección divina es soberana. Dios escoge para su gloria. La elección divina es «atemporal» (antes de la fundación del mundo) y es «en amor» (ver Ef. 1:3-4). El hombre no posee derechos personales que influyan en la elección.

«A los pobres [según] el mundo [para ser] ricos en fe y herederos del reino que prometió a los que le aman» (v. *5c*). En contraste con la actitud de parcialidad en la ilustración de los versículos 2 al 4, el apóstol presenta el actuar de Dios en la elección.

La elección divina no significa que todos los pobres serán salvos, pero sí asegura que la pobreza no los coloca en una desventaja espiritual en

---

15. El verbo *eklégo* es una palabra compuesta: *ek* = «afuera«, y *légo* = «hablar, decir, designar». La idea que dicha palabra encierra es la de «designar», «escoger». El tiempo aoristo indica el hecho realizado. La voz media sugiere que el sujeto realiza la acción para su propio beneficio, y el modo indicativo señala la realidad del hecho.

comparación con el rico. Ellos [los pobres] están en mejor posición que el rico para comprender el propósito salvífico de Dios y ser así atraídos a Él. Tampoco implica su elección que haya mérito alguno en la pobreza; su elección para salvación se debe a un acto inmerecido de la gracia de Dios.[16]

Los pobres mencionados por Santiago son pobres «según el mundo». Es decir, a la vista y estimación del mundo, según el criterio de los hombres o de la sociedad son clasificados como pobres. Estos son los *pobres* de los que el escritor de la carta a los Hebreos dice que «el mundo no era digno» (He. 11:37-38).

«Ricos en fe» (v. 5d, *plousíous en pístei*). Estos pobres no son ricos en fe a causa de su pobreza, sino como resultado de su elección divina. Aunque no tienen los bienes materiales de los poderosos, han sido enriquecidos con los tesoros celestiales y con el don precioso de la salvación.[17] De modo que son poseedores de lo que no se puede comprar con oro ni con plata (1 P. 1:18). La fe es, en realidad, un don de Dios (ver Ef. 2:8-9).

«Y herederos del reino que prometió a los que le aman» (v. 5e). Ninguna enseñanza es más prominente en la Biblia que la del reino de Dios. El reino de Dios puede definirse de manera amplia como «el gobierno de Dios sobre su creación».[18] La soberanía de Dios es presentada en la Biblia en varios aspectos. De igual manera, la Escritura presenta varias perspectivas del reino de Dios. A veces se presenta como algo que siempre ha existido (Sal. 10:16), pero también como algo que tiene un comienzo histórico (Dn. 2:44). Hay pasajes que presentan el carácter universal del reino de Dios (Sal. 103:19), mientras que otros presentan su carácter local (Is. 24:23). Aunque el reino de Dios en su aspecto universal y eterno ha existido siempre, el Señor enseñó a sus discípulos a orar diciendo: «venga tu reino» (Mt. 6:10).

En el sermón del monte, Jesús dijo: «Bienaventurados los pobres en espíritu, porque de ellos es el reino de los cielos» (Mt. 5:3). El apóstol Pablo dice que «hemos sido librados de la potestad de las tinieblas y trasladados al reino de su amado Hijo» (Col. 1:13). Sin embargo, la realidad de un reino mesiánico escatológico es enseñada en las Escrituras con suma claridad (Is. 2:1-22; 9:1-7; 11:1-16; 24:23; 33:17-24; 35:1-10; Dn. 7:13-14, 22-27; Mi. 4:1-13; Zac. 14:1-21; Mt. 25:31-34; 2 Ti. 4:1-2; Ap. 20:1-6). También las epístolas neotestamentarias presentan la idea de un reino futuro que será heredado por los creyentes (1 Co. 6:9-10; 15:50; Gá. 5:21; Ef. 5:5).

Aunque la Iglesia es un aspecto del reino de Dios, ciertamente no es el reino mesiánico escatológico. El apóstol Santiago parece estar refiriéndose al reino

---

16. HIEBERT, *James*, p. 157.
17. TASKER, *The General Epistle of James*, pp. 58-59.
18. Alba J. McCLAIN, *The Greatness of the Kingdom*, p. 19.

futuro aquí en 2:5, y no a la Iglesia como tal. En el reino mesiánico no habrá favoritismo ni discriminación contra los pobres que, por fe, serán herederos de dicho reino. Serán herederos porque tienen una relación personal con el Rey Cristo Jesús y lo demuestran amando al Señor. El reino del Mesías será un reino de justicia. El nombre del Mesías será: «Jehová, justicia nuestra» (Jer. 23:6).

El reino prometido *(epeiggeílato)* será establecido en su plenitud cuando el Señor regrese a la tierra por segunda vez (2 Ti. 4:1). La promesa se cumplirá porque Dios es fiel a su palabra, su pacto y su juramento. Los beneficiarios de las bendiciones del reino no serán en particular ni los ricos ni los pobres, sino «los que le aman» *(toîs agapôsin autón)*. Los herederos del reino se caracterizan por amar al Soberano. La condición *sine qua non* para entrar en el reino del Mesías es el nuevo nacimiento (Jn. 3:3, 5).

Los versículos 6 y 7 resumen la actitud incongruente de aquellos creyentes (y por aplicación, de muchos hoy día). **«Pero vosotros habéis deshonrado al pobre»** (v. 6*a*, *huméis de eitimásate ton ptochón*). La partícula conjuntiva *dè* («pero») marca el contraste entre la actitud de Dios hacia los pobres y la de la congregación cristiana. El pronombre «vosotros» *(humêis)* es enfático, ya que gramaticalmente no es necesario en la oración.[19] Es como si Santiago dijese «Dios hizo esto» pero «vosotros habéis hecho esto otro». El verbo «deshonrado» *(eitimásate)* está en el tiempo aoristo, voz activa y modo indicativo expresando una realidad. En el acto de descortesía y discriminación, la congregación había demostrado una actitud de desprecio hacia el hombre pobre. Aquellos que Dios «ha elegido» han sido «deshonrados» por los que profesan conocer a Dios. La congregación había dado un trato vergonzoso al pobre que había hecho su entrada en la sinagoga. El maltrato no había sido físico, pero sí moral, emocional y espiritual.[20]

«¿No os oprimen los ricos y ellos mismos os arrastran a los tribunales?» (v. 6*b*). Esta es una pregunta doble que demanda una respuesta positiva. La palabra «ricos» *(ploúsioi)* se usa en el Nuevo Testamento, la mayoría de las veces, para describir a personas ricas en bienes materiales (Mt. 19:23-30; 27:57; Lc. 6:24; 12:16; 14:12; 16:1; 1 Ti. 6:17; Ap. 3:17; 13:16). También se usa en 2 Corintios 8:9 y Apocalipsis 2:9 con referencia a riquezas espirituales. La Palabra de Dios condena de manera rotunda a aquellos que hacen de las riquezas materiales un Dios. Pablo afirma que «el amor al dinero es la raíz de todos los males» (1 Ti. 6:10). También hace un llamado:

---

19. En el idioma griego, al igual que en castellano, la terminación verbal revela la persona que se está conjugando. De modo que el pronombre se usa para enfatizar y no como necesidad gramatical. Ese uso se llama pleonástico.
20. Ver los distintos usos del verbo *atimázo* («deshonrar») en Marcos 12:4; Lucas 20:11 y Hechos 5:41.

A los ricos de este siglo manda que no sean altivos, ni pongan la esperanza en la incertidumbre de las riquezas, sino en el Dios vivo, que nos ofrece todas las cosas en abundancia para que las disfrutemos» (1 Ti. 6:17, RVR-1977).

Santiago usa la expresión «los ricos» con referencia a una *clase* social, no para indicar a todo individuo que posee riquezas. Hay ejemplos en la Biblia de hombres ricos piadosos, tales como Bernabé, José de Arimatea y Nicodemo. La Biblia dice que Abraham era inmensamente rico (Gn. 13:2), pero no puso sus riquezas por encima de Dios. Dios no condena al rico por ser rico, sino por ser injusto y falto de misericordia hacia los pobres, y por adorar a sus riquezas. Las riquezas deben usarse para glorificar a Dios y no para oprimir a los pobres.

El pasaje bajo estudio tiene una aplicación muy práctica para la situación presente. Vivimos en un mundo de grandes desequilibrios sociales y profundas diferencias culturales. No es difícil para el pueblo de Dios practicar el favoritismo y la parcialidad, usando una escala de valores humanos externos. Es fácil hacer diferencias entre los seres humanos, tomando el criterio materialista que impera en el mundo. Pero el hombre que está en relación correcta con Dios debe hacer uso del criterio de la compasión, el amor, la justicia, y la piedad para tratar a las demás personas. Ese fue el criterio que Cristo usó durante su ministerio terrenal, y el cristiano está en el deber de imitar a su Señor. Aunque la iglesia no es una agencia social, el pueblo cristiano no debe olvidarse de los pobres. El criterio de fe viva debe practicar la justicia social y extender su mano a los pobres de la tierra.

La actitud de los ricos en cuestión es descrita mediante dos expresiones negativas: (1) «os oprimen» y (2) «os arrastran a los tribunales». El verbo «oprimen» *(katadynasteúousin)* es una palabra compuesta *(katá* = «hacia abajo», *dýnastes* = «potentado», «príncipe»)* que presenta o describe a «un potentado ejerciendo su poder sobre los que están a su merced de una manera ruda y opresiva».[21] La Septuaginta usa el mencionado verbo para traducir las palabras hebreas *a'Sháq* y *yanáh*. Estas expresiones se usan frecuentemente con referencia a la opresión económica y social de los ricos hacia los pobres (Dt. 23:16; 24:14; Os. 12:7; Am. 4:1; Mi. 2:1-2; Zac. 7:10). En el Nuevo Testamento, este verbo aparece dos veces solamente, a saber, Hechos 10:38, donde dice que Jesús anduvo «haciendo el bien y sanando a todos los oprimidos por el diablo», y el pasaje bajo estudio. Dicho vocablo es usado por el autor anónimo de la Epístola a Diogneto, el cual describe la persecución a que eran sometidos los cristianos primitivos:

Obedecen las leyes existentes y sobrepasan con sus vidas las leyes. Aman a todos, pero todos los persiguen. Son desconocidos, pero son condenados.

---

21. HIEBERT, *James.* p. 160.

Son muertos, pero devueltos a la vida. Son pobres, pero enriquecen a muchos. Les falta todo, pero en todo abundan.[22]

Debe reconocerse que muchos cristianos y no cristianos continúan siendo víctimas aún en nuestros días, tanto de poderes políticos, sociales y económicos como religiosos. Las minorías cristianas continúan siendo perseguidas o discriminadas en muchas partes del mundo. Sin embargo, aun en los países más hostiles al cristianismo, muchos líderes reconocen que los cristianos son ciudadanos ejemplares, no obstante los persiguen a causa de la intolerancia religiosa y política. El fanatismo religioso ha causado la muerte de muchos cristianos.

La segunda expresión negativa: **«os arrastran a los tribunales»** (v. 6*b*, *hélkousin hymâs eis kriteíria*) es una frase que expresa violencia. El verbo «arrastrar» *(helkúo)* se usa en Hechos 16:19, donde dice que Pablo y Silas «fueron arrastrados hasta la plaza pública, ante las autoridades», y también en Hechos 21:30, cuando el apóstol Pablo fue apresado y «le arrastraron fuera del templo».

El apóstol Santiago señala el hecho de que los ricos por sí mismos, o sea, personalmente *(kaì autoì)* estaban arrastrando a los creyentes ante los tribunales. La persecución a la que Santiago hace referencia no parece ser de origen religioso, sino más bien social. Los ricos tenían control de los tribunales *(kritería)*[23] y los pobres sufrían las injusticias de jueces que habían sido sobornados. Era incongruente en sumo grado que miembros de una congregación cristiana mostrasen parcialidad hacia los miembros de la clase opresora de los pobres. Lo menos que debían hacer era mostrar imparcialidad hacia todos, ya fuesen ricos o pobres.

El versículo 7 contiene la última de cuatro preguntas retóricas formuladas por Santiago. Todas estas preguntas comienzan con un «no», indicando así que el autor espera una respuesta positiva de parte de sus lectores. **«¿No blasfeman ellos el buen nombre que fue invocado sobre vosotros?»** (v. 7*a*). El verbo «blasfeman» *(blasphemoûsin)* está en el presente del modo indicativo, señalando que era algo habitual por parte de aquellos ricos «hablar mal o difamar» acerca del Señor.[24] La expresión «el buen nombre» *(to kalòn ónoma)* puede significar «el nombre honorable» o «el nombre digno». La referencia es, sin duda, al nombre de Cristo. El «nombre» es usado como símbolo de la persona de nuestro Señor. Su nombre es Jesús, que significa *Salvador* (Mt. 1:21). Pero también es el Cristo que significa «el Mesías», «el ungido». Además, Él es el Señor, el Soberano de

---

22. Philip Schaff, *History of the Christian Church*, II, p. 10.

23. La palabra *kriteíria* (sing. *kriteírion*) «denota el instrumento o evidencia de juicio, el lugar del juicio (tribunal) o el juicio en sí como la suma total de los que juzgan». Ver *Theological Dictionary of the New Testament*, III, p. 943.

24. El verbo «blasfemar» y sus afines aparecen 56 veces en el Nuevo Testamento. «Blasfemar contra Dios equivale a hablar o conducirse de manera injuriosa contra el honor y la santidad de Dios» (*The New International Dictionary of New Testament Theology*, p. 342).

todas las cosas. Al profetizar la venida del Mesías al mundo, Isaías dice: «... y se llamará su nombre: Admirable, Consejero, Dios fuerte, Padre eterno, Príncipe de paz» (Is. 9:6).

Lo más probable es que quienes blasfemaban el nombre del Señor fuesen judíos inconversos que no toleraban que los cristianos llamasen a Jesús «el Mesías». En Hechos 5:40-41 dice que dos apóstoles fueron azotados y conminados a «que no hablasen en el nombre de Jesús». Aquellos apóstoles, sin embargo, «salieron de la presencia del sanedrín, gozosos de haber sido tenidos por dignos de padecer afrenta por causa del Nombre». Mientras que los ricos incrédulos blasfemaban contra el nombre del Señor, los cristianos consideraban un privilegio padecer por Él. ¡Qué paradoja!

«Que ha sido invocado sobre vosotros» (v. *7b, ttò epikleithèn eph'hymâs).* Esa frase también podría traducirse «el nombre por el que sois llamados».[25] Esta segunda posibilidad armoniza con la forma hebrea de referirse al pueblo de Dios: «Y verán todos los pueblos de la tierra que el nombre de Jehová es invocado sobre ti, y te temerán» (Dt. 28:10). Sin embargo, la traducción «que ha sido invocado sobre vosotros» podría referirse a la identificación pública que aquellos creyentes habían hecho con la persona de Cristo mediante el acto del bautismo.[26]

En resumen, el apóstol Santiago afirma que el creyente debe practicar la imparcialidad porque armoniza con los propósitos electivos de Dios. Dios ha elegido a personas pobres, según el criterio del mundo, para que sean ricos en fe y hereden su reino de gloria. La elección divina no se basa en apariencias externas ni en obras humanas, sino en la gracia soberana de Dios. Dios no practica el favoritismo ni la discriminación. Tanto el creyente en lo personal como la congregación en general deben practicar la ética bíblica que no hace acepción de personas.

La práctica de la imparcialidad es congruente con la revelación escrita (2:8-11)

La práctica de la imparcialidad, no tan solo es congruente con los propósitos electivos de Dios, sino que también armoniza con las enseñanzas que Dios ha revelado a su pueblo. La práctica de la imparcialidad armoniza con la enseñanza total de las Escrituras, con el mandamiento específico de la ley y con los preceptos del juicio venidero.

Tanto el Antiguo como el Nuevo Testamento enseñan que «Dios no hace acepción de personas» (Hch. 10:34-35). Judíos y gentiles han sido bendecidos por

---

25. El participio con el artículo definido se refiere a la expresión «el nombre».
26. Mitton, *The Epistle of James,* p. 88.

Dios. Tanto uno como otro, al momento de creer, es bautizado por el Espíritu en el cuerpo de Cristo, la Iglesia. Es sobre esta base que Santiago exhorta a sus lectores a practicar la imparcialidad.

«Si en verdad cumplís la ley real» (v. 8*a, ei méntoi nómon telête basilikón*). La expresión «en verdad» *(méntoi)* aparece ocho veces en el Nuevo Testamento.[27] Con la excepción de Santiago 2:8, todas las demás veces es traducida «sin embargo», «pero», «mas», «no obstante». Tal vez ese sea el sentido que el apóstol deseaba dar a dicha palabra. El uso de la condicional simple, presentando el argumento desde el punto de vista de la realidad, parece armonizar mejor con la siguiente traducción: «Pero si cumplís la ley real» o «sin embargo, si cumplís la ley real». Santiago asume el hecho de que esa ley real era guardada, al menos, por algunos. El verbo «cumplir» *(telête)* está en el presente indicativo. Esto indica que en aquella congregación había quienes habitualmente guardaban los mandamientos de la ley.

La expresión «ley real o regia» enfatiza la esencia o el carácter intrínseco de la ley aludida.[28] Es una ley que se caracteriza por ser «regia». El significado de dicha frase podría ser «una ley apta para guiar a un rey o que sería escogida por un rey o, tal vez, una ley que reina entre las demás leyes».[29] El comentarista C. Leslie Mitton sugiere lo siguiente:

> La *ley regia* se refiere probablemente a toda la ley de Dios y al mandamiento, en particular, que es citado. Este mandamiento, sin embargo, de amar al prójimo es considerado como el resumen del aspecto moral de toda la ley de Dios.
>
> ¿Por qué se le llama «Regia»? Juan Wesley dice concisamente que es porque es «la ley del Gran Rey». Otros la asocian con el «Reino de Dios», que es algo central en la enseñanza de Jesús. En este caso la «ley regia» es la que describe el modo de vida que se espera de los que han entrado en el Reino de Dios (Mt. 5:20; 7:21; Mr. 9:47, etc.) y están viviendo según sus leyes.[30]

Jesús enseñó que toda la ley y los profetas dependen del cumplimiento de los dos primeros mandamientos: (1) amar a Dios, y (2) amar al prójimo. Evidentemente, estos mandamientos estaban siendo quebrantados al menos por un sector de la congregación al practicar el favoritismo descrito en Santiago 2:3. La ley regia no se limita a los Diez Mandamientos, sino que incluye toda la

---

27. Los pasajes donde aparece son: Juan 4:27; 7:13; 12:42; 20:5; 21:4; 2 Timoteo 2:19; Santiago 2:8 y Judas 8. En todos los casos, dicha expresión enlaza lo que se está diciendo con lo que procede.
28. El artículo definido es omitido en el original.
29. Ver Robertson, *Word Pictures*, VI, p. 31.
30. Mitton, *The Epistle of James*, pp. 89-90.

ley de Dios.[31] Esa ley refleja el carácter de Dios y, como tal, sus principios ético-morales están vigentes en todo tiempo. La expresión **«según la escritura»** (v. 8b, *katá teín ghapheín*) sugiere que guardar los principios éticos enunciados en la ley regia armoniza con el contenido de la Escritura.

La escritura que Santiago cita es un mandamiento específico de la Palabra de Dios **«amarás a tu prójimo como a ti mismo»** (v. 8c, *agapéiseis tòn plesíon sou hos seautón*). Santiago cita un versículo tomado del libro de Levítico (19:18). Este capítulo enfoca específicamente el tema de la justicia en el trato con el prójimo. La relación con el semejante refleja en gran manera la relación del hombre con Dios.

«Si alguno dice: Yo amo a Dios, y aborrece a su hermano, es mentiroso. Pues el que no ama a su hermano a quien ha visto, ¿cómo puede amar a Dios a quien no ha visto?» (Jn. 4:20). Jesús enseñó la misma verdad, enfatizando que no hay mandamientos mayores que amar a Dios y amar al prójimo (Mr. 12:29-31).[32]

El verbo **«amarás»** (v. 8c, *agapéiseis*) está en tiempo futuro del modo indicativo, pero es usado con función imperativa.[33] El verbo *agapáo* era de uso común entre los griegos. En el Nuevo Testamento, sin embargo, se usa para designar la forma más sublime del amor. *Ágape* expresa el amor de la inteligencia (el amor que sabe lo que ama) en contraste con el amor de las emociones.[34]

«A tu prójimo» (v. 8d, *tòn plesíon sou*). El prójimo es aquel que está cerca, o sea, el vecino o el semejante. Dios manda a sus hijos amar al prójimo, no importa si dicha persona es buena o mala. El imperativo para el cristiano es amar aún al que le maldice y le persigue (Mt. 5:43-44; Ro. 12:20). El doctor de la ley que preguntó a Jesús: «¿Quién es mi prójimo?» (Lc. 10:29), en verdad no recibió una respuesta directa a su pregunta. Más bien el Señor le enseñó de quién debía él ser prójimo. La parábola del «buen samaritano» fue la lección dada por el Señor para enseñarle al «doctor de la ley» que toda persona en necesidad es nuestro prójimo.

«Como a ti mismo» (v. 8e, *hos seautón*) expresa tanto el grado como la manera en que el creyente debe amar a su prójimo. Eso significa negativamente que no hay que desear ningún tipo de mal físico, espiritual o emocional

---

31. Según Ropes, *nomos* (ley) significa la ley de Dios, como era conocida por los lectores a través de la interpretación cristiana del Antiguo Testamento (ver James H. Ropes, *A Critical and Exegetical Commentary of the Epistle of James*, p. 198).

32. En su excelente comentario sobre el Evangelio según San Marcos, William L. Lane afirma: «El amor que determina la completa disposición de la vida de alguien y pone toda su personalidad al servicio de Dios, refleja un compromiso con Dios que surge de ser hijo de Dios. Este compromiso encuentra expresión en un compromiso similar hacia los hombres. Jesús responde a la pregunta tocante al *primer* mandamiento con una referencia al primero y al segundo porque estos son inseparables» (William L. Lane, *Commentary on the Gospel of Mark*, p. 433).

33. Ernest DeWitt Burton, *Syntax of the Moods and Tenses in the New Testament Greek*, p. 35.

34. Cuando se habla del amor de Dios en el Nuevo Testamento, siempre se usa el vocablo *ágape* (v. *agapao*).

hacia el semejante. Pero, positivamente significa que se ha de procurar el bien, la edificación y la felicidad del prójimo. Como expresa un escritor: «Esta es una meta imposible de realizar aparte de la presencia del amor de Cristo en el creyente» (Jn. 13:34-35).[35] Jesús estableció el criterio cuando dijo: «Este es mi mandamiento: Que os améis unos a otros, como yo os he amado» (Jn. 15:12).

«Bien hacéis» (v. 8*f, kalôs poiêite*). El adverbio «bien» *(kalôs)* significa «apropiadamente» «correctamente», «excelentemente». El verbo «hacer» *(poiéo)* se refiere a hacer algo palpable, realizar una obra visible a los demás. De modo que el que ama a su prójimo como a sí mismo hace una obra tan excelente que testifica objetivamente del cumplimiento de la Suprema Ley.

«Pero si hacéis acepción de personas» (v. 9*a, ei dè prosopolempteite).* Esta es otra cláusula condicional simple, que asume la realidad del hecho. El apóstol da por sentado que, por lo menos, algunos estaban haciendo acepción de personas. «Pero» *(de)* presenta un contraste entre lo dicho anteriormente y lo que está a punto de decirse. El verbo «hacéis acepción de personas» *(prosopoleimpteîte)* es una palabra compuesta de *prósopon* (rostro) y *lambáno* (tomar, alzar, sostener). Dicha expresión es un hebraísmo que connota la idea de mostrar parcialidad hacia alguien. Al mostrar favoritismo, se viola el mandamiento prescrito en Levítico 19:15: «No harás injusticia en el juicio, ni favoreciendo al pobre ni complaciendo al grande; con justicia juzgarás a tu prójimo». La ley requiere absoluta imparcialidad, tanto hacia el pobre como hacia el rico (ver Dt. 1:17; 16:19). **«Cometéis pecado»** (v. 9*b, hamartían ergázesthe).* Literalmente, dice el apóstol: «Pecado obráis». Debe notarse el gran contraste: el que cumple la ley regia, amando a su prójimo como a sí mismo, obra excelentemente; pero el que muestra o practica favoritismo quebranta la ley y obra pecado.[36] «Tal conducta es pecado, directamente prohibida por la ley, y por lo tanto no puede excusarse como cumplimiento de la ley».[37]

«Siendo redargüidos por la ley como transgresores» (v. 9*c, elegchómenoi hypò toû nómou hos parabátai).* La expresión «siendo redargüidos» es un participio presente en la voz pasiva del verbo *elégcho,* que significa «demostrar la culpabilidad mediante la presentación de pruebas». El agente que realiza cosa tal es «la ley». El uso del artículo indica que la referencia es a la «ley regia» del versículo 8. Una vez redargüido por la ley, el creyente tiene la alternativa gloriosa de acudir a Dios en arrepentimiento y confesión de pecado para recibir el perdón divino (1 Jn. 1:9; 2:2). **«Como transgresores»** (v. 9*d, hos parabátai),* o sea, como

---

35. Hiebert, *James,* p. 164.
36. El verbo *ergazésthe* (cometéis, obráis) está en el tiempo presente, modo indicativo y voz media. Esta forma verbal sugiere que la acción era real, continua y deliberada. Los que tal cosa hacían, erraban el blanco totalmente.
37. Ropes, *The Epistle of James,* p. 199.

quienes han traspasado los límites establecidos por la ley. «El *parabátes* es un violador de la ley, no de los estatutos, sino del propósito en sí».[38] Santiago, al igual que Pablo (Ro. 2:25, 27; Gá. 2:18), censura no tanto la desobediencia de *la letra de la ley* como la del *espíritu ético* de esta. Los creyentes neotestamentarios están obligados a observar los principios éticos y morales establecidos a través de toda la Biblia. Eso no significa que se está bajo un sistema legal como estaba Israel. Pero sí quiere decir que se está bajo la obligación de observar esa ética divina que refleja el carácter mismo de Dios y que es la revelación expresa de su voluntad.

«Porque cualquiera que guardase toda la ley» (v. 10*a*, *hóstis gàr hólon tòn nómon teirései*). La conjunción «porque» introduce la causa o razón de lo dicho anteriormente (vv. 8-9). El pronombre relativo «cualquiera» *(hóstis)* seguido de un verbo en el modo subjuntivo «introduce una cláusula relativa que señala al futuro y sugiere cierta probabilidad de su cumplimiento».[39] Ese es el caso aquí, ya que el verbo «guardase» es un aoristo subjuntivo que presenta no una situación histórica, pero sí probable.[40] El aoristo subjuntivo realiza una función de futuro. Esta frase es aún más enfática en el texto original: «Porque cualquiera que toda la ley guardare». La expresión «toda la ley» es enfatizada, ya que el cuadro que se desea presentar es el de una persona que trata de guardar meticulosamente la ley como un todo. **«Pero tropezare en un punto»** (v. 10*b* *ptaísei dè èn hení)*. El verbo «tropezare» también está en el modo subjuntivo y tiene la misma función de futuro que «guardare». Ambos verbos contemplan la acción como probable. Es evidente que «tropezar» se usa aquí metafóricamente para comunicar la idea de «errar», «ofender» o «transgredir». La expresión «en un punto» indica que la ley es contemplada como una unidad **«Se ha hecho culpable de todos»** (v. 10*c*, *gégonen pánton énochos)*. «Se ha hecho» *(gégonen)* está en el tiempo perfecto que indica una acción completada cuyos resultados continúan. El que transgrede la ley en un punto, como quiera que la ley es una unidad, de hecho se ha convertido en «culpable de todos» *(pánton énochos)*. La expresión «de todos» es un genitivo que denota el crimen cometido. «Es una manera retórica de decir que es un transgresor de "la ley como un todo" *(parabátes nómou*, v. 11), no de todos los preceptos de la misma».[41]

El sustantivo «culpable» *(énochos)* se refiere a la persona que está sujeta, expuesta o que merece un castigo. En la literatura clásica, dicho vocablo se usaba

---

38. Ernest DeWitt BURTON, *A Critical and Exegetical Commentary on the Epistle to the Galatians*, p. 131.
39. BURTON, *Syntax of the Moods and Tenses*, pp. 121-122.
40. Aunque el aoristo griego es aproximadamente equivalente al pretérito indefinido en castellano, en este caso en particular la cláusula relativa demanda que el verbo «guardar» se traduzca como un futuro subjuntivo, o sea, «guardare». El verbo «guardar» *(tereo)* connota la idea de «vigilar con el fin de proteger» o «custodiar».
41. ROPES, *The Epistle of James*, p. 200.

de manera legal con referencia a alguien que estaba sujeto a cierto castigo.[42] La Septuaginta usa dicho vocablo para describir a una persona condenada a muerte por haber cometido un acto que implicaba el derramamiento de sangre (ver Lv. 20:8-27).[43] El uso neotestamentario de *énochos* es bastante similar al del Antiguo Testamento (ver Mt. 5:21). Aun la sentencia de muerte pronunciada sobre Jesús por el sanedrín es llamada *énochos thanátou* («culpable de muerte», Mt. 26:66). De modo que, siguiendo el uso veterotestamentario, Santiago considera que el que traspasa uno de los mandamientos, por insignificante que este sea, cae bajo la condenación de toda la ley. Como ha expresado el profesor Hiebert:

Nuestra obediencia a la voluntad de Dios no puede hacerse sobre una base selectiva; no podemos escoger la parte que nos agrada y descartar el resto. La voluntad de Dios no es fragmentaria; toda la ley es una expresión de su voluntad para su pueblo; constituye un gran todo.[44]

El erudito de la pasada generación, A. T. Robertson, ha expresado de manera elocuente:

Para ser un violador de la ley, el hombre no tiene que quebrantar todas las leyes, pero para ser un ciudadano correcto sí tiene que guardar la ley [*hàlon tòn nómon*], aun aquellas leyes que no son de su agrado.[45]

El versículo 11 demuestra que la unidad de la ley radica en la persona del Dador de dicha ley. «**Porque el que dijo: "No adulteres", también dijo "no cometas homicidio"**» (v. 11*a, ho gàr eipón, mè moicheúseis, eîpen kaì, mè phoneúseis).* Debe notarse que Santiago menciona dos mandamientos distintos del que aparece en el versículo 8. La razón, evidentemente, es para establecer la unidad de la ley. Los dos verbos («adulterar» y «cometer homicidio») están en el tiempo aoristo del modo subjuntivo y precedidos de la partícula negativa *me* («no»).[46] Esa es la forma más enfática de expresar una prohibición perentoria. «**Ahora bien, si no adulteras, pero cometes homicidio**» (v. 11*b, ei dè ou moicheúeis, foneúeis dé*). Esta es una cláusula condicional simple, en la que el

---

42. *The New International Dictionary of New Testament Theology*, p. 142.

43. *Ibíd.*

44. Hiebert, *James*, p. 167.

45. Robertson, *Word Pictures*, VI, p. 32.

46. Según Burton, el aoristo subjuntivo se usa en la segunda persona precedido de la negación para expresar una prohibición. «El aoristo subjuntivo prohíbe la acción como un simple suceso con referencia a esta como un todo o a su concepción, y es usado con mayor frecuencia cuando la acción aún no ha comenzado» (ver Burton, *Syntax*, p. 75). La idea podría expresarse del siguiente modo: «no pienses en adulterar» y «no pienses en cometer homicidio».

apóstol demuestra una vez más la unidad de la ley. La enseñanza de la escritura es que el que traspasa cualquier mandamiento de la ley no es un transgresor solo del mandamiento violado, sino de toda la ley. De ahí que el apóstol exprese claramente: «Ahora bien, si no adulteras, pero cometes homicidio, te has vuelto transgresor de la ley». Es probable que Santiago use las palabras «adulterio» y «homicidio» con el mismo sentido que Jesús las usó en el Sermón del Monte.

> La ira, el reproche y la maldición son manifestaciones externas de una actitud interna del corazón. Nuestro Señor enseñó de manera específica que, cuando Dios dijo: «No matarás», no estaba tratando solamente con el acto externo, sino con la actitud que engendra el acto.[47]

Santiago reconoce el hecho de que sus lectores no estaban practicando la inmoralidad sexual,[48] pero les hace ver que si cometen homicidio, ya sea un acto externo o como una actitud del corazón, de igual modo se convierten en transgresores de la ley. El verbo «te has vuelto» (*gégonas*) está en el tiempo perfecto, indicando que los resultados de la acción permanecen y su influencia continúa. La expresión «transgresor de la ley» es similar a la del versículo 9, con la diferencia de que en este caso la acusación es más directa y enfática.

En resumen, Santiago 2:8-11 enseña que la práctica de la imparcialidad es congruente con la revelación divina, tanto en el Antiguo como en el Nuevo Testamento. El amor al prójimo es un mandamiento específico de la ley, pero la ley no es un conglomerado de preceptos que no guardan relación el uno con el otro. Por el contrario, la ley es una unidad. Es la revelación de principios éticos que reflejan el carácter mismo de Dios. Por lo tanto, violar un mandamiento equivale a violar la ley. Siguiendo la pauta trazada por el Señor en el Sermón del Monte, Santiago da a la ley un significado más amplio que el dado por los fariseos. La actitud del corazón es tan importante como la realización del acto.

La respuesta a la práctica del favoritismo y la discriminación de cualquier índole se encuentra en exhibir el fruto del Espíritu mediante una fe viva basada en los principios de la ética bíblica.

La práctica de la imparcialidad es congruente con el juicio venidero (2:12-13)

El creyente neotestamentario no vive bajo un sistema legal del mismo modo que vivieron los santos del Antiguo Testamento. Eso no significa en modo alguno que el cristiano no está bajo obligación. Cristo ha redimido (*exeogórasen*)

---

47. J. Dwight PENTECOST, *El Sermón del Monte*, p. 110.
48. El uso combinado de *ej* (si) y *ou* (no) con el modo indicativo del verbo enfatiza que el hecho no se estaba cometiendo.

a su pueblo de la maldición de la ley (Gá. 3:13), pero el pueblo redimido tiene la obligación moral de obedecer la voluntad revelada de su Señor.

«Así hablad y así haced, como quienes habéis de ser juzgados mediante la ley de la libertad» (v. 12). Los dos verbos «hablar» *(laleîte)* y «haced» *(poieîte)* están en el presente imperativo de la voz activa. El énfasis, por lo tanto, está en que ambas acciones deben ser *hábitos* en la vida del creyente. Debe notarse que el apóstol enfatiza, tanto el «hablar» (teoría) como el «hacer» (práctica). El creyente está en la obligación de guardar un equilibrio entre su *hablar* y su *hacer*.[49]

«Como quienes habéis de ser juzgados mediante la ley de la libertad» *(hos dià nómou eleutherías méllontes krínesthai)*. El instrumento de juicio que será usado *(dià)* es descrito como «la ley de la libertad» (ver 1:25). Todavía podría surgir la pregunta: ¿Qué es la ley de la libertad? En 1:25, Santiago usa «ley perfecta» y «ley de la libertad» como expresiones sinónimas, pero no aclara el significado. Nótese, en primer lugar, el uso de la palabra «ley».[50] Hay principios que rigen la libertad. Libertad no significa hacer lo que uno quiere, sino lo que uno debe. La libertad tiene su ley, es decir, está regulada por ciertas normas. C. Leslie Mitton lo expresa de la manera siguiente:

> Esta es la ley que opera, no por obligación externa, sino cuando el amor de Cristo constriñe en el interior. Es parte de la libertad de los hijos de Dios que resulta en una feliz y espontánea obediencia a Él, con el fin de agradar a quien ha hecho tanto por ellos, y en la absoluta seguridad de que lo que Él manda es la guía más segura para una segura y permanente felicidad.[51]

El cristiano está sujeto a la «ley perfecta» que es la «ley de la libertad». Esa ley está basada en el amor al Señor y al prójimo. Es la ley de la fe (Ro. 3:27) y la ley del Espíritu de vida en Cristo (Ro. 8:2). El creyente debe sentirse motivado a vivir a la luz de la «ley de la libertad». Si lo hace, su trato hacia el prójimo va a ser imparcial. Si no lo hace, esa ley ha de juzgarle en la presencia de Dios.

La expresión «quienes habéis de ser juzgados» señala hacia un hecho futuro que ha de ocurrir irrevocablemente. El verbo «ser juzgados» *(krínesthai)* es el presente infinito, voz pasiva de *kríno*. Este verbo tiene una amplia variedad de significados en el Nuevo Testamento.[52] Generalmente, significa «separar»,

---

49. Debe notarse con cuidado la fuerza de «así» *(hoútos)* y «como» *(hos)* en esta frase. «Así» es un adverbio de modo que se repite por razón de énfasis. El apóstol desea que sus lectores pongan sumo cuidado en lo que dicen y lo que hacen. La partícula comparativa «como» *(hos)* introduce la explicación de la clase de conducta que debe de seguirse.

50. En el original se omite el artículo definido, indicando que el énfasis es cualitativo.

51. MITTON, *The Epistle of James*, p. 95.

52. Ver William F. ARNDT y F. Wilbur GINGRICH, *A Greek-English Lexicon of the New Testament and Other Early Christian Literature*, pp. 452-453.

«distinguir», y, por lo tanto, «juzgar», «pensar», «considerar». Se usa también en un sentido legal para indicar el concepto de «juzgar», «llevar a los tribunales» y «administrar la justicia».[53] En este caso en particular, la idea parece ser la de llevar a la persona ante el juez para que él determine la sentencia. El instrumento de juicio mencionado aquí es «la ley de la libertad».

«Porque el juicio [es] sin misericordia para el que no mostró misericordia» (v. 13a, *he gàr krísis anéleos toî mè poiéisanti éleos*). La conjunción «porque» *(gàr)* introduce la explicación de lo que se ha dicho anteriormente. La expresión «el juicio» *(he krísis)* significa «la decisión del juez» o «el veredicto».[54] La palabra *krísis* es afín al verbo *kríno* (juzgar). En el Nuevo Testamento es usada con mayor frecuencia por el apóstol Juan y en las epístolas generales.[55]

En general, se usa con referencia al juicio que el Mesías ejecutará en su Segunda Venida, aunque ciertamente hay un aspecto presente de dicho juicio. La Septuaginta emplea la palabra *krísis* en el sentido de «derecho, particularmente el derecho de los oprimidos que es reivindicado por el juez».[56]

El que no practica la misericordia tendrá que enfrentarse a un juicio carente de misericordia. Jesús dijo: «Bienaventurados los misericordiosos, porque ellos alcanzarán misericordia» (Mt. 5:7).[57] El juicio de Dios es: (1) según verdad (Ro. 2:2); (2) conforme a las obras (Ro. 2:6), y (3) conforme al evangelio (Ro. 2:16). La práctica del favoritismo y la discriminación son incongruentes con el juicio de Dios, porque es una manera de actuar «sin misericordia».

La expresión «para el que no mostró misericordia» significa literalmente «para el que no ha hecho o practicado misericordia». El verbo «hacer» *(poiéo)* denota el acto de hacer algo con las manos, o sea, algo práctico u objetivo. Habiendo dicho todo esto, es necesario hacer una aclaración. Para ello, las palabras del profesor Curtis Vaughan son apropiadas:

> Debemos ser muy cuidadosos al interpretar esta declaración (porque el juicio [es] sin misericordia para el que no mostró misericordia). Santiago, ciertamente, no está diciendo que al mostrar misericordia hacia el hombre, procuramos la misericordia de Dios. Eso haría de la salvación un producto del mérito humano y negaría todo el tenor de las Escrituras. Lo que Santiago quiso decir es que al dejar de mostrar compasión hacia nuestros semejantes, manifestamos nuestra completa carencia del carácter cristiano.[58]

---

53. *Ibíd.*
54. Gerhard KITTEL (ed.), *Theological Dictionary of the New Testament*, III, p. 941.
55. *Ibíd.*
56. *Ibíd.*
57. Ver también Mateo 6:14; 7:1; 18:33; Romanos 2:5.
58. VAUGHAN, *James*, p. 54.

El énfasis que la Escritura pone sobre la misericordia es indiscutible.[59] Primeramente, la misericordia es un atributo de Dios. Dios es misericordioso con sus criaturas (Dt. 5:10; Sal. 57:10; 86:5; 145:8). Él es compasivo, clemente y piadoso. «La misericordia de Dios es su bondad o amor hacia los que se encuentran en miseria y angustias espirituales, sin tomar en cuenta que se lo merezcan».[60] La misericordia es uno de los elementos principales en el pacto de Dios con su pueblo.

Debido a la superioridad de Jehová como el copartícipe que permanece fiel al pacto, su *éleos* (misericordia) era entendida casi siempre como un don de gracia. Él la prometió cuando hizo el pacto, y constantemente la renueva.[61]

La misericordia de Dios debe motivar al creyente a ser misericordioso.

La misericordia, por lo tanto, en su uso bíblico tiene muchas facetas. Como algo básico a este concepto está el cuidado de Dios para el hombre en su miseria como criatura. Esta respuesta emocionalmente basada se manifiesta en los actos redentivos de Dios. El hombre que responde a Dios se ve a sí mismo como alguien que ha recibido misericordia; por lo tanto, como respuesta, debe de mostrar misericordia hacia su prójimo.[62]

«La misericordia triunfa sobre el juicio» (v. 13*b*, *katakauchâtai éleos kríseos*). El verbo «triunfa» *(katakauchâtai)* es enfático debido a su posición al principio de la oración.[63] Dicho verbo literalmente significa "gloriarse", "sentirse orgulloso". Santiago no sugiere que un mero acto de misericordia de parte del pecador lo ha de librar del juicio venidero. Lo único que puede librar al pecador de la condenación es una relación correcta con Cristo, quien llevó sobre sí la condenación del pecador. Lo que el apóstol sí dice es que el hijo de Dios, que ha experimentado ya aquí en la tierra la misericordia de su Padre Celestial, debe caracterizarse por practicar esa misericordia hacia sus semejantes. El que así lo haga saboreará el reconocimiento que recibirá ante el tribunal de Cristo.

En resumen, Santiago 2:1-13 enfoca el tema de la imparcialidad de una manera amplia y práctica. Es evidente que la iglesia cristiana contemporánea confronta muchos de los problemas mencionados por el apóstol. No es ningún secreto que muchos creyentes y congregaciones practican la discriminación.

---

59. La palabra «misericordia» aparece cerca de 500 veces en la Biblia. El vocablo más común en el Antiguo Testamento del que se traduce misericordia es *hesed,* y en el Nuevo Testamento es *eleos.*
60. Louis Berkhof, *Teología sistemática,* p. 84.
61. *The New International Dictionary of New Testament Theology,* II, pp. 594-598.
62. C. E. Armerding, «Mercy, Merciful», *The Zondervan Pictorical Encyclopedia of the Bible,* VI, p. 189.
63. Este verbo solo aparece en Santiago 2:13; 3:14 y Romanos 11:18.

A veces se discrimina al de nivel socioeconómico inferior o al que no está a la altura intelectual. Otras veces, la discriminación es motivada por diferencias nacionales, raciales o culturales. Cualquiera que sea la causa, practicar el favoritismo o la discriminación es incongruente con los principios establecidos en la Palabra de Dios. La imparcialidad debe ser la práctica prevalente entre cristianos. Esa es la actitud que agrada a Dios.

LA PRÁCTICA DE LA FE VIVA PRODUCE BUENAS OBRAS (2:14-26)

Santiago 2:14-26 es, sin duda, el pasaje más difícil de toda la Epístola. Una interpretación equivocada de este pasaje hizo que cuando el canon sagrado del Nuevo Testamento estaba siendo identificado, la Epístola de Santiago fuera colocada entre los libros llamados *antilegómena,* es decir, los libros objetados. En un principio se creyó que Santiago contradecía las enseñanzas de Pablo. Después de aclarar esa duda, la Epístola de Santiago fue admitida en el canon con pleno derecho. Fue precisamente el estudio de esta porción lo que provocó una reacción negativa de parte de Martín Lutero hacia este libro.[64] Tal vez el problema principal en este pasaje radica en el hecho de que muchos creyentes desean hacer una completa polarización entre la fe y las obras. Es precisamente esa dicotomía la que ha llevado a muchos a conclusiones erróneas. Las enseñanzas de Santiago en este pasaje no contradicen las del apóstol Pablo en Romanos y Gálatas, como algunos pretenden demostrar. Tal cosa sería inconsecuente con la naturaleza de la Escritura.

La Epístola de Santiago, particularmente en esta sección, demuestra que la fe genuina es inseparable de las obras.[65] El apóstol Santiago no sugiere en modo alguno que la salvación es por obras, pero sí enfatiza que quien ha sido justificado por la fe debe producir buenas obras que demuestren el carácter de esa fe. Es más, Santiago no trata en su epístola el tema de la salvación en sí, sino más bien el de la ética que debe de caracterizar al que ya es salvo.[66]

La práctica de la fe viva produce buenas obras en beneficio del prójimo (2:14-17)

Traducción

¿Qué beneficio [tiene], hermanos míos, que alguien diga que tiene fe si no tiene obras? ¿Podrá esa fe salvarle? Si un hermano o hermana están des-

---

64. Ver R. V. G. TASKER, *The General Epistle of James,* p. 14

65. Frank STAGG, «Exegetical Themes in James 1 and 2», *The Review and Expositor,* 66 (otoño, 1969), p. 400.

66. Clayton HARROP, *La Epístola de Santiago,* p. 47.

nudos y destituidos de su provisión diaria y alguno de vosotros les dice: Id en paz, calentaos y saciaos, pero no les dais las cosas necesarias para el cuerpo, ¿de qué beneficia? Así también la fe, si no tiene obras, muerta está en sí misma.

El apóstol Santiago comienza su discusión sobre el tema de la fe y las obras con una ilustración tomada de la vida real. ¿Qué ocurre cuando un creyente con cierta capacidad económica se encuentra con otro totalmente desprovisto de los bienes de este mundo? Santiago usa una figura literaria llamada *epanadiplosis*[67] para reforzar su argumento. Observa que Santiago comienza y termina con la pregunta «¿De qué beneficia?».

«¿Qué beneficio [tiene], hermanos míos?» (v. 14*a*, *tí tò óphelos adelphoí mou*). La expresión «¿qué beneficio [tiene]?» o «¿de qué sirve?» o «¿qué ventaja ofrece?» da comienzo a la *epanadiplosis*. Esta figura es una especie de círculo literario, ya que se concluye con la misma expresión al final del versículo 16. El mencionado círculo literario encierra la idea que el escritor tiene en mente y hacia dónde desea enfocar la atención del lector. La frase «hermanos míos» comunica el tono pastoral que Santiago usa a través de su epístola.

«Si alguien dice que tiene fe, pero no tiene obras» (v. 14*b*, *eán póstin légei tis échein, érga dè me échei*). Esta es una frase condicional futura o más probable.[68] La idea es impersonal («si alguien»), pero la forma presente del verbo sugiere algo habitual. Es como si el apóstol dijese: «Si alguien anda siempre diciendo: "Yo tengo fe"». Una vez más, Santiago contrasta *el decir* con *el hacer* y concluye que el mero decir no es suficiente. El que dice que tiene fe debe demostrarlo a través de sus obras.[69] La frase «pero no tiene obras» (*érga dè mèi échei*) es la misma clase de condicional que la anterior. El verbo «tiene» (*échei*) también está en el tiempo presente del modo subjuntivo. La acción verbal también es continua («persiste en no tener obras»). La cláusula completa es muy enfática en el original y podría expresarse así: «Si alguien fe dice tener, pero *obras* no tiene» o «Si alguien pregona que tiene fe, pero nunca la evidencia por las obras». Santiago rechaza la fe teórica por considerarla vacía y sin frutos. De modo que la respuesta a la pregunta «¿De qué sirve?» o «¿De qué aprovecha?» es simplemente «para nada».

---

67. *Epanadiplosis* es una «figura literaria que consiste en repetir al final de una cláusula o frase el mismo vocablo con el que empieza». *Diccionario de la Real Academia de la Lengua Española*, p. 547.
68. DANA y MANTEY, *Gramática griega del Nuevo Testamento*, p. 283.
69. Santiago usa la palabra «fe» en los versículos 2:14, 17, 20, 24 y 26 con referencia, *no* a la fe genuina, sino a la fe teórica, que solo equivale a una profesión externa. Este tipo de mecanismo literario se conoce como *metonimia*.

«¿**Podría esa fe salvarle?**» (v. 14c, *mèi dýnatai he pístis sôsai autón).*[70] Esta pregunta retórica exige una respuesta negativa. La clase de fe que no produce frutos no puede salvar porque es falsa. Una mera profesión de los labios no es satisfactoria. «Que si confesares con tu boca al Señor Jesús y *creyeres en tu corazón...*» (Ro. 10:9). Dios exige una fe genuina que emane de un corazón arrepentido. La expresión «salvarle» *(sôsai autón)* se proyecta hacia el futuro. El verbo es un aoristo infinitivo que contempla, más bien, la culminación de la salvación al final de la edad y no la experiencia inicial de esta. La Biblia es contundente cuando afirma que la salvación es un regalo de la gracia de Dios (Ef. 2:8-10).

En resumen, Santiago está presentando la probabilidad de un caso en que ·alguien pregona que tiene fe, pero no da evidencia de que en realidad la tiene. La fe viva se evidencia por medio de las obras, y en el mencionado caso las obras están ausentes. El apóstol, entonces, formula la siguiente pregunta: «¿Esa fe no puede salvar?, ¿verdad que no?». Debe observarse que en ningún sentido sugiere Santiago que alguien podría ser salvo por obras, sino que, por el contrario, el apóstol enfatiza la necesidad de exhibir la fe más auténtica y verdadera.

«**Si un hermano o hermana están desnudos y destituidos de su provisión diaria**» (v. 15, *eàn adelphòs ei adelphèi gymnoí hupárchosin kaì leipómenoi teîs ephemérou tropheîs).* Santiago repite el uso de la condicional que expresa la probabilidad. También hace uso de la figura llamada sinécdoque,[71] para dar mayor énfasis a la ilustración.

La expresión «desnudos» *(gymnoí)* significa en realidad «pobremente vestido». El todo («desnudos») es usado en lugar de las *partes* («sin ropas suficientes para cubrir todas las partes de su cuerpo»). El verbo traducido «están» *(hypárchosin)* está en el presente subjuntivo de la voz activa. Aunque el caso representado por Santiago es hipotético, el verbo sugiere un estado continuo de cosas. El verbo *hypárcho* significa «existir».[72] De modo que el apóstol presenta un posible caso en que el hermano o la hermana «existían» en una condición humana deplorable y los creyentes con capacidad de ayudarles no hacían nada.

«**Y destituidos de su provisión diaria**» (v. 15b, *leipómenoi teîs ephemérou tro-*

---

70. La versión Reina-Valera de 1960 traduce dicha frase: «¿Podrá la fe salvarle?». Tal traducción ha creado duda en la mente de muchos tocante a lo que Santiago quiso decir. La revisión de 1977 expresa con claridad la fuerza teológica de la frase al traducirla: «¿Podrá *esa* fe salvarle?», ya que el artículo *he* tiene una fuerza demostrativa. El apóstol está refiriéndose a una clase de fe que se caracteriza por ser espuria.

71. Sinécdoque es una figura retórica que consiste en extender, restringir o alterar de algún modo el significado de las palabras, para designar un todo con el nombre de una de las partes, o viceversa.

72. El verbo *hyparcho* (compuesto, *hypó* + *árxo*) denota la idea de «comenzar a existir», «realizar un comienzo». De modo que este verbo da, por así decirlo, un vistazo atrás, contemplando una condición previa. Santiago supone un posible caso en que un hermano o hermana «existían o vivían desnudos» desde su conversión. El tiempo había pasado y la iglesia no había hecho ningún esfuerzo por ayudar a tales hermanos.

pheîs). Esta frase es usada para ampliar la descripción del estado del «hermano» o «hermana». La condición descrita por Santiago es triste. A estas personas les falta lo *ephemérou* («efímero»), es decir, aquello que solo alcanza para un día. Las dos palabras usadas por Santiago: «desnudos» *(gymnoí)* y «destituidos» *(leipómenoi)*, describen un grado de pobreza que cae dentro de la categoría de indigencia.

«Y alguno de vosotros les dice: Id en paz, calentaos y saciaos, pero no les dais las cosas necesarias para el cuerpo» (v. 16). Una vez más, Santiago usa la condicional de futuro o de probabilidad para construir su argumento. La expresión «y alguno de vosotros» señala que el que habla era miembro de la congregación. La frase «les dice» *(eípei autoîs)* concuerda precisamente con lo que Santiago ha estado señalando. Estos destituidos necesitaban que se les *hiciese* algo y no que se les *dijese*.

«Id en paz, calentaos y saciaos» (v. 16b, *hypágete en eirénei thermaínesthe kaì chortádsesthe*). El verbo «id» *(hypágete)* está en el presente imperativo. La expresión «id en paz» era la manera acostumbrada de despedir a una persona en aquellos tiempos (ver 1 S. 1:17; 20:42; 2 S. 15:9; Mr. 5:34; Lc. 7:50; Hch. 16:36). La persona que decía a otra «id en paz», lo hacía después de asegurarse que dicha persona tenía lo necesario para el camino.

Los verbos «calentaos» *(thermaínesthe)* y «saciaos» *(chortádsesthe)* podrían estar en la voz media o en la pasiva (la forma es la misma). La voz pasiva parece ajustarse mejor al contexto.[73] Es como si el interlocutor dijese: «Buscad a otro que os caliente y que os sacie». En lugar de darle abrigo y alimento, le da palabras vacías.[74]

«Y no les dais las cosas necesarias para el cuerpo, ¿de qué beneficia?» (v. 16c). Esta frase sugiere que la persona estaba en la capacidad de suplir la necesidad del hermano necesitado y no lo hizo. Aquí se demuestra que la fe de dicha persona era teórica.

La fe no es ni puede mostrarse como genuina, a menos que esté acompañada de sus correspondientes actos. Así también nuestros buenos deseos hacia los pobres y necesitados se muestran genuinos no solo cuando tenemos la capacidad para ayudarles, sino cuando de verdad ministramos a sus necesidades.[75]

Simples palabras, divorciadas del fruto de la fe, son como nubes secas. «Pero el que tiene bienes de este mundo y ve a su hermano tener necesidad, y cierra contra él su corazón, ¿cómo mora el amor de Dios en él?» (1 Jn. 3:17, RVR-1977).

---

73. Ver HIEBERT, *James,* p. 180.
74. *Ibíd.* La voz media destacaría que el interlocutor sugiere al necesitado que procure su propio abrigo y su propio alimento sin mostrar interés por ayudarle.
75. Albert BARNES, *Barnes' Notes on the New Testament,* p. 1366.

La expresión «las cosas necesarias para el cuerpo» *(tà epiteîdeia toû sómatos)* solo aparece aquí en todo el Nuevo Testamento y significa «las cosas que son necesarias para el sustento de la vida». Santiago concluye con la pregunta con que comienza su argumento en el versículo 14: ¿de qué sirve?, ¿de qué beneficia? La respuesta sencillamente es: *Para nada*. La religión, particularmente la cristiana, «no está diseñada para que sea una fría abstracción, sino un principio viviente y vivificante».[76] **«Así también la fe, si no tiene obras, muerta está en sí misma»** (v. 17). Con esta frase, Santiago concluye la primera parte de su argumento. El sustantivo «fe», acompañado del artículo definido, identifica a ese concepto teórico al que el apóstol ha hecho referencia repetidas veces. Es la fe vacía, que a veces se confunde o se disfraza para que se parezca a la fe verdadera. «Si no tiene obras» *(eàn mè échei érga)* es otra condicional de futuro o de probabilidad. «Si persiste en no tener obras». La fe es como un árbol frutal, se espera que dé su fruto. Si no lo da es porque es estéril y no puede llevar el nombre de árbol frutal. Así también, si la fe no produce su fruto, «muerta está en sí misma». Es decir, está muerta por dentro y por fuera. En realidad, el apóstol quiere decir que la persona misma que profesa tal fe está muerta espiritualmente.[77]

La práctica de la fe viva no se limita a un simple credo (2:18-19)

Traducción

Pero alguien dirá, tú tienes fe y yo tengo obras. Muéstrame tu fe sin tus obras, y yo te mostraré mi fe por medio de mis obras. Tú crees que Dios es uno; bien haces. También los demonios creen y tiemblan de miedo.

Santiago inyecta una segunda ilustración a su argumento para *demostrar* que la fe genuina produce buenas obras. En este pasaje, el apóstol anticipa una objeción a su argumento. **«Pero alguien dirá»** (v. 18*a*, *all' ereî tis)*. La conjunción «pero» es adversativa enfática y se usa para introducir la supuesta objeción. El pronombre indefinido «alguien» *(tis)* sugiere que lo importante no es la identidad del objetante, sino la objeción en sí. Es como si imaginase a alguien que alza una mano y dice: «yo tengo una pregunta» o «tengo una objeción que hacer».

«Tú tienes fe y yo tengo obras» (v. 18*b*, *sù pístin écheis kagò érga écho)*. Parece ser que el objetante trata de hacer una dicotomía entre *fe* y *obras*. Santiago, por el contrario, desea demostrar que *fe* y *obras* son (si la fe es genuina) inseparables. La frase citada es mucho más enfática en el original: «tú *fe* tienes, y yo *obras* tengo». Ambos verbos («tienes» y «tengo») están en el presente del modo

---

76. *Ibíd.*

77. La palabra *nekrá* (muerta) ha entrado al castellano como prefijo de palabra como necrófago, necrofilia, necrología, necrópolis. Todas estas palabras se relacionan con lo que se llama *muerte*.

indicativo, expresando una realidad continua. Si la fe es genuina, producirá buenas obras. Si las obras están encaminadas a agradar a Dios, tienen que ser el resultado de una fe viva.[78] Santiago responde al objetante con las siguientes palabras: «**Muéstrame tu fe aparte de las obras y yo te mostraré por medio de las obras mi fe**» (v. 18c). Esta es la manera de demostrar la calidad de la fe, así como el árbol se da a conocer por su fruto. El verbo «muéstrame» *(deíxo)* está en el tiempo aoristo, modo imperativo y voz activa. Esta es la forma verbal más efectiva para expresar urgencia. «Apresúrate a mostrarme tu fe aparte de las obras» sería una manera de expresar dicha frase. El apóstol lanza un verdadero reto al objetante, ya que «fe» es un concepto abstracto y la demanda es que la muestre «aparte de las obras» *(choris tôn érgon)*. El vocablo *choris* significa «aparte de», «sin relación con» (ver He. 11:6 y Jn. 15:5). Aquí radica el meollo de la cuestión: Si la fe es espuria, no tendrá obras a través de las cuales mostrarse. Pero si es genuina, la única manera de evidenciarse es por las obras. De modo que el argumento de Santiago es contundente.

Además, añade el apóstol, «yo te mostraré mi fe por medio de las obras» *(kagò soi deíxo ek ton érgon mou tèn pístin)*. El verbo «mostraré» *(deíxo)* está en modo indicativo, sugiriendo la realidad de la acción. La expresión «mi fe por medio de las obras» *(ek ton érgon mou tèn pístin)* subraya el origen de las obras. La fuente generadora de esas obras es la fe. C. Leslie Mitton resume así el pensamiento del apóstol:

> Santiago no objeta contra los que demandan la centralidad de la fe en el cristiano, sino solamente contra los que describen como «fe» algo que no posee ningún resultado externo en el comportamiento. La clase de fe que valora es la que Pablo llama la «fe que obra por el amor» (Gá. 5:6).[79]

Las obras a las que Santiago alude apuntan hacia una fe dinámica y fructífera, mientras que la fe de su objetante señala al vacío, ya que ni es fe genuina ni produce nada práctico.

«**¿Tú crees que Dios es uno? Bien haces**» (v. 19a, *sù pisteúeis hóti heîs estin ho theós kalôs poieîs)*.[80] El credo del objetante es, sin duda, ortodoxo. Creer en la

---

78. Es necesario recordar que Dios tiene y tendrá siempre un solo método para la salvación del pecador, a saber, la fe. Nadie jamás ha sido salvado aparte de la gracia de Dios que se recibe por medio de la fe. Ciertamente Santiago estaba convencido de esa verdad. De modo que el tema en cuestión no es cómo se salva un pecador, sino qué evidencia, ética o práctica, debe dar una persona para demostrar que es salva.

79. Mitton, *The Epistle of James*, pp. 109-110.

80. Hay unas cuantas variantes textuales de dicha frase. Ninguna de ellas altera el significado básico que aparece en la Reina-Valera. En algunos manuscritos, sin embargo, se omite la interrogación, quedando una simple afirmación: «Tú crees que Dios es uno». De todos modos, la forma de la interrogación requiere una respuesta afirmativa. Así que, de todas maneras, el significado sigue siendo el mismo.

existencia de Dios es una doctrina fundamental. Para el judío era fundamental también creer en la unidad de Dios (Dt. 6:4). De modo que Santiago enfoca el aspecto teológico de la cuestión. Teológicamente, el objetante obtiene un sobresaliente. El problema no radica en su ortodoxia, sino en su ortopraxia. El pronombre personal «tú» es enfático, ya que gramaticalmente no es necesario. El verbo «crees» expresa una realidad. La frase «que Dios es uno» *(heîs theós estín)* subraya la unidad de la esencia divina.[81] Una manera de parafrasear la expresión «Bien haces» *(kalôs poieîs)* sería: «Te felicito» o ¡Qué bien que lo crees! Santiago usa la figura retorica de la concesión, o sea, que acepta el hecho de que su objetante cree en la existencia de Dios. Sin embargo, le hace ver que ese credo no es suficiente, ya que **«también los demonios creen y tiemblan de miedo»** (v. 19*b*). «Los demonios no son ni ateos ni escépticos».[82] Los demonios reconocen la existencia de Dios (Mr. 1:23-24; 5:1-7).[83] Ese reconocimiento, sin embargo, no afecta en ningún modo al comportamiento de dichos seres. Si en algo van más lejos los demonios es en el hecho de que su reconocimiento de la existencia de Dios les hace «temblar de miedo». El verbo en el original *(phríssousin)* es un vocablo onomatopéyico, el sonido del vocablo imita la acción que efectúa. Dicha palabra describe una sensación espeluznante, producida por el terror. El temblor de los demonios, sin embargo, es la consecuencia de la anticipación del juicio que les espera.

La práctica de la fe viva se demuestra en actos de obediencia a Dios (2:20-25)

Traducción

¿Mas quieres saber, oh hombre vano, que la fe aparte de las obras es estéril? ¿No fue justificado Abraham nuestro padre por obras, cuando ofreció a Isaac su hijo sobre el altar? Y ves que la fe trabajaba con sus obras y, por las obras, la fe fue perfeccionada. Y se cumplió la Escritura que dice: «Y Abraham creyó a Dios y le fue reconocido para justicia», y fue llamado amigo de Dios. Ya veis que el hombre es justificado por obras y no por fe solamente. Y así mismo también Rahab la ramera, ¿no fue justificada por obras, cuando recibió a los mensajeros y los envió por otro camino?

---

81. Santiago no está enfocando la cuestión de la naturaleza de Dios (la Trinidad), sino el hecho de la existencia de un *único* Dios.

82. HIEBERT, *James*, p. 187.

83. La palabra «demonio» tiene dos usos primordiales: (1) con referencia a un Dios pagano (Hch. 17:18), y (2) espíritus malignos (Mt. 11:18). El príncipe de los demonios es Beelzebub (Mt. 12:24, 27). Según la Biblia, los demonios propagan la falsa doctrina (1 Ti. 4:1), y la idolatría de los paganos equivale a la adoración de los demonios (1 Co. 10:19-20). Los postreros días se caracterizan por una gran actividad demoníaca (Ap. 16:14), y muchos serán engañados por los «milagros» efectuados mediante el poder de los demonios.

El argumento del apóstol se basa sobre la premisa de que la verdadera fe produce buenas obras. Alguien podría tener una creencia, ortodoxa por cierto, y llamarla fe, pero si es estéril, no es fe genuina. La piedra de toque de la fe consiste en los resultados que produce. **«Mas quieres saber, oh hombre vano»** (v. 20*a*, *théleis dè gnônai, ô ánthrope kené*). La conjunción «mas» *(dè)* es conectiva, relacionando esta sección con la anterior, aunque podría tener una ligera fuerza adversativa o de contraste. La expresión «quieres saber» podría traducirse: «estás deseoso de conocer» o «deseas reconocer». El verbo «saber» o «conocer» *(gnônai)* es un aoristo ingresivo en el modo infinitivo donde se contempla la acción en su comienzo.[84] La frase «oh hombre vano» *(ô ánthrope kené)* tiene su antecedente en el «alguien» *(tis)* del versículo 18. Santiago califica al objetante como «vano» *(kené),* que significa «vacío» o «ineficaz».[85] **«Que la fe aparte de las obras es estéril»** (v. 20*b*, *hóti he pístis chorìs ton érgon argé estin).* Esta frase es equivalente a la del versículo 17 («La fe, si no tiene obras, está muerta en sí misma»). «La fe» *(he pístis)* se refiere al concepto que ha sido centro de esta discusión. El vocablo «estéril» *(argé)* se usa varias veces en el Nuevo Testamento. En Mateo 20:3, 6 se traduce «desocupado»; en 1 Timoteo 5:13, «ociosos»; en Tito 1:12, «ociosos» (ver también 2 P. 1:8). En la literatura clásica, dicho vocablo se usaba en el sentido de «inactivo», «inoperante», «indolente». También se usa para describir la incapacidad de actuar por falta de energía o vida».[86] De modo que Santiago considera que la fe aparte de las obras es inactiva, inoperante, sin vida y, por consecuencia, no es fe en el sentido bíblico de la palabra.

Seguidamente, el apóstol recurre a las Escrituras y en particular al padre de la fe, Abraham, para reforzar su argumento. **«¿No fue justificado Abraham nuestro padre por obras cuando ofreció a Isaac su hijo sobre el altar?»** (v. 21). Esta pregunta espera una respuesta afirmativa. En el texto original, el énfasis recae sobre la persona de Abraham, a quien Santiago propiamente llama «nuestro padre» (ver Ro. 4:1, 12, 16; Gá. 3:7, 29). Abraham es, sin duda, el padre de la fe, tanto para judíos como para gentiles creyentes. Primeramente, Abraham es un ejemplo del hombre de fe, ya que *obedeció a Dios* (He. 11:8), saliendo de su tierra hacia un lugar desconocido. En segundo lugar, Abraham ejemplifica *la confianza* en un Dios que cumple sus promesas (Gn. 15:1-21). Es precisamente aquí donde aparece la declaración: «Y creyó [Abraham] a Jehová, y le fue contado para justicia» (Gn. 15:6). En tercer lugar, Abraham representa al hombre de fe que está dispuesto a demostrar con hechos palpables que de verdad ha creído.

---

84. DANA y MANTEY, *Gramática griega del Nuevo Testamento,* p. 189. Es como si Santiago dijese: «deseas comenzar a conocer» o «deseas llegar a conocer».

85. Es posible que la expresión «vano» equivalga a «insensato» *(áphron)* en el uso paulino (ver 1 Co. 15:36).

86. Ver KITTEL (ed.), *Theological Dictionary of the New Testament,* 1, p. 452.

Eso es precisamente lo que hizo Abraham cuando Dios le pidió que sacrificara a su hijo Isaac (Gn. 22:1-19). Es muy importante tener presente esta secuencia de sucesos, para efectuar una interpretación correcta de este dificultoso pasaje.

Santiago afirma que Abraham fue justificado por obras. Tal afirmación aparenta contradecir otros pasajes de la Escritura, particularmente Romanos 4. De modo que resulta imprescindible encontrar una respuesta a la pregunta: ¿qué quiso decir Santiago? De suma importancia, sin duda, es explicar el significado bíblico de la justificación. Los vocablos justificación *(dikaiosýne)*, justo *(dikaíos)* y justificar *(dikaiáo)* eran de uso general en el vocabulario griego, aunque la aplicación difiere en algo de la que aparece en la Biblia.[87]

> En el Antiguo Testamento, justificación no se refiere a acciones que están en conformidad con el criterio de una estructura legal, sino un comportamiento que es congruente con la doble relación entre Dios y el hombre.[88]

El tema de la justicia *(dikaiosýne)* es central en los Evangelios, particularmente en Mateo. Los fariseos se autoconsideraban justificados, pero Jesús los acusa de error, por pensar que una justicia externa y superficial era suficiente (Mt. 5:20). «El tipo de justicia externa (de los fariseos) no tenía base interior y no serviría para entrar en el reino de los cielos».[89] La exposición más clara de la doctrina de la justificación (aquí entran los vocablos justicia, justo y justificar) se encuentra, sin duda, en las epístolas paulinas, particularmente Romanos y Gálatas.

El apóstol Pablo usa las palabras «justificación» y «justificar» en sentido forense, o sea, como una expresión legal. En ese sentido, justificar significa «pronunciar justo» o «tratar como justo». El único que puede hacer tal cosa es Dios. El hombre no posee la clase de justicia que puede agradar a Dios. Tampoco puede el hombre obrar su propia justicia, ya que «por las obras de la ley ningún ser humano será justificado delante de él [Dios]» (Ro. 3:20). La justificación es, por lo tanto, una obra divina. Su base es la obra expiatoria de Cristo, incluyendo su muerte y resurrección. El medio por el cual esa justificación se obtiene es por *la fe* en la persona de Cristo. Cuando un pecador es justificado, tiene libre acceso a la presencia de Dios. Pablo escribió en Romanos 1:16-17: «Porque no me avergüenzo del evangelio, porque es poder de Dios para salvación a todo aquel que cree, al judío primeramente, y también al griego. Porque en el evangelio la justicia de Dios se revela por fe y para fe, como está escrito: Mas el justo por su fe vivirá».

---

87. Colin Brown, «Righteousness, Justification», *The New International Dictionary of New Testament Theology*, III, pp. 352-377.
88. *Ibíd.*, p. 355.
89. Stanley D. Toussaint, *Behold the King, A Study of Matthew*, p. 100.

Pablo habla aquí de «la justicia de Dios», es decir, de una clase de justicia que se caracteriza por ser «la justicia de Dios». Sin esa justicia, nadie puede entrar en su presencia. Esa justicia se encuentra en el evangelio, o sea, en la obra perfecta de Cristo en la cruz y su gloriosa resurrección. Esa justicia se recibe solamente mediante la fe, sin la intervención de ningún esfuerzo humano.

Abraham vivió 2.000 años antes de Cristo y fue justificado por la fe (Gn. 15:6; Ro. 4:2-3). David vivió 1.000 años antes de Cristo y también fue justificado por la fe (Sal. 32). Además, Abraham vivió unos 550 años antes de la promulgación de la ley mosaica, y David unos 450 años después de la promulgación de la ley. Ambos hombres fueron declarados justos por la fe. De modo que el principio bíblico queda claramente establecido: Dios justifica al pecador únicamente por la fe.

Ahora bien, todavía tenemos delante una aparente contradicción, ya que Santiago dice que Abraham fue justificado por obras (2:21-22), mientras que Pablo afirma que no fue por obras sino por fe (Ro. 4:1-3). Leon Morris, rector del Ridley College en Melbourne, Australia, da una respuesta que ayuda a resolver el problema:

> Es importante notar que la clase de «obras» a las que Santiago se refiere son el producto de la fe salvadora. Aunque es verdad que él y Pablo usan a Abraham como ejemplo, no están hablando de la misma cosa. Escogen diferentes tiempos en el peregrinaje espiritual del patriarca y tienen distintas lecciones que exponer. Pablo habla del tiempo en que Abraham inicialmente creyó y su fe le fue reconocida por justicia (Ro. 4:3, 9). Su tema es la justificación. Pero Santiago se refiere a la ocasión cuando Abraham se mostró listo para ofrecer a Isaac (Stg. 2:21), cosa que ocurrió muchos años después. Su preocupación se centra en los frutos de la justificación, la evidencia de que la justificación ha tenido lugar.[90]

Abraham fue justificado *(edikaóthe)* en el sentido de que demostró mediante un hecho palpable su entrega incondicional a la voluntad de Dios. Como ya se ha subrayado, Abraham fue declarado justo delante de Dios en Génesis 15:6. El acto del ofrecimiento de Isaac tuvo lugar cerca de 40 años después de haber sido declarado justo por Dios. El acto de ofrecer a Isaac *(anenégkas)* fue, más que ninguna otra cosa, una demostración de que Abraham poseía una fe genuina. Según Hebreos 11:17-19, Abraham ofreció a Isaac creyendo que, si llegaba a matarlo, Dios lo resucitaría de entre los muertos. ¡No podría haber una prueba mayor de una fe viva y verdadera!

---

90. Leon Morris, *The Cross in the New Testament*, pp. 314-315.

«Ya ves que la fe trabajaba con sus obras» (v. 22a, *blépeis hóti he pístis syneír-gei toîs érgois autoû*). «Ya ves» *(blépeis)* es el presente indicativo en la voz activa y sugiere que lo que se señala puede verse con facilidad. El verbo «trabajaba» *(syneírgei)* está en el tiempo imperfecto del modo indicativo. Este tiempo verbal sugiere una acción continua en el pasado sin referencia al comienzo o a la terminación de la acción. Además, el verbo es compuesto *(sýn* = «junto con» y *ergéo* = «trabajar»). De modo que Santiago sugiere que la fe de Abraham estaba continuamente trabajando en conjunto con sus obras. Tal cosa se debía, indudablemente, al hecho de que «las obras» de Abraham tenían su fuente de origen en la fe.

«Y por las obras la fe fue perfeccionada» (v. 22b, *kaì ek tôn érgon he pístis eteleióthei).* La expresión «por las obras» aparece varias veces en esta sección (vv. 18, 21). Debe observarse, sin embargo, que la preposición que precede al sustantivo «las obras» es *ek* con el caso genitivo que funciona aquí como «agente mediador». La fe precede a las obras, pero «las obras» son el agente mediador que conduce a la fe a su meta final. El verbo «fue perfeccionada» *(eteleióthei)* es el aoristo pasivo del modo indicativo de *teleióo,* que significa «llevar a la meta», «llevar a su medida completa» y, por consiguiente, «hacer perfecto», «terminar» o «cumplir». La fe de Abraham fue, por así decir, «llevada a la meta», o sea, «a la madurez», «a su edad adulta» por Dios, pero el agente mediador que Dios usó fue el acto por el cual Abraham estuvo dispuesto a ofrecer a Isaac en *obediencia* al mandato de Dios.

«Y se cumplió la Escritura que dice» (v. 23a, *kaì epleróthe he grafé he lé-gousa).* El verbo «se cumplió» *(epleróthei)* es el aoristo pasivo del modo indicativo de *pleróo* (cumplir). El aoristo contempla la acción en su totalidad. El modo indicativo enfatiza la realidad del suceso. El apóstol señala la Escritura específica que se cumplió *(he grafé he légousa):* «La escritura la que dice». La repetición del artículo se usa para enfatizar el pasaje en cuestión: **«Y Abraham creyó a Dios, y le fue reconocido para justicia»** (v. 23b). Esta cita es tomada de Génesis 15:6. Debe notarse el verbo «creyó» *(epísteusen).* Este es un aoristo activo del modo indicativo. Dicho verbo apunta a un acto definido, cuando Abraham puso su confianza en Dios. **«Y le fue reconocido para justicia»** *(kaì elogísthe autoî eis dikaiosýnen).* El verbo «fue reconocido» es también un aoristo pasivo de *logízomai* que en este caso significa «imputar», «reconocer», «atribuir» o «contar». El acto de fe de Abraham (Gn. 15:6) le fue imputado o reconocido para *(eis)* justicia *(dikaiosýnen)* o justificación. Es decir, Dios declaró o reconoció a Abraham como un hombre justificado en el momento en que Abraham depositó su confianza en Dios. Abraham, por su parte, muestra el fruto de la justicia, siendo el punto culminante su obediencia al ofrecer a Isaac. **«Y fue llamado amigo de Dios»** (literalmente, «y *amigo de Dios* fue llamado», 23c). Esta frase no forma parte del contenido de Génesis 15:6, pero aparece en Isaías 41:8 y 2

Crónicas 20:7. La deducción más lógica es que Santiago conocía ambas citas y para él eran igualmente autoritativas.

«Veis, pues, que el hombre es justificado por las obras y no por la fe solamente» (v. 24). El verbo «veis» *(horâte)* es el presente indicativo, voz activa de *horao* (ver). Este verbo es sinónimo de *blépo* (v. 22), aunque existe cierta diferencia de significado entre ambos.[91] Es como si Santiago llamara la atención diciendo: «notáis» u «os dais cuenta». El sustantivo «hombre» *(ánthropos)* no lleva el artículo definido, ya que el propósito no es identificar a la persona, sino indicar cómo es declarado justo cualquier hombre. «Es justificado» *(dikaìoûtai)* está en el tiempo presente del modo indicativo (este es el modo en que se expresa la realidad) y en la voz pasiva. La voz pasiva indica que el sujeto recibe la acción. El hombre no puede declararse justo a sí mismo, sino que es Dios quien efectúa tal declaración. Debe observarse el uso de las expresiones «por obras» *(ek érgon)* y «no por fe solamente» *(ek písteos mónon)*. El uso de esas dos frases aclara mucho lo que Santiago ha querido decir a través de esta sección. La palabra «solamente» al final de la oración es enfática. Santiago desea subrayar *no* que el hombre es justificado por las obras aparte de la fe, sino que lo es mediante una fe que demuestra su calidad al producir buenas obras.

El apóstol Santiago apela a un segundo ejemplo para enseñar la relación entre la fe y las obras.[92] **«De la misma manera»** (v. 25a, *homoíos)* sugiere que el ejemplo que sigue tiene el mismo propósito que el anterior. «Rahab la ramera» (v. *25b, Raab he pórne).* Es significativo que todos los escritores bíblicos retienen el calificativo «la ramera» al referirse a Rahab (ver Jos. 2:1-21; 6:17, 22, 25, y He. 11:31). La prueba que Rahab dio de su fe es expresada mediante dos participios: **«cuando recibió»** *(hypodexaméne)* y **«cuando envió»** (v. 25c, *ekbaloûsa).* El verbo «recibir» *(hypodéchomai)* significa «dar la bienvenida», «recibir de anfitrión». De modo que Rahab dio el mejor trato posible a los llamados mensajeros. Además de eso, salvó sus vidas al enviarlos por un camino diferente (Jos. 2:15ss). El verbo «enviar» *(ekbállo)* significa «lanzar», «arrojar», «compeler a salir». Evidentemente, Rahab demostró la misma determinación al recibir a los mensajeros que la que demostró para hacer que marchasen. Con su actitud demostró que era una persona de fe. Hubiese sido difícil que alguien creyera su testimonio a causa de su reputación como ramera. Rahab tenía que demostrar por medio de sus obras que en verdad había creído en Dios.

---

91. Según Thayer, ambos verbos denotan un acto físico. *Horáo* se refiere al acto general y *blépo* a una sola mirada. *Horáo* da prominencia al discernimiento de la mente, mientras que *blépo* enfatiza el modo o punto en particular. Ver Joseph THAYER, *Greek-English Lexicon of the New Testament,* pp. 451-452.

92. Es interesante que el apóstol tome el ejemplo de Rahab después de haber hablado de Abraham. Un caso similar en el Nuevo Testamento aparece en el Evangelio según San Juan. En el capítulo 3 se presenta el caso de Nicodemo y, en el 4, el de la mujer samaritana.

El último versículo de esta sección resume maravillosamente lo que Santiago ha estado enseñando. El apóstol apela a la unidad del ser humano para demostrar la veracidad de su exposición. «**Porque así como el cuerpo aparte del espíritu está muerto**» (v. 26, *hósper gàr to sôma choís pneûmatos nekrón estin*). «Porque» es una expresión conjuntiva que une lo que se ha dicho con esta conclusión final. El adverbio «así como» *(hósper)* significa «de esta precisa manera». Lo que sigue es un axioma: «el cuerpo separado del espíritu *muerto está*». Santiago enfatiza la condición de *muerto* con respecto al cuerpo que ha sido separado o abandonado por el espíritu (la señal de que no hay vida).

Es necesario aclarar que Santiago en ningún modo está diciendo que el espíritu equivale a la fe y el cuerpo a las obras. El apóstol no identifica ni compara las componentes de la persona humana de esta manera. Lo que sí está diciendo es lo que ocurre cuando el espíritu y el cuerpo se separan. Recuérdese que el hombre, como ser, no es ni solo espíritu ni solo cuerpo. La personalidad humana es una unidad de ambos elementos. Esa es la relación que Santiago desea establecer entre *la fe* y *las obras*. La fe genuina produce buenas obras, y las obras, para que sean buenas, tienen que tener su fuente generadora en la fe.

En conclusión, el segundo capítulo de la Epístola de Santiago toca dos temas eminentemente éticos y prácticos. El primero (2:1-13) responde a la pregunta: ¿Cuál debe ser la actitud del creyente frente a otras personas? La respuesta bíblica es que la práctica de la fe viva produce como resultado la imparcialidad. El segundo tema (2:14-26) responde a la interrogante: ¿Cuál debe ser la actitud del creyente frente a la realidad de su vivir diario? El apóstol expresa que el cristiano debe producir buenas obras que tengan su origen en una fe viva, como evidencia o fruto visible de su justificación.

Cuando el hombre de fe confronta a otra persona, el resultado es *imparcialidad*. Cuando el hombre de fe confronta la realidad, el resultado es *buenas obras* que glorifican a Dios.

9

La fe viva en relación con la comunicación verbal y la sabiduría (3:1-18)

En el segundo capítulo de su epístola, Santiago ha expuesto de manera enfática que la práctica de la fe viva se evidencia a través de un trato imparcial hacia los demás y mediante la manifestación de buenas obras que glorifiquen a Dios. En el capítulo tercero, el apóstol enfoca el tema de la comunicación verbal, usando el simbolismo de la lengua y sus efectos particularmente en la vida del maestro (3:1-12). Además, Santiago da consideración al asunto de la verdadera sabiduría. Indudablemente, es muy apropiado que ambos temas sean considerados juntos, ya que el control de la lengua es una señal de sabiduría en la vida del hombre, especialmente de aquel que enseña la Palabra de Dios.

Traducción
No os hagáis [entre vosotros] muchos maestros, hermanos míos, sabiendo que recibiremos mayor juicio. Porque en muchas cosas tropezamos todos. Si alguien no tropieza en palabra, el tal es varón perfecto capaz de frenar también todo el cuerpo. Pues si ponemos frenos en las bocas de los caballos [es] para que nos obedezcan y controlamos todo su cuerpo. Mirad también los barcos, aunque sean tan grandes y son llevados por fuertes vientos, son guiados por un timón muy pequeño a donde el impulso del piloto quiere. Así también la lengua es un órgano pequeño y se gloría de grandes cosas. Mirad cuán grande bosque prende tan pequeño fuego. Y la lengua es un fuego, el mundo de maldad, la lengua está puesta entre nuestros miembros, la contaminadora de todo el cuerpo, la que prende fuego a la rueda de la naturaleza y es inflamada por el infierno. Porque toda clase de bestias, de aves, de reptiles y de animales acuáticos es domada y ha sido domada por el ser humano. Pero la lengua ningún hombre la puede domar. Un mal

incontrolable, llena de veneno mortal. Con ella bendecimos al Señor y Padre y con ella maldecimos a los hombres, quienes han sido hechos a semejanza de Dios. De la misma boca proceden bendición y maldición. Hermanos míos, estas cosas no deben de ser así. ¿Envía la fuente por la misma abertura lo dulce y lo amargo? ¿Puede una higuera, mis hermanos, producir olivos o la vid higos? Tampoco puede [el] agua salada producir agua dulce.

LA PRÁCTICA DE LA FE VIVA PRODUCE CONTROL Y MADUREZ ESPIRITUAL EN EL HABLAR DE TODO CRISTIANO Y PARTICULARMENTE DEL MAESTRO (3:1-12)

La ética expuesta en la Epístola de Santiago abarca tanto la relación del hombre con Dios como la relación del hombre con el hombre. Tanto el hacer como el hablar del hombre de Dios debe armonizar con la ética de su Creador. El capítulo 2 de esta epístola enfatiza el hacer, mientras que el tres enfatiza el hablar del hombre de Dios.

La práctica de la fe viva produce control en el hablar del maestro cristiano (3:1)

«No os hagáis [entre vosotros] muchos maestros» (v. 1*a*, *mèi polloì didáskoloí gínesthe)*. El apóstol comienza esta sección con una prohibición. El verbo «hagáis» *(gínesthe)* está en el tiempo presente, modo imperativo y voz media. La prohibición en el presente imperativo indica que se ordena detener algo que ya se está haciendo. La voz media señala que el sujeto participa de la acción del verbo. Parece ser que entre los creyentes a quienes Santiago escribe existía la tendencia a desear el ministerio de la enseñanza por encima de otros ministerios. El apóstol Santiago no desea restringir en modo alguno el ministerio didáctico dentro de la Iglesia, sino que más bien trata de advertir particularmente a aquellos que no poseían el don de maestros respecto al peligro de ejercer dicha función dentro de la Iglesia.

Tanto en aquellos tiempos como en el presente, la Iglesia necesita maestros dotados por el Espíritu Santo y preparados para ejercer dicho ministerio. El peligro está, sin embargo, en aquellos que desean ser maestros sin estar preparados para serlo. Uno de los requisitos del obispo o anciano es que sea «apto para enseñar» (1 Ti. 3:2).[1]

«Sabiendo que recibiremos mayor juicio» (v. 1*b*, *eidótes hóti meîzon kríma lempsómetha)*. Esta frase expresa la razón por la que el creyente debe poner sumo

---

1. La Biblia enfatiza el ministerio de la enseñanza. En el Nuevo Testamento la palabra «maestro» aparece unas 58 veces. De estas, 48 veces se usa con referencia a Cristo. Los maestros ocupaban un lugar prominente dentro de la iglesia (ver Hch. 13:1; 1 Co. 12:28ss; Ef. 4:11).

cuidado antes de asumir la posición de maestro dentro de la Iglesia cristiana. La acción continua del participio «sabiendo» sugiere que los que eran advertidos conocían la gravedad de la responsabilidad que recae sobre los que desean ser maestros. El verbo «recibiremos» *(lempsómetha)* está en el futuro indicativo, voz media. Dicho verbo señala una realidad que está por consumarse. La voz media sugiere que el sujeto es afectado por la acción verbal. Debe notarse que Santiago se incluye entre los maestros y, como tal, está expuesto a recibir la misma condenación que los demás. La expresión «mayor juicio» *(meîzon kríma)* significa una sentencia mayor o más severa. La palabra «juicio» *(kríma)* es un término neutral, «pero en el Nuevo Testamento expresa generalmente un juicio adverso».[2]

El apóstol Santiago parece anticipar el juicio del tribunal *(Beîma)* de Cristo, cuando todo creyente tendrá que dar cuenta al Señor de lo que haya hecho, ya sea bueno o malo (Ro. 14:10-12; 1 Co. 3:10-15). Según Santiago, el maestro recibirá un juicio más severo delante del Señor.[3] Esto se debe, sin duda, al hecho de que el maestro ejerce una gran influencia sobre sus oyentes a causa de la naturaleza de su ministerio. El apóstol Pedro habla acerca de «falsos maestros» *(pseudodidáskaloi)* «que introducirán encubiertamente herejías destructoras, y aun negarán al Dueño que los compró, atrayendo sobre sí mismos destrucción repentina» (2 P. 2:1). Ningún ministerio dentro de la Iglesia supera en influencia e importancia al de la enseñanza. Es por eso que el maestro está sujeto a veredicto más severo.

La práctica de la fe viva produce madurez en el hablar del maestro cristiano (3:2)

«Porque en muchas cosas tropezamos todos» (v. 2a, *pollà gàr ptaíornen hápantes)*. Aunque Santiago era un maestro prominente en la Iglesia del primer siglo, reconoce que no era infalible. Como humano, el apóstol se incluye en la expresión «tropezamos».[4] Este verbo, literalmente, significa «tropezar hasta el punto de caer» (ver Ro. 11:11; 2 P. 1:10), pero aquí se usa metafóricamente con la idea de *errar* u *ofender.* El tiempo presente y el modo indicativo del verbo señalan a algo que ocurre con certeza repetidas veces. Santiago subraya el hecho de que tropezar es algo que ocurre a todos *(hápantes)* sin excepción e incluye

---

2. Curtis Vaughan, *James: Bible Study Commentary,* p. 67.

3. Joseph B. Mayor dice que esa sentencia será «mayor que la de otros cristianos que no ocupan el puesto de maestros» (ver Joseph B. Mayor, *The Epistle of James,* p. 107).

4. El hecho de que Santiago se presente como un hombre falible no milita en contra de su autoridad apostólica. Tampoco significa que la epístola que escribe no sea inspirada y, por lo tanto, no canónica. El apóstol escribe bajo la dirección del Espíritu Santo y el producto de lo que escribe, es decir, la Epístola, es autoritativa por ser inspirada. El libro bíblico, escrito bajo la superintendencia del Espíritu Santo, es infalible aunque el hombre que lo escribe es falible.

«muchas cosas» *(pollà)*. El maestro debe ser consciente de que es capaz de errar, pero al mismo tiempo debe cuidarse de cometer errores.

«Si alguno no tropieza en palabra, el tal es varón perfecto, capaz de frenar también todo el cuerpo» (v. 2*b*). La expresión «si alguno no tropieza en palabra» *(eí tis en lógoi ou ptaíei)* es una condicional simple que asume la realidad del hecho, es decir, que la persona no ha de continuar tropezando (nótese el tiempo presente del verbo). La idea expresada en dicha frase es que la persona no continúa en un estado de constante yerro verbal. Podría errar ocasionalmente, pero no se caracteriza por cometer equivocaciones frecuentes en su hablar.[5]

Si la primera parte de la frase (prótasis) se cumple, la segunda parte (apódosis) también se cumplirá. «El tal es varón perfecto» *(hoûtos téleios anér)*. Esta es una frase enfática. El apóstol usa el pronombre personal de tercera persona *(hoûtos)* seguido del adjetivo «perfecto» *(téleios)* y del sustantivo «varón» *(anér)*. De modo que, literalmente, Santiago dice «el tal perfecto varón». Es como si Santiago dijese: «Si me muestras a un hombre que no yerre habitualmente con lo que dice, me has mostrado a un hombre maduro».

La palabra «perfecto» *(téleios)* significa «completo». Se usaba referente a los sacrificios para indicar que eran «sin tacha». En la Septuaginta se usa para describir algo que es «sin defecto» (Éx. 12:5), «perfecto» (Gn. 6:9), «completo» (Jer. 13:19). El uso de *téleios* en el Nuevo Testamento es muy similar al de la Septuaginta y también al del griego clásico («completo», «total», «maduro»). Este vocablo aparece veinte veces en el Nuevo Testamento y siempre denota el concepto de «llegar a una meta», «alcanzar un objetivo». De ahí se deriva la idea de perfección. Aquello que ha llegado a su meta o ha alcanzado su objetivo está completo y en ese sentido es perfecto.[6] El vocablo «varón» *(anér)* significa una persona del sexo masculino que ha alcanzado la mayoría de edad. Dicha palabra contrasta con un infante *(paidíon)* o con una mujer *(gunai)*. De modo que puede verse con claridad el concepto que Santiago desea enfatizar. El maestro cristiano debe evidenciar madurez espiritual. Esa madurez se demuestra en el hablar del maestro. Por un lado, sus enseñanzas deben ser correctas y tener el propósito de edificar al pueblo de Dios y guiarlo a la meta, es decir, a un conocimiento completo de Cristo. Por otro lado, el maestro con madurez espiritual no debe errar habitualmente con las palabras que pronuncia fuera de su actividad didáctica. De ahí que Santiago lo describa como «un hombre adulto y maduro».

Santiago amplía la descripción del «varón perfecto», añadiendo que es «capaz

---

5. Santiago, evidentemente, no se refiere a errores fortuitos, sino a los que se cometen premeditadamente. El apóstol combate a aquel que ha estudiado y meditado en lo que ha de enseñar o hablar, y que al final resulta ser erróneo.

6. Ver Rainier Schippers, «Goal, Near, Last, End, Complete», *The New International Dictionary of New Testament Theology*, II, pp. 59-65.

de controlar también todo el cuerpo». La palabra «capaz» *(dynatos)* significa «tener la fuerza, el poder o la capacidad para hacer algo». Dicho vocablo encierra el concepto de poder dinámico o que genera fuerza. El verbo «controlar» *(chalinogogeîsai)* es una palabra compuesta *(chalinós* = freno y *agô* = guiar) que solo aparece en esta epístola (1:26 y 3:2). Esta palabra significa «controlar o guiar usando un freno».[7] La forma verbal en este caso concreto es un aoristo infinitivo en la voz activa. De esa manera, la acción verbal se contempla en su totalidad. La partícula conjuntiva «también» *(kai)* deja de manifiesto el resultado de poder controlar la lengua. El que controla la lengua, también es capaz de controlar todo el cuerpo.

Debe notarse cuidadosamente el lenguaje metafórico empleado por el apóstol Santiago. El hombre perfecto o maduro es aquel que es capaz de controlar su lengua, es decir, su hablar. Ese control se asemeja al que un jinete ejerce sobre el caballo en el que cabalga. Aquel que controla su hablar controla «todo su cuerpo», es decir, toda su personalidad. Esta sección es aplicada particularmente a la persona que enseña dentro de la Iglesia cristiana. El maestro cristiano que controla su hablar evitará sufrir tropiezos, es decir, errores que redundarían en el perjuicio del pueblo de Dios.

Resumiendo, el maestro, más que ninguna otra persona, está expuesto al peligro del mal uso de su lengua, es decir, su hablar. Es mediante una fe activa y dinámica que ese control es posible. El ministerio de la enseñanza tiene una influencia tal que, si no es debidamente controlado, podría tener resultados fatales. El maestro cristiano que ha sido dotado para ese ministerio por el Espíritu Santo necesita prepararse debidamente para cumplir con su responsabilidad. Esa preparación implica el estudio serio de las Escrituras y la dependencia del Espíritu de Dios. Esto conducirá al maestro al grado de madurez descrito por Santiago como «varón perfecto». El resultado será el control o dominio de lo que se dice o se enseña. El beneficio de tal situación para el pueblo de Dios no podrá por menos que notarse en el crecimiento espiritual de los creyentes.

La práctica de la fe viva enseña al creyente cómo controlar su hablar (3:3-8)

Alguien ha dicho que la palabra es más poderosa que el cañón. El maestro tiene que hacer uso constante de la palabra. Sin duda, esa es la razón por la que Santiago hace hincapié en la importancia de controlar la lengua. En esta sección, el apóstol apela a situaciones de la vida cotidiana para ilustrar su enseñanza.

«Pues si ponemos los frenos en las bocas de los caballos» (v. 3a, *ei dè ton híppon tous chalinous eis ta stomata ballomen*). Evidentemente, el apóstol toma

---

7. Ver Joseph Thayer, *Greek-English Lexicon of the New Testament*, p. 664.

como punto de partida el concepto expresado en el versículo anterior tocante a ser capaz de controlar todo el cuerpo. La lengua o el hablar evidencia el grado de control que la persona tiene de sí misma. El que controla su hablar controla su cuerpo. Para explicar ese concepto, Santiago apela a la función que ejerce el freno en la boca de los caballos. «Pues si ponemos» *(ei dè bállomen)* introduce una cláusula condicional simple en la que se asume que lo que se dice es verdad.[8] El sustantivo «caballos» *(híppon)* aparece al principio de la oración por razón de énfasis. Santiago desea subrayar que, si ponemos cuidado en controlar a *los caballos,* cuánto más cuidado no deberíamos poner en controlar la lengua.

La expresión «los frenos» *(toús chalinoús)* no se limita al bocado solamente, sino que incluye las riendas y todo el correaje usado por el jinete para controlar el caballo. Sin embargo, el bocado o pieza de metal que se coloca dentro de la boca *(tà stómata)* de los caballos es de vital importancia para controlar el cuerpo del *animal.*

«Para que nos obedezcan y así controlamos todo su cuerpo» (v. 3*b*). Esta frase expresa el propósito con el que se pone el freno en la boca del caballo. En realidad hay un propósito y un resultado expresado en la frase: (1) «para que nos obedezcan» *(eis tò peíthesthai autoùs heimîn).* El verbo «obedecer» *(peíthesthai)* es el presente infinitivo en la voz media de *peítho,* que significa «ser persuadido», «ser influido mediante la persuasión», «ser convencido». La presión del freno en la lengua del caballo es un instrumento de persuasión muy convincente para que obedezca al jinete. (2) «y controlamos todo su cuerpo» *(kaí holón tò sôma autôn metágomen).* Esta frase expresa el resultado apetecido. El jinete puede controlar toda la anatomía y el instinto del caballo si tiene la capacidad de controlar la boca del animal. El verbo «controlar» *(metà* = voltear y *ágo* = guiar) significa concretamente «guiar en la dirección deseada».[9] La idea encerrada en dicho vocablo es que el jinete tiene tal control del caballo que le hace dar la vuelta, detenerse o marchar hacia donde lo desea.

Evidentemente, Santiago era un hombre compenetrado con las costumbres de su tiempo y, además, sabía usar sus conocimientos y aplicarlos con gran destreza pedagógica. Ya en el capítulo 1 ha usado la metáfora del oleaje del mar para describir la inconstancia del que ora sin fe. También ha comparado al oidor olvidadizo de la Palabra de Dios con alguien que se observa a sí mismo en un espejo y luego se olvida de su parecer. En el capítulo 3, el apóstol apela a sus conocimientos de hipismo para ilustrar el control de la lengua, es decir, la

---

8. Algunos manuscritos contienen la expresión *ide* (he aquí), pero las evidencias favorecen la lectura del texto crítico *(ei de)* que se acepta aquí. El *Textus Receptus* contiene la expresión *idou,* pero cuenta solo con el apoyo de algunos manuscritos de fecha tardía, lo que hace que dicha lectura sea un tanto sospechosa.

9. El verbo *metago* solo aparece en Santiago 3:3-4 en todo el Nuevo Testamento.

expresión verbal. Ahora usa su conocimiento de la navegación para reforzar la enseñanza acerca del control de la lengua.[10]

«Mirad también los barcos» (v. 4a, *idoù kaì tà ploîa*). La expresión «mirad» *(idoù)* es exclamativa, usada para llamar la atención de los lectores.[11] Es como si el escritor pudiese apuntar con su índice hacia una nave. **«Aunque son tan grandes»** (v. 4b, *telikaûta ónta*). El tamaño de las embarcaciones de los tiempos de Santiago no puede compararse con el de las naves modernas,[12] pero el apóstol está comparando el tamaño de uno de aquellos barcos con el del timón que se usaba para controlarlo. **«Y que son llevados por fuertes vientos»** (v. 4c, *kaì hypò anémon sklerôn elaunómena*). Las naves descritas por Santiago, no solo son grandes en tamaño, sino que también sufren de la furia del oleaje. Tanto en el Mediterráneo como en el mar de Galilea se producían fuertes tormentas con frecuencia. La expresión «vientos recios» o «fuertes» es enfatizada, pues aparece al principio de la oración. «Son llevados» es un participio pasivo del verbo *elaúno*, que significa «empujar», «obligar a moverse». El viento recio es capaz de destruir la nave a menos que esta tenga el control necesario para hacer frente a la situación. Ese control es proporcionado por el timón en las manos del piloto.

El piloto controla el timón que, a su vez, controla la embarcación. **«Son guiados por un timón muy pequeño»** (v. 4d, *metágetai hypò elachístou pedalíou*). El verbo «guiar» *(metágo)* está en la voz pasiva. «Son guiados» *(metágetai)* seguido de la preposición *hypo* («por») que expresa agencia. Es como si Santiago le atribuyese personalidad al timón. El apóstol enfatiza, además, que dicho «timón es muy pequeño» *(elachístou pedalíou)* en contraste con el barco que es «muy grande» *(telekôutos)*. No es difícil comprender el paralelismo que Santiago traza con su ilustración. Un caballo es un animal grande, pero es controlado por el jinete a través de un instrumento pequeño *(chalinoús)*. Una embarcación transoceánica es de gran tamaño, pero está gobernada por el capitán mediante un timón muy pequeño *(elachístou)*. Sin la capacidad del jinete y del capitán, tanto el caballo como la embarcación perderían su control. Así es con el hablar humano. La lengua es como el freno en el caballo o el timón en el barco. Su función es controlar, pero tiene que haber una persona, un ser inteligente, que ejecute ese control.

En el caso de la embarcación, dice Santiago que es dirigida **«a donde el impulso del piloto quiere»** (v. 4e, *hópou he hormèi tôu euthýnontos boúletai*). La palabra «impulso» *(hormèi)* significa «una acción rápida y violenta».[13] Di-

---

10. La descripción que Santiago hace de la ciencia de la navegación sugiere que tenía un conocimiento, si no práctico, por lo menos teórico de dicha actividad.

11. Nótese el uso de la misma expresión en 3:5; 5:4, 7, 9, 11.

12. La nave que condujo a Pablo a Malta transportaba 276 personas (ver Hch. 27:37).

13. Ver Gerhard KITTEL (ed.), *Theological Dictionary of the New Testament*, V, pp. 467-672.

cho vocablo podría referirse aquí «a la presión física que el piloto ejerce sobre el timón o su inclinación o deseo personal».[14] La expresión «del piloto» *(toû euthýnontos)* es un participio sustantivado, tiempo presente, caso genitivo y acompañado del artículo definido. Dicha palabra procede del verbo *euthýno*, que significa «guiar en línea recta», «dirigir». Se usa también para describir el trabajo de un pastor o un chófer.[15] «El tiempo presente apunta a la función característica e indica que cualquiera que tenga control del timón determina el rumbo del barco».[16] El verbo «quiere» *(boúletai)* es el presente indicativo, voz media de *boúlomai*. Este verbo se usa generalmente para expresar un acto de la voluntad o un propósito definido. El control del piloto sobre la nave es directamente proporcional a su control del timón. De la misma manera, el control de alguien sobre su persona es proporcional al control que tenga de su lengua.

«Así también la lengua es un órgano pequeño» (v. 5a, *houtos kai he glôssa mikròn mélos estìn)*. El adverbio «así» *(hoûtos)* indica comparación. El freno del caballo y el timón del barco son pequeños, así también es la lengua. Sin embargo, la función que realiza es en extremo importante. **«Y se gloría de grandes cosas»** *(kai megála aucheî)*. Santiago enfatiza la expresión «grandes cosas» *(megála)* al colocarla delante del verbo «se gloría» *(aucheî)*. Este verbo significa «hacer ostentación» o «hacer alarde». De modo que la lengua, aunque pequeña en tamaño, de *grandes cosas* hace alarde. La forma presente de indicativo del verbo señala que la acción es real y continua. Santiago otorga características de persona a la lengua al decir que esta continuamente se gloría de grandes cosas.

«Mirad cuán grande bosque prende tan pequeño fuego» (v. 5b, *idoù helíkon pýr helíken hýlein anáptei)*. «Mirad» *(idoù)* se usa para llamar la atención al lector. Santiago emplea un juego de palabras *(helíkon... helíken)* un tanto difícil de expresar en castellano. Es indudable que el apóstol desea llamar la atención al tamaño grande de algo afectado por algo pequeño. De modo que el contexto sugiere que lo grande es el bosque y lo pequeño es el fuego. Literalmente, podría decirse «mirad el tamaño tan pequeño del fuego pero que incendia un bosque de tan gran tamaño». Un incendio forestal es producido por una pequeña chispa, causada muchas veces por el descuido de una persona. El resultado de tal hecho es catastrófico y lamentable en la mayoría de los casos. Así ocurre con la lengua. Casi siempre por un descuido, pero lo cierto es que se cometen daños verbales lamentables. Una lengua sin control es tan destructiva como un incendio forestal.

«Y la lengua [es] un fuego» (v. 6a, *kai he glôssa pýr)*.[17] La conjunción «y»

---

14. D. Edmond Hiebert, *The Epistle of James*, p. 211.
15. A. T. Robertson, *Word Pictures in the New Testament* VI, p. 41.
16. Hiebert, *The Epistle of James*, p. 211.
17. Algunos comentaristas prefieren poner un punto después de la palabra «fuego» *(pur)* y comenzar una

(kai) establece una relación entre este versículo y el anterior. Nótese el uso de la metáfora. Santiago no dice que la lengua es *como* un fuego, sino que *es* un fuego.[18] El uso de la metáfora enfatiza el carácter destructor de la lengua.[19] «**El mundo de maldad**» (v. 6*b*, *ho kósmos têis adikías*).[20] La expresión «el mundo» es difícil de interpretar en este caso. ¿En qué sentido usa el escritor dicho vocablo? Es cierto que *kósmos* significa «mundo» y Santiago podría haber usado dicho vocablo hiperbólicamente, pero también significa «sistema mundial», «orden mundial», «adorno», «arreglo».[21] Es probable, por lo tanto, que Santiago esté describiendo la lengua o el hablar del hombre como «un vasto sistema u organismo conectado con la iniquidad, aquello que es injusto y maligno en su carácter».[22] El escritor Curtis Vaughan sugiere que podría referirse al hecho de que «todo el mal que la Biblia asocia con un mundo enajenado de Dios es enfocado en la lengua y encuentra su expresión a través de esta».[23] La expresión «de maldad» *(teîs adikías),* literalmente, significa «de injusticia». El caso genitivo puede tomarse como descriptivo: «La lengua es un mundo que se caracteriza por su injusticia».

Es indiscutible que Santiago desea describir el poder destructor de la lengua y el peligro que encierra su descontrol. Las ilustraciones de los versículos 3 y 4 prepararon el camino para la enseñanza específica sobre el peligro de la lengua. Ningún otro órgano del cuerpo humano puede causar más daño que la lengua. No es de extrañar, pues, que Santiago la describa como «un fuego», «el mundo de injusticia», «la contaminadora de todo el cuerpo», «la que prende la rueda de la naturaleza» y, además, afirma que es un instrumento infernal. Como ya se ha observado, el apóstol usa la expresión «la lengua» como un símbolo del hablar humano. De modo que lo que el apóstol está enfocando es el importantísimo tema del control que todo hombre debe de ejercer sobre su hablar.

Santiago dice que «**la lengua está puesta entre nuestros miembros**» (v. 6*c, he glôssa kathístatai en toîs mélesin hemôn).* El verbo *kathístatai* traducido «está puesta» está en el presente indicativo de la voz pasiva o media. Dicho verbo significa «establecer», «constituir», «colocar». La fuerza de dicho verbo parece

---

nueva oración. De modo que se leería: «La lengua es un fuego. El mundo de maldad, la lengua ha sido colocada entre nuestros miembros» (ver MAYOR, *The Epistle of James,* pp. 113-116).

18. El apóstol usa una frase nominal en la que el verbo *ser* está en forma tácita. La frase literalmente dice: «Y la lengua: un fuego».

19. Esa verdad es igualmente reconocida en el Antiguo Testamento (ver Sal. 57:4; 120:3-4; Pr. 16:27; 26:18-21).

20. La mayoría de los comentaristas reconocen la dificultad de este versículo tanto en su contenido como en su puntuación. Algunos toman la expresión «el mundo de maldad» como apositiva de «la lengua es un fuego». Sin embargo, parece ser preferible tomarla como un predicado nominal cuyo sujeto seguiría siendo «la lengua». Así que se leería: «La lengua es un fuego, [la lengua] es el mundo de maldad».

21. La palabra *kosmos* aparece 185 veces en el Nuevo Testamento. De esas, 78 veces es usada por Juan, 47 por Pablo, 14 en los Evangelios sinópticos y 22 veces en el resto del Nuevo Testamento.

22. HIEBERT, *The Epistle of James,* p. 214.

23. VAUGHAN, *James,* p. 70.

girar alrededor de la idea de que la lengua ejerce tanta influencia en la persona humana que, por así decirlo, «está establecida o constituida» como una reina entre nuestros miembros. Es más, si el verbo se toma en la voz media (y el contexto indica que así debe tomarse), la idea sería que «la lengua se ha establecido o constituido a sí misma como la reina entre los miembros del cuerpo». Es como si hubiese usurpado el trono de algún otro miembro.

«La contaminadora de todo el cuerpo» (v. 6d, *he spiloûsa hólon to sôma*). El apóstol usa el participio activo en presente del verbo *spilóo* (contaminar). Este verbo aparece solo otra vez en el Nuevo Testamento en Judas, versículo 23. El uso del participio sugiere la obra continua de la lengua. No cesa de contaminar «todo el cuerpo», es decir, «toda la personalidad del individuo». **«Y la que prende fuego a la rueda de la naturaleza»** (v. 6e, *kaì flogidsoménei hypò têis geénneis*). La expresión «la que prende fuego» *(flogídsousa)* es un participio presente en la voz activa. Al igual que en la frase anterior, este participio sugiere el carácter continuo de la acción. La frase «la rueda de la naturaleza» es difícil de interpretar. Es posible que signifique el ciclo completo de la vida o, como diríamos, «de la cuna a la tumba», es decir, la existencia total de la persona.

«Y es inflamada por el infierno» (v. 6f, *kaì flogidsoménis hýpa tês geéneis*). Santiago usa el participio presente esta vez en la voz pasiva del verbo *flogízo* («prender fuego», «inflamar») para indicar el origen del fuego producido por la lengua. La lengua fue colocada por Dios en el cuerpo humano, indudablemente para expresar alabanzas al Creador. El pecado, sin embargo, ha hecho que se convierta en un terrible instrumento satánico. «La iniquidad de una lengua sin control tiene una relación directa con el mundo invisible espiritual del maligno».[24]

El infierno es la fuente de energía que surte a la lengua y esta, a su vez, inflama la rueda de la naturaleza. La palabra «infierno» en el original es *gehenna*. Dicho vocablo no aparece en la Septuaginta. La *gehenna* era un lugar situado al sur de Jerusalén, conocido como el valle de los hijos de Hinom (Jos. 15:8; 18:16; Is. 31:9; 66:24; Jer. 32:35; 2 Cr. 33:6). En la literatura pseudoepigráfica se hace referencia a la creencia de que la *gehenna* se convertiría en el infierno de fuego después del juicio final.[25] En el Nuevo Testamento, la palabra *gehenna* aparece mayormente en los Evangelios sinópticos. La única otra referencia es la que aparece en Santiago 3:6. Es de interés notar que las once veces que dicho vocablo aparece en los Evangelios es Jesús quien lo usa. Repetidas veces Jesús advierte a sus oyentes del peligro de la *gehenna* (Mt. 5:20; 5:29; 10:28; 18:9; Mr. 9:42-47). El Señor da a entender que la *gehenna* es una realidad preexistente (Mt.

---

24. HIEBERT, *The Epistle of James*, p. 218.
25. Ver *El Libro Etiópico de Enoc*, 90:26; 27:1; 56:3.

25:41). En el libro de Apocalipsis (19:20 y 20:10, 14) se usa la expresión «lago de fuego que arde con azufre», posiblemente como una expresión paralela con la *gehenna*. En resumen, la palabra *gehenna* se usa en el Nuevo Testamento para describir el lugar de castigo eterno. Dicho vocablo describe el infierno escatológico donde el que entra experimentará la ruina espiritual más indescriptible.[26]

En los versículos 7 y 8 de esta sección, Santiago explica lo dificultoso de controlar la lengua. Animales de todas clases pueden ser controlados por el hombre, pero el ser humano no es capaz de controlar su propia lengua. La partícula «porque» *(gàr)* es explicativa. Santiago apoya lo dicho anteriormente con lo que ha de decir en los versículos siguientes. La expresión «toda clase» *(pâsa phýsis)* se refiere a la variedad existente en el reino animal. La idea podría expresarse diciendo que «animales de todas clases» son domesticados. Otra manera de expresarlo sería recordando que existe una gran variedad de clases dentro del reino animal. Cada «clase» o «naturaleza» de animal tiene sus características propias. El hombre, sin embargo, ha logrado controlar o domesticar animales de todas las clases existentes, ya sean bestias, aves, reptiles o animales marinos. El verbo «domar» *(domádsetai)* está en el presente indicativo, voz pasiva («es domado»). Este verbo significa «dominar», «gobernar», «controlar dentro de ciertos límites».[27] Este verbo se usa dos veces en el versículo 7. La primera vez está en el tiempo presente, la segunda vez en el perfecto *(dedámastai)*. El tiempo perfecto enfatiza el hecho de que el hombre ha sido capaz de conquistar a los animales (no solo domarlos y domesticarlos). La naturaleza humana *(teî fýsei teî anthropínei)* ha conquistado a la naturaleza animal (Sal. 8:6-8).

«Pero la lengua ningún hombre la puede domar» (v. 8a, *tén dè glôssan oudeìs damásai dýnatai anthrópon)*. La conjunción «pero» *(dè)* introduce un contraste entre lo que ha sido dicho y lo que sigue. La expresión «ninguno» o «nadie» es usada como sustantivo y es limitada por la palabra «hombre» que se halla en el caso genitivo.[28] La idea es que ninguno de entre los hombres «puede o es capaz de domar la lengua». Santiago, evidentemente, desea enfatizar la expresión «de los hombres» *(anthrópon)* al colocarla al final de la oración. El verbo «domar» *(domásai)* está en el aoristo infinitivo, y contempla la acción en su totalidad. Además, está acompañado del verbo semiauxiliar «poder» *(dýnatai)*. El apóstol, indudablemente, desea enfatizar la completa incapacidad del hombre para controlar su lengua.[29] ¿Qué es en sí lo que el escritor bíblico está tratando de decir a

---

26. William L. Lane, *Commentary on the Gospel of Mark*, pp. 348-349.
27. Nótese el uso de dicho verbo en Marcos 5:4. El hombre poseído por la legión de demonios «nadie tenía fuerza para dominarle *(damasaia auton)*».
28. Ver Hiebert, *The Epistle of James*, p. 220.
29. Algunos sugieren que Santiago se refiere al acto de controlar la lengua de otra persona, pero el contexto favorece la referencia a controlar su propia lengua.

sus lectores? Parece ser que el apóstol desea comunicarles que ningún hombre, haciendo uso de su propia fuerza, es capaz de subyugar el poder de la lengua de una manera total. Tal vez lo haga ocasionalmente, pero nunca completamente. Solo Dios puede hacer tal cosa. De modo que la respuesta al problema del control de la lengua yace en un sometimiento incondicional a la voluntad de Dios. Eso solo se logra a través de la práctica de una fe viva y dinámica.

El apóstol pronuncia dos calificativos más sobre la lengua: (1) **«un mal incontrolable»** (v. 8*b, akatástaton kakón)*, (2) **«llena de veneno mortal».** La palabra «mal» *(kakós)* se usa en la Septuaginta con referencia «al mal que de manera objetiva daña a la persona».[30] En el Nuevo Testamento se usa con el significado de «destructivo», «dañino», «injusto» y se opone a lo que es intrínsecamente bueno (ver Ro. 7:15-25). El adjetivo «incontrolable» *(akatástaton)* aparece en 1:8, donde es traducido «inestable» o «inconstante». El hecho de que la lengua sea un «mal incontrolable» acentúa aún más su peligrosidad. Una plaga en sí es peligrosa, pero si está fuera de control, es mucho más peligrosa. Una fiera salvaje es peligrosa, pero si anda suelta, causaría gran destrucción.[31] El segundo calificativo empleado por el apóstol es **«llena de veneno mortal»** (v. 8*c, mestéi toû thanateiphórou)*. Este es, sin duda, un diagnóstico fatal sobre la lengua. El apóstol Pablo apela a un lenguaje similar para describir la condición pecaminosa del hombre: «Sepulcro abierto es su garganta; con su lengua urdieron engaños. Veneno de áspides hay debajo de sus labios; su boca está llena de maldición *y* amargura» (Ro. 3:13-14, RVR-1977). La palabra «lleno» *(mestéi)* significa «saturado», «repleto». Se usa en Juan 19:29 en relación con la esponja saturada de vinagre que se le dio al Señor en la cruz. También en Juan 21:11 para describir la condición de la red «repleta» de grandes peces. El vocablo «mortal» o «mortífero» *(thanateiphórou)* procede de *thánatos* (muerte) y *féro* (llevar, transportar). De modo que Santiago describe la lengua como un instrumento repleto de un veneno que ocasiona la muerte y transporta dicho veneno a dondequiera que se dirige.

Resumiendo, Santiago ha hecho un diagnóstico exhaustivo del poder *y* la capacidad destructora de la lengua, simbólica del hablar humano. He aquí lo que ha dicho el apóstol: (1) es jactanciosa (v. 5), (2) es un fuego (v. 6), (3) contamina totalmente la personalidad (v. 6), (4) su influencia dura lo mismo que la vida de la persona (v. 6), (5) su fuente de energía procede del infierno (v. 6), (6) no

---

30. Ver *The New International Dictionary of New Testament Theology*, I, p. 562.
31. Algunos comentaristas toman las dos frases («un mal incontrolable» y «llena de veneno mortal») como apositivas de «la lengua»; aunque tal cosa es factible, sin embargo, requiere algunos ajustes gramaticales (ver MAYOR, *The Epistle of James*, p. 121). Más aceptable sería tomar ambas frases como predicados nominales, sobreentendiendo el verbo ser («es un mal incontrolable», «es un veneno mortal»). Tal vez más aceptable aún sería darles el carácter de frases exclamativas («¡un mal incontrolable!», «¡un veneno mortal!»). Ver HIEBERT, *The Epistle of James*, p. 221.

puede ser subyugada por el hombre (v. 8), (7) es un mal incontrolable (v. 8), y (8) está repleta de veneno mortífero. La única nota positiva en este diagnóstico radica en que el apóstol deja entrever que, aunque el hombre no puede por sí mismo controlar la lengua, sí puede mediante la intervención del Espíritu Santo. Es un hecho que el hombre no puede controlar su hablar de una vez por todas, pero si por la fe activa se somete a la voluntad de Dios, el Señor hará la obra. El versículo 8 contiene una elipsis en la que Santiago dice que «ningún hombre puede controlar su lengua, pero Dios sí». El creyente que se sienta incapaz de controlar su lengua puede pedirle a Dios en oración que lo haga, y Dios lo hará.

La práctica de la fe viva advierte al creyente de los resultados de una lengua sin control (3:9-12)

La falta de control en el hablar humano tiene consecuencias lamentables. Primeramente, en la vida del creyente se convierte en un serio obstáculo para su crecimiento espiritual. En segundo lugar, impide una relación provechosa con otras personas. En este pasaje, Santiago enfatiza las incongruencias que se derivan de la falta de control de la lengua.

«Con ella bendecimos al Señor y Padre» (v. 9a, *en auteî eulogôumen tòn Kýrion kaì patéra*). La expresión «con ella» *(en auteî)* está en el caso instrumental.[32] La lengua es el instrumento de expresión humana. «Bendecimos» *(eulogoûmen)* es el presente indicativo, voz activa del verbo *eulogéo*, que significa, literalmente, «hablar bien» (ver Lc. 1:64). Santiago señala la existencia de una triste paradoja. La misma lengua que, por un lado, es instrumento de alabanza a Dios, por el otro, se usa para maldecir a los hombres. El apóstol ve en esa actitud un acto de duplicidad detestable. El uso de la expresión «el Señor y Padre» enfatiza la autoridad divina y también el hecho de que el hombre fue hecho a imagen de Dios.[33] Reconocer a Dios como «Señor» *(kýrios)* es reconocer su soberanía, mientras que honrarle como «Padre» *(patéra)* significa admitir la dependencia de Él (Stg. 1:17).

La repetición de la expresión «con ella» *(en auteî)* es enfática.[34] Santiago recalca que es *con la misma lengua* que por un lado bendecimos a Dios y por otro maldecimos a los hombres. El verbo **«maldecimos»** (v. 9b, *katarómetha*) está en el presente indicativo, voz media. El modo indicativo señala hacia la realidad del hecho y la voz media indica que el sujeto participa de la acción.[35] Tanto el verbo *kataráomai* (maldecir) como las palabras afines a dicho verbo

---

32. Ver C. F. D. Moule, *An Idiom-Book of New Testament Greek*, p. 77.

33. Mayor, *The Epistle of James*, p. 122.

34. *Ibíd.*

35. Debe notarse también que Santiago usa la primera persona plural, incluyéndose a sí mismo en la acción («bendecimos», «maldecimos»).

(*ara* = maldición, *katára* = maledicencia, *epikatáratos* = maldito) eran usadas comúnmente en la literatura clásica desde los tiempos de Homero.[36] La idea contenida en esas palabras era la de expresar verbalmente el deseo de que alguien sufriese algún tipo de daño que, supuestamente, sería causado por un poder externo. En el Antiguo Testamento, se usa la palabra hebrea *q' laláh* para expresar el mismo sentido de *katára* (maledicencia).[37] En el Nuevo Testamento, el verbo *kataráomai* aparece en Marcos 11:12-14, 21, cuando Jesús maldijo la higuera estéril y también en Romanos 12:14, 19, donde se prohíbe al creyente maldecir ni aun a sus enemigos.[38]

Santiago presenta en el versículo 9 una antinomia. Bendecir o hablar bien de Dios y al mismo tiempo maldecir (desear mal) a los hombres es algo totalmente incongruente con los dos primeros mandamientos de la ley. La ética divina no toleraría tal actitud por considerarla hipócrita y antibíblica. A pesar de haber caído en pecado, el hombre sigue siendo imagen de Dios: «**Hechos a semejanza de Dios**» (v. 9c, *toùs kath' homoíosin theoû gegonótas*). El hombre fue creado originalmente a imagen y semejanza de Dios (Gn. 1:26). Eso significa, entre otras cosas, que el hombre tiene un espíritu y, por lo tanto, una personalidad. Además, el hombre es un ser moralmente responsable y tiene la capacidad para gobernar. El Creador delegó al hombre la autoridad para administrar la tierra. El hombre es algo así como un virrey de Dios en este planeta. Aun después de la entrada del pecado en su experiencia, el hombre sigue siendo imagen de Dios (Gn. 9:6; 1 Co. 11:7; Stg. 3:9). La forma perfecta del verbo «han sido hechos» (*gegonótas*) apoya la afirmación de que el hombre no ha dejado de ser imagen de Dios. Es verdad que esa imagen ha sido empañada y afectada por el pecado, pero no ha sido borrada ni destruida. La obra expiatoria de Cristo en la cruz del Calvario ha hecho posible, mediante la fe, que el hombre pueda nacer de nuevo, es decir, ser una nueva creación mediante la intervención divina (2 Co. 5:14-21; Ro. 8:29). La imagen de Dios en Cristo será completamente restaurada en todo aquel que sea salvo (1 Co. 15:49).

«**De la misma boca procede bendición y maldición**» (v. 10a, *ek toû autoû stómatos exérchetai eulogía kaì katára*). El apóstol no podría expresar una incongruencia mayor que esa. «De la misma boca» (*ek tou autoû*), es decir, de la misma fuente de origen y a través del mismo conducto. El tiempo presente del verbo sugiere el carácter continuo de la acción. «La alabanza a Dios pierde su carácter noble y es manchada con la amargura de la maldición.[39] Santiago no sugiere que el mal está en que tanto la bendición como la maldición proceden

---

36. *New International Dictionary of New Testament Theology*, p. 416.

37. *Ibíd.*

38. Evidentemente, maldecir tiene que ver con el juicio divino, algo que solamente corresponde a Dios.

39. HIEBERT, *The Epistle of James*, p. 223.

de la misma fuente, como si quisiera decir que si ambas cosas se separasen, entonces estaría bien.[40] La ética bíblica simplemente prohíbe maldecir a un semejante. Esto es expresado por Pablo en Romanos 12:14: «Bendecid a los que os persiguen; bendecid *[eulogeîte], y* no maldigáis *[meì katarâsthe]*». La protesta de Santiago no podría ser más enfática: «**Hermanos míos, estas cosas no deben ser así**» (v. 10b, *ou chréi, adelphoí mou, taûta hoútos gínesthai).* Otra manera de expresar la queja de Santiago sería: «Hermanos míos, no hay necesidad de que este estado de cosas continúe». El verbo traducido «debe ser» *(gínesthai)* está en el presente infinitivo, voz media y enfatiza el carácter continuo de aquella situación. Lo que estaba ocurriendo, es decir, las contradicciones e inconsecuencias en el comportamiento, era inapropiado y contrario a la ética cristiana.

El apóstol Santiago refuerza su argumento en contra del comportamiento disonante de sus lectores, empleando una serie de preguntas retóricas. El contexto demanda que dichas preguntas obtengan una respuesta negativa. Una vez más, el apóstol apela a cuestiones familiares a la experiencia del lector. «**¿Envía la fuente por la misma abertura lo dulce y lo amargo?**» (v. 11). El sustantivo «la fuente» *(he pegèi)* significa «una fuente de agua o manantial». El verbo «envía» *(brýei)* está en el presente indicativo. Dicho verbo significa «brotar», «emanar» y describe el efecto que hace el agua cuando brota a borbotones de un manantial. Sería inconcebible, por no decir insólito, que un manantial produjese agua dulce o potable *(glykù)* y amarga o salobre *(pikrón)* al mismo tiempo y que brotase por la misma abertura.

La segunda pregunta retórica también es tomada de la experiencia cotidiana del pueblo hebreo. «**¿Puede una higuera, mis hermanos, producir olivos, o la vid higos?**» (v. 12*a*). Por supuesto que la respuesta a dicha pregunta es un enfático *no.* Aquí parece que Santiago apela a las mismas palabras de Cristo en Mateo 7:16-17:

> Por sus frutos los conoceréis… ¿Acaso se cosechan uvas de los espinos o higos de los abrojos? Así también, todo buen árbol da buenos frutos, pero el árbol malo da frutos malos.

Los israelitas estaban bien compenetrados con las cosechas de higos, olivos y uvas. También conocían el cuidado requerido de dichas plantas y el fruto que cada una producía. Evidentemente, el apóstol espera que sus lectores saquen sus propias conclusiones de las verdades expresadas a través de esas preguntas. Simplemente concluye diciéndole: «**tampoco el agua salada puede producir [agua] dulce**» (v. 12*b*). Santiago, sin duda, está recalcando que cada cosa pro-

---

40. Ver MAYOR, *The Epistle of James,* p. 123.

duce según su naturaleza. El fruto no es mejor que el árbol que lo produce, pero el árbol es lo que es su raíz. Si la raíz es mala, el árbol es malo. Si la fuente productora de agua es dulce, el agua que saldrá será potable. La conclusión de Santiago es sencilla, pero a la vez profunda. La expresión «agua salada» *(halykôn)* es un adjetivo en el original y simplemente significa «lo salado». El verbo «producir» *(poîesai)* es el aoristo infinitivo de *poiéo,* que significa «hacer». Sin duda, Santiago está expresando una verdad axiomática: «lo salado no puede hacer o producir agua dulce», simplemente porque su naturaleza se lo impide. Esta lección no era difícil de comprender para el judío conocedor del Antiguo Testamento. Después de haber cruzado el mar Rojo, el pueblo de Israel se vio sin agua en medio del desierto de Shur. Cuando llegaron a cierto sitio donde había agua, no la pudieron beber porque era amarga. Dios tuvo que obrar un milagro para proporcionar agua al pueblo (Éx. 15:22-26). Cuando llegaron a Elim (Éx. 15:27), encontraron fuentes de agua dulce y refrescante. Mara era una fuente de agua salada, mientras que Elim era una fuente de agua dulce.

En resumen, el tema de Santiago 3:1-12 es el control del hablar humano. El apóstol usa el símbolo de *la lengua* como una figura literaria para transmitir más objetivamente la enseñanza de este importante tema a sus lectores. Primeramente, el apóstol advierte a aquellos que desean ser maestros dentro de la Iglesia del peligro de este ministerio a causa del problema que todo ser humano tiene de no poder controlar de manera permanente su propia lengua. Santiago señala los peligros de la lengua usando un lenguaje metafórico que ilustra de manera concreta lo que de otro modo sería difícil de comprender debido a lo abstracto del tema. Finalmente, el apóstol previene al lector sobre las contradicciones e incongruencias en que muchos caen a causa de no someter su lengua o su hablar bajo el control divino. Siguiendo su estrategia inicial, Santiago mezcla la firmeza con la ternura, la verdad con la benevolencia, la fuerza pedagógica con el fervor pastoral. Solo el hombre de fe activa, que ha rendido el control de su hablar al soberano Señor Jesucristo, verá cumplidos en su vida los beneficios de la ética expuesta por Santiago.

LA PRÁCTICA DE LA FE VIVA PRODUCE SABIDURÍA EN EL HOMBRE DE ENTENDIMIENTO (3:13-18)

Traducción

¿Quién es sabio y entendido entre vosotros? Muestre por su buen comportamiento sus obras en sabia mansedumbre. Pero si tenéis celos amargos y una disposición contenciosa en vuestro corazón, no os jactéis ni mintáis contra la verdad. Esta sabiduría no es la que desciende de arriba, sino terrenal, sensual, demoníaca. Porque donde hay celos y contenciones, allí hay confusión y toda obra perversa. Pero la sabiduría que es de arriba, primeramente es pura, después es pacífica, razonable, conciliadora, llena de misericordia y de buenos frutos, imparcial, sin hipocresía. Y el fruto de justicia se siembra en paz por los que hacen la paz.

La primera parte del capítulo 3 de esta Epístola enfoca la temática del hablar humano, mientras que la segunda parte trata la cuestión del comportamiento. La ética bíblica toca tanto el decir como el hacer de la persona. Dios no se complace solo con las expresiones, sino también con las acciones de sus hijos. Ese equilibrio entre el hablar y el actuar es el que caracteriza al hombre sabio según la Palabra de Dios.

El hombre de fe viva rechaza la sabiduría terrenal (3:13-16)

«¿Quién es sabio y entendido entre vosotros?» (v. 13a, *tís sofòs kaì epistémon en humîn).* Como buen pedagogo, Santiago comienza con una pregunta para motivar a sus lectores a la reflexión. La palabra «sabio» *(sofòs)* tiene que ver con un maestro práctico.[41] «En el uso secular, la palabra griega traducida "hombre sabio" denota uno que tiene inteligencia y educación por encima de lo normal, y se usaba con referencia al maestro. En el Nuevo Testamento, por lo general, se refiere a alguien con discernimiento espiritual y discreción, con la habilidad de ver claramente lo correcto y actuar según se espera».[42] «Entendido» *(epistémon)* se refiere a un experto, la persona capacitada para realizar una tarea, como un profesional o especialista. Es posible que Santiago use ambos sustantivos como sinónimos, pero con una ligera variación en la función de dichos vocablos. Como expresa el profesor Hiebert:

> Probablemente el primero [sabio] expresa una cualidad moral y el segundo [entendido] una intelectual. El llamado es a un individuo que posee no solamente el conocimiento académico, sino también la percepción práctica, moral y espiritual.[43]

«Muestre por su buen comportamiento» (v. 13b, *deixáto ek tês kalêis anastrophêis).* El verbo «muestre» *(deixáto)* es un aoristo imperativo, voz activa de *deiknúmi,* que significa «presentar a la vista», «exhibir», «dejar que se vea». El tiempo aoristo indica que Santiago pide una acción efectiva. Se pide que el hombre «sabio y entendido» demuestre de manera objetiva «por su buen

---

41. ROBERTSON, *Word Pictures,* VI, p. 44.
42. VAUGHAN, *James,* p. 74
43. HIEBERT, *The Epistle of James,* p. 227.

comportamiento» *(ek tês kalêis anastrophêis)* lo que en realidad es (ver 2:18). «Por» *(ek)* señala hacia la fuente de procedencia de la demostración. La palabra «buen» *(kalês)* significa «excelente», «noble», «de buena calidad o disposición», «provechoso». «Comportamiento» *(anastrophêis)* se refiere al «estilo de vida» de una persona. Esto incluye su conversación y su comportamiento en general, es decir, la manera como una persona vive cotidianamente.

«Sus obras en sabia mansedumbre» (v. 13c, *tà érga autoû en praúteti sophías)*. Las obras *(érga)* son el fruto de la fe. En el creyente, las buenas obras glorifican a Dios (Mt. 5:16). Las obras no son para llenar de orgullo el corazón del creyente. Por el contrario, el hijo de Dios debe reconocer que ha sido salvado «para buenas obras, las cuales Dios preparó de antemano para que anduviésemos en ellas» (Ef. 2:10). De modo que las buenas obras deben de manifestarse por medio de un comportamiento noble, pero a la vez en «sabia mansedumbre» *(en praúteti sophías)*. La palabra «mansedumbre» *(praúteti)* se usa repetidas veces en el Nuevo Testamento. Jesús la usa, refiriéndose a sí mismo, en Mateo 11:29 («soy manso y humilde»).[44] En Mateo 5:5, el Señor dice que es una de las características de los ciudadanos del reino («bienaventurados los mansos»). En Gálatas 5:23, se menciona la «mansedumbre» como el fruto del Espíritu. El creyente, por lo tanto, no debe de ser arrogante o presumido respecto a lo que hace o a lo que es, sino que debe guardar modestia y sobriedad delante de los demás.

«Pero si tenéis celos amargos» (v. 14a, *ei dè zêlon pikròn èchete)*. Esta frase condicional simple asume que lo que se dice es verdad. El verbo «tenéis» es el presente indicativo, voz activa de *écho*. El tiempo presente sugiere acción continua. Los lectores de la Epístola estaban implicados en luchas internas que Santiago califica como «celos amargos». Aunque la palabra «celos» se usa en el Nuevo Testamento tanto en el buen sentido (Jn. 2:17) como en el malo (Hch. 5:17), es evidente que aquí Santiago la usa en sentido negativo al calificar la actitud como «celos amargos».[45]

«Y una disposición contenciosa en vuestro corazón» (v. 14b, *kaì eritheían en tê kardíai hymôn)*. Un solo verbo es usado con ambas frases. No solo había celos amargos en aquellos creyentes, sino también una disposición a la contienda y a la rivalidad entre ellos mismos. Desafortunadamente, esa situación prevalece entre el pueblo de Dios en todas partes y en todo tiempo. La expresión «disposición contenciosa» *(eritheían)* describe a aquel que se promueve a sí mismo, obviamente, por ganancia o con fines personales. Ese vocablo fue usado por Aristóteles para describir la actitud de alguien que procura obtener un puesto

---

44. Mateo 21:5 hace referencia a la profecía de Zacarías 9:9, en la que se describe la «humildad» del Mesías-Rey.
45. El apóstol coloca dicha expresión al principio de la oración por razón de énfasis. El texto original dice literalmente: «pero si *celos amargos* tenéis».

político de manera ilegal.[46] En el Nuevo Testamento se usa con referencia a alguien que manifiesta un espíritu partidista o sectario.[47] La expresión «en vuestro corazón» *(en teî kardíai hymôn)* apunta al centro de los afectos del hombre. Jesús dijo: «Porque donde está tu tesoro, allí estará también tu corazón» (Mt. 6:21). Para el judío, el corazón era el centro de la acción moral, así como de la personalidad. El corazón es la fuente generadora de los pensamientos (Mr. 2:8) y de las actitudes del hombre (Mt. 15:19-20). El caso locativo («en vuestro corazón») sugiere que tanto los «celos amargos» como la «disposición contenciosa» encuentran su residencia *en* el corazón humano.

«No os jactéis» (v. 14c, *mè katakauchâsthe)*. Aquí se usa el mismo verbo que aparece en 2:13, donde dice que «la misericordia triunfa sobre el juicio». El significado de dicho verbo aquí (3:14) tiene que ver con el acto de «vanagloriarse» o «darse golpes de pecho». Santiago emplea el presente imperativo en la voz media precedido de la partícula negativa *me* («no»). Dicha construcción sugiere un mandato a cesar de hacer lo que ya se está haciendo. La voz media indica que el sujeto ejecuta y al mismo tiempo participa de la acción. Es como si Santiago dijese: «cesad de autovanagloriarosos». La arrogancia es una demostración palpable de la necedad. La persona verdaderamente sabia no gasta tiempo en autoalabanzas ni da mucha ocasión a ser ensalzado por los demás.

«Ni mintáis contra la verdad» (v. 14d, *kaì pseúdesthe katà têis aletheías).* El verbo «mintáis» es el presente imperativo, voz media de *pseúdomai,* lo cual sugiere que los creyentes ya estaban implicados en la práctica de «mentir contra la verdad» y debían de acabar con dicha actitud. La expresión «la verdad» podría referirse al evangelio. La práctica de los celos, rivalidades, arrogancia y cosas semejantes constituían una negación rotunda de los principios del evangelio. El creyente no debe implicarse en tales prácticas. Hacerlo es contradecir los principios fundamentales del evangelio y, por lo tanto, mentir contra la verdad. Otra posibilidad sería que «la verdad» se refiriese concretamente a lo que estaba ocurriendo entre los creyentes. En ese caso, Santiago estaría diciendo: «No mintáis contra la realidad de los hechos», es decir, «no ocultéis la verdad». Tal vez ambas posibilidades podrían combinarse. En tal caso, Santiago estaría diciendo que el mal comportamiento de aquellos creyentes influía negativamente en el testimonio del evangelio. Aquellos creyentes estaban negando la verdad y, por lo tanto, estaban actuando arrogantemente. Santiago les exhorta a que depongan tal actitud.

«Esta sabiduría no es la que desciende de arriba, sino que es terrenal, sensual, diabólica» (v. 15). La expresión «esta sabiduría» es, sin duda, una

---

46. Arndt y Gingrich, *A Greek-English Lexicon,* p. 309.
47. Thayer, *Greek-English Lexicon,* p. 249.

referencia a la mencionada en el versículo 14. La clase de sabiduría que produce pleitos, divisiones, indiferencia, orgullo y cosas similares es más bien necedad. Los creyentes, tanto los de entonces como los de hoy, pueden apelar a la exhortación de 1:5: «Si alguno tiene falta de sabiduría, pídala a Dios [en oración]». «No es la que desciende de arriba» *(ouk estín… ánothen katerchoméne)*, porque «de arriba», es decir, «de Dios», desciende «toda buena dádiva y todo don perfecto».

Santiago usa tres adjetivos para calificar la sabiduría que se comporta contraria al evangelio: (1) «Terrenal» *(epígeios)*, es decir, «limitada a la tierra» o «apta solo para actividades terrenales». (2) «Sensual» *(psuchiké)* o perteneciente a la esfera de los sentidos. La palabra «sensual» se deriva de *psýche*, que significa «alma», «vida», «aliento» y en muchas ocasiones se usa para referirse a la totalidad de la persona.[48] Lo que Santiago quiso decir, evidentemente, fue que tal sabiduría pertenece a la esfera de lo natural, es decir, al conocimiento que se obtiene por medio de los sentidos y que no requiere discernimiento espiritual. Esa es la sabiduría practicada por el hombre no regenerado. (3) «Diabólica» *(daimoniódes)* o demoníaca. «Afirmáis que sois cristianos iluminados, pero la iluminación acompañada de amargura y arrogancia no procede de Dios, sino del diablo».[49] El adjetivo «demoníaca» describe la naturaleza misma de la pseudosabiduría empleada por aquellos creyentes. Las palabras de Santiago son como el sonido de trompeta para los cristianos de hoy. ¿Qué clase de sabiduría reina en el pueblo de Dios hoy? Satanás, por medio de sus demonios, procura inyectar discordia, orgullo, vanidad, rivalidad y herejías en el pueblo de Dios. Muchas congregaciones, grupos eclesiásticos e instituciones han sucumbido ante el engaño satánico por no haber apelado a la sabiduría que proviene de Dios.

La evidencia de que la sabiduría practicada por aquellos creyentes no era de origen divino se deja ver en sus resultados. **«Porque donde hay celos y disposición contenciosa, allí hay confusión y toda obra perversa»** (v. 16). La palabra «porque» *(gàr)* introduce la razón por la que Santiago condena «esa sabiduría». La falsa sabiduría, descrita ya como «demoníaca» en su origen, «sensual» en su función y «terrenal» en su limitación, da cabida a los celos y a las rivalidades porque usa criterios humanos pecaminosos para hacer sus juicios. No está bajo el control del Espíritu Santo y, por lo tanto, origina confusión.

El vocablo «confusión» *(akatastasía)* aparece en 1:8, donde describe la inconstancia del hombre de «doble ánimo», el cual es semejante al «oleaje del mar». También se usa en 3:8 para describir el carácter incontrolable de la lengua («un mal que no puede ser refrenado»). En el pasaje bajo consideración (3:16)

---

48. Ver *Theological Dictionary of the New Testament*, IX, pp. 608-660.
49. MAYOR, *The Epistle of James*, p. 128.

la idea parece ser la de *anarquía,* es decir, un desorden que se extiende a toda la congregación. Esto ocurre cuando los creyentes, en lugar de usar los dones espirituales para la mutua edificación, se dedican a envidiarse unos a otros y a sembrar la discordia en la Iglesia. El resultado es «la confusión», «la anarquía» y «toda obra perversa» *(kaì pân phaûlon prâgma).* La expresión «toda obra» es una manera de generalizar todo tipo de acción, ya sea verbal o de hecho que se clasifique como «perversa» *(phaûlon).* El vocablo *phaûlon* (perversa), según Richard C. Trench, tiene que ver «no tanto con aquello que es activa o positivamente maligno, sino más bien con lo que no sirve para nada, algo que no tiene posibilidad de producir nada bueno».[50] Santiago, ciertamente, contempla toda esa actitud como algo definitivamente divorciado de una fe viva y fructífera. Los celos y las rivalidades dentro de la Iglesia son perversos o infructíferos ya que se alejan del principio de la fe.

El hombre de fe viva practica sabiduría de lo alto (3:17-18)

«**Pero la sabiduría que es de arriba**» (v. 17a, *he dè ánothen sofía).* La conjunción «pero» *(dè)* indica un contraste entre la que no viene de arriba, es decir, la terrenal, sensual y demoníaca, y la que sí es de arriba. La frase usada por Santiago es corta y enfática. Solo dice: «La sabiduría de arriba». El apóstol, evidentemente, desea enfatizar el origen de esta sabiduría en contraste con la otra cuyo origen es «demoníaco». «**Primeramente es pura**» (v. 17b, *prôton mèn hagnéi estin).* El adverbio «primeramente» *(prôton)* significa primero en cuanto a rango y tiempo. Santiago, sin duda, desea enfatizar que la sabiduría de arriba se caracteriza por dar prioridades a las cualidades internas del ser. El adjetivo «pura» *(hagnéi)* significa «limpio de culpa», «casta», «inocente». Dicha palabra se deriva de *hagios* que significa «santo». Una segunda característica de la sabiduría de arriba es que ama la paz. «Después pacífica» *(épeita eirenikéi),* es decir, procura la paz. Esto concuerda con la exhortación de Pablo en Romanos 12:18 de procurar la paz con todos los hombres, si es posible.

«**Razonable**» (v. 17c, *epilikêis).* Este adjetivo aparece en 1 Timoteo 3:3 *y* Tito 3:2, donde se traduce «amable»; en Filipenses 4:5 es traducido «gentileza» o «mesura» y en 1 Pedro 2:18 es traducido «afable». De modo que, como puede observarse, los traductores encuentran difícil usar una sola palabra que verdaderamente exprese el significado de *epilikêis.* Es por eso que usan «razonable», «amable», «gentileza», «mesura», «afable». En verdad, todos esos conceptos emanan de la sabiduría que tiene su origen en Dios.

«**Conciliadora**» (v. 17d, *eupeithéis)* es una palabra compuesta *(eu* = bueno, *peíthomai* = persuadir, convencer) cuyo significado sería «fácil de convencer o

---

50. Richard C. Trench, *Synonyms of the New Testament,* p. 317.

persuadir». Según Hiebert, esta palabra describe a alguien «dispuesto a aprender de los demás».[51] También se refiere a aquel que «tiene una actitud conciliadora y está dispuesto a cooperar cuando se le muestra un mejor camino».[52] Esta actitud es diametralmente opuesta a la del que posee un espíritu contencioso. **«Llena de misericordia»** (v. 17e, *mestèi eléous*). Misericordia tiene que ver con la compasión demostrada hacia el que está necesitado. La sabiduría que es de arriba está repleta de compasión porque tiene su origen en Dios, el cual es rico en misericordia (Sal. 103:8; Ef. 2:4). **«Y de buenos resultados»** (v. 17f, *kaì karpôn agathô*) es una expresión paralela a la idea de buenas obras o fruto de justicia (Fil. 1:11). La sabiduría que viene de Dios no solo está repleta de misericordia, sino de buenos frutos, en el sentido de que realiza actos de bondad hacia los demás.

Los dos últimos calificativos que Santiago da a la sabiduría auténtica son un tanto difíciles de definir. El apóstol usa la palabra *adiákritos*,[53] traducida de diferentes maneras en las versiones castellanas («sin incertidumbre», «imparcial», «no juzgadora»). Este vocablo, en realidad, denota una amplia variedad de conceptos, tales como «libre de dudas», «sin vacilación» «imperturbable», «sin desviación».[54] Tal vez lo que Santiago quiso expresar fue que la sabiduría que viene de Dios se caracteriza por seguir una línea de conducta consecuente, sin rodeos, sin volubilidad y, por lo tanto, fiable en todo sentido. Conjuntamente con la palabra *adiákritos*, Santiago usa el vocablo *anypókritos* (sin hipocresía). A causa de su misma naturaleza, esta sabiduría actúa al descubierto, no se esconde detrás de una máscara ni usa trucos para llevar a cabo su función. En resumen, Santiago establece una diferencia incontrovertible entre la sabiduría que no procede de Dios y la que tiene su origen en el Señor. La dicotomía es tal que nadie debía de tener duda en cuanto a cuál de las dos clases de sabiduría es la que caracteriza su vida.

Santiago diferencia la sabiduría en cuanto a su origen. Hay una sabiduría terrenal y otra celestial. La una tiene su origen en el sistema demoníaco de Satanás, mientras que la otra tiene su fuente en Dios. La sabiduría terrenal es también sensual, ya que su conocimiento actúa mediante los sentidos, mientras que la sabiduría celestial opera a través del Espíritu y abarca verdades espirituales. La sabiduría de abajo, es decir, la terrenal, produce celos amargos, disposición contenciosa, jactancia, hipocresía, anarquía y toda obra perversa. La sabiduría de arriba, es decir, la que procede de Dios, es pura, pacífica, condescendiente, benigna, llena de misericordia, repleta de buenos frutos, congruente y sincera. El hombre que ha nacido de nuevo ha sido divinamente capacitado para practicar

---

51. Hiebert, *The Epistle of James*, p. 235.
52. *Ibíd.*
53. Esta es la única vez que dicha palabra aparece en el Nuevo Testamento.
54. Ver *Theological Dictionary of the New Testament*, III, p. 590.

la sabiduría que viene de Dios. El inconverso solo puede practicar la sabiduría «de abajo», es decir, la terrenal, la que tiene su origen en Satanás y, por lo tanto, es contraria a la sabiduría que procede de Dios (ver Gn. 3:1-24).

Finalmente, la sabiduría que procede de Dios es fructífera. «**Y el fruto de justicia en paz es sembrado para los que hacen paz**» (v. 18). En el versículo anterior (v. 17), Santiago afirma que la sabiduría que viene de lo alto está repleta de buenos frutos. Esos «buenos frutos» son descritos como «frutos de justicia» *(karpòs dikaiosýneis)*. Esta expresión podría tomarse de dos maneras: (1) si se toma «de justicia» en aposición con el sustantivo «fruto» *(karpòs)*, sería «fruto que consiste en justicia» o «fruto que equivale a justicia», y (2) si se toma la expresión «de justicia» como un genitivo de sujeto, significaría «fruto producido por la justicia». Ambas formas son posibles gramaticalmente. Es posible que Santiago tuviese en mente ambos conceptos. El fruto de la sabiduría es «justicia» o «actos justos» que equivalen a «buenos frutos». Además, la sabiduría que es de Dios produce justicia y la justicia, a su vez, da su fruto.

Santiago afirma, además, que el fruto de justicia «en paz» *(en eiréne)* es sembrado *(speíretai)*. El apóstol desea enfatizar la expresión «en paz», evidentemente, para contrastarla con lo dicho en el versículo 14. Nótese que Santiago habla de sembrar «el fruto». Generalmente se habla de sembrar la semilla, pero aquí el apóstol habla de los resultados de una siembra. «Todo lo que el hombre sembrare, eso también segará» (Gá. 6:7). De modo que el que recoge el fruto de justicia es porque ha sembrado justicia. Ese fruto de justicia, sin embargo, no puede sembrarse donde haya celos, divisiones, rivalidades, hipocresía y anarquía, sino donde haya paz. «Para los que hacen la paz» *(toîs poioûsin eirénen)*. Los que hacen la paz son «los pacificadores» (Mt. 5:9). Esta frase podría tomarse en el caso dativo o en el instrumental. En el dativo expresaría relación («para aquellos»); en el instrumental, agencia («por aquellos»). En el dativo se expresaría, «el fruto de justicia se siembra en paz con relación o referencia a aquellos que hacen la paz», mientras que en el instrumental sería, «el fruto de justicia se siembra en paz por aquellos que hacen la paz». De todos modos, el sembrador de justicia tiene que caracterizarse por ser una persona de paz. La ausencia de paz es el resultado de la ausencia de justicia y viceversa, porque «el efecto de la justicia es paz» (Is. 32:17). No debe de olvidarse que Cristo es Rey de Justicia y Príncipe de Paz. Justicia y paz serán dos de las principales características de su reino. Los ciudadanos de su reino tanto ahora como en el futuro deben practicar esas características.

10

La fe viva en relación con los placeres del mundo (4:1-12)

Uno de los problemas que con mayor frecuencia agobia al cristiano es el tener que vivir en un mundo cuya ética es contraria a las enseñanzas de la Palabra de Dios. Algunos creyentes han optado por separarse por completo de las actividades propias de la sociedad y se convierten en místicos o anacoretas. Otros han ido al extremo de adoptar las prácticas del mundo en detrimento de su vida espiritual. En el capítulo 4 de su epístola, Santiago propone una ética cristiana que define lo que un cristiano debe hacer cuando es enfrentado por el mundo. Según Santiago, la sumisión a Dios es la clave del éxito para el creyente que desea salir victorioso sobre el mundo.

Traducción
¿De dónde [vienen] guerras y de dónde [vienen] pleitos entre vosotros? ¿No proceden de vuestros placeres que guerrean en vuestros miembros? Deseáis, y no tenéis. Cometéis homicidio y codiciáis y no podéis adquirir. Peleáis y guerreáis. No tenéis porque no pedís, y no recibís porque pedís malamente para consumirlo en vuestros placeres. Adúlteros, ¿no sabéis que la amistad del mundo es enemistad con Dios? Cualquiera, pues, que desea ser amigo del mundo se constituye enemigo de Dios. ¿O pensáis que la Escritura dice vanamente: «Él anhela celosamente el espíritu que ha hecho habitar en nosotros»? Pero Él da mayor gracia, por lo cual dice: «Dios resiste a los arrogantes y da gracia a los humildes». Someteos, pues, a Dios, pero resistid al diablo y huirá de vosotros. Acercaos a Dios y Él se acercará a vosotros. Pecadores, limpiad las manos y purificad vuestros corazones, los de doble ánimo. Compungíos, lamentad y llorad; que vuestra risa se convierta en llanto y vuestro gozo en tristeza. Humillaos en presencia del Señor, y Él os exaltará. No os desprestigiéis unos a otros, hermanos. El que desprestigia al hermano

o juzga a su hermano, desprestigia la ley y juzga la ley. Pero si juzgas la ley, no eres hacedor de la ley, sino juez. Uno es el dador de la ley y el juez, el que es capaz de salvar y destruir. ¿Pero, tú, quién eres para juzgar a tu prójimo?

LA PRÁCTICA DE LA FE VIVA IDENTIFICA LA CAUSA DE LAS PRÁCTICAS MUNDANAS ENTRE LOS CREYENTES (4:1-3)

Como ha hecho en ocasiones anteriores, Santiago usa la pregunta retórica para llevar a sus lectores al tema que desea tratar. Estos primeros versículos del capítulo 4 presentan un cuadro verdaderamente triste de la vida de aquellos creyentes. Por un lado, existía una condición deplorable en la vida personal de los miembros de la congregación. Por otro lado, prevalecía una relación con el mundo que afectaba seriamente al testimonio de la Iglesia.

«¿De dónde [vienen] las guerras y de dónde [vienen] los pleitos entre vosotros?» (v. 1a, *póthen pólemoi kaì póthen máchai en hymîn*). El adverbio «de dónde» *(póthen)* aparece dos veces en esta frase. El propósito de Santiago era, sin duda, señalar hacia el origen de las dificultades existentes entre los creyentes.[1] La palabra «guerras» *(pólemos)* se usa varias veces en el Nuevo Testamento con referencia a un conflicto armado (Mt. 24:6; Lc. 14:31; He. 11:34; Ap. 11:7; 12:17; 13:7). Santiago usa dicho vocablo hiperbólicamente para describir las luchas internas existentes entre los creyentes. «Pleitos» *(máchai)* describe una situación más personal y específica que *pólemos*. Ambas expresiones podrían usarse como sinónimas, pero podría ser que «guerras» *(pólemos)* se refiera a un estado de hostilidad continua, mientras que «pleitos» *(máchai)* describa ciertos brotes específicos de antagonismo entre los creyentes.[2]

La expresión «entre vosotros» *(en hymîn)* podría traducirse simplemente «en vosotros». De ser así, la referencia sería a la condición espiritual de los creyentes, es decir, enfocaría la naturaleza pecaminosa de la persona como el centro generador de guerras y pleitos. El contexto, sin embargo, da mayor apoyo a la traducción «entre vosotros», ya que el pasaje describe una situación de luchas y conflictos existentes dentro de la comunidad cristiana. Como explica un escritor:

> La calidad de vida reflejada en este capítulo es terriblemente baja. Los lectores son acusados de vivir en guerras y conflictos, excesos, falta de oración, envidia, adulterio, orgullo, calumnia y homicidio. Total que Santiago usa

---

1. El apóstol no usa verbos en esta frase. El verbo «venir» es suplido en la traducción. La frase dice literalmente: «¿De dónde las guerras y de dónde los pleitos entre vosotros?». Como se observará, en su forma literal, la frase es muy enfática.
2. C. Leslie Mitton, *The Epistle of James,* p. 16.

un lenguaje tan sombrío para describir la condición de sus lectores, que muchos intérpretes se han preguntado si el apóstol se está dirigiendo a un grupo de cristianos o a judíos inconversos.[3]

«¿No proceden de vuestros placeres que guerrean en vuestros miembros?» (v. 1b, *ouk enteûthen ek tôn hedonôn hymôn tôn strateuoménon en toîs mélesin hymôn)*. Esta interrogación presupone una respuesta positiva. Las guerras y los pleitos que se suscitaban entre aquellos creyentes tenían profundas raíces espirituales. El apóstol describe la raíz del problema como «de vuestros placeres» *(ek tôn hedonôn hymôn)*. La preposición *ek* (de) indica la fuente generadora de las guerras y los pleitos. La palabra «placeres» *(hedonôn)* «originalmente significaba algo agradable al paladar».[4] En la literatura clásica se usaba para describir el placer de los sentidos.[5] En la Septuaginta aparece en Éxodo 16:31 y Números 11:8 para describir el sabor agradable del maná que Dios proporcionó a Israel en el desierto.[6]

El vocablo *hedonôn* (placeres) aparece cinco veces en el Nuevo Testamento (Lc. 8:14; Tit. 3:3; Stg. 4:1, 3; 2 P. 2:13).[7] En todos esos usos aparece con una denotación negativa. El pasaje en Lucas 8:14 describe la persona que recibe la Palabra con gozo, pero luego «los placeres de la vida» hacen que la semilla sembrada muera. En Tito 3:3 describe la condición del hombre que vive alejado de Dios («esclavos de concupiscencias y deleites diversos»).[8] En 2 Pedro 2:13, dicho vocablo se usa con referencia a los falsos profetas y maestros que dañaban la vida de la Iglesia. Pedro dice que «perecerán en su propia perdición, recibiendo el galardón de su injusticia, ya que tienen por delicia el gozar de deleites cada día». El apóstol Santiago, sin embargo, usa dicha palabra con referencia a cristianos que, por buscar su propia satisfacción, estaban implicados en luchas, pleitos, divisiones, envidias, etc., en detrimento del cuerpo de Cristo. El deseo de obtener lo que no se posee, sin tener en cuenta el precio que se paga, hace que el creyente apele a métodos que producen conflictos. «La causa verdadera de la difusa belicosidad entre aquellos cristianos radicaba en el incontenible deseo de autosatisfacerse y el apetito de amarse a sí mismos».[9]

---

3. Curtis VAUGHAN, *James*, p. 81.
4. E. BEYREUTHER, «Hedone», *The New International Dictionary of New Testament Theology*, I, pp. 458-460. La raíz de la que dicho vocablo se origina es *hedys*, que significa «dulce», «delicioso».
5. *Ibíd.*
6. También se usa con un sentido filosófico en Proverbios 17:1.
7. En 2 Timoteo 3:4, Pablo usa una forma compuesta, *filedonoi*, que se traduce «amadores de los placeres».
8. Es interesante notar que la palabra *hedone* ha pasado al castellano casi con el mismo sentido con que se usa en las Escrituras. Hedonismo es «la doctrina que proclama como fin supremo de la vida la consecución del placer» (ver *Diccionario de la Real Academia de la Lengua Española*, p. 698).
9. D. Edmond HIEBERT, *The Epistle of James*, pp. 243-244.

«Que guerrean en vuestros miembros» (v.1c, *tôn strateuoménon*) es el participio presente, voz media del verbo *strateúo*, que significa «hacer servicio militar», «servir en el ejército». Aquí, Santiago usa dicho vocablo metafóricamente para describir la batalla espiritual provocada por la pasión hacia los placeres. El participio presente sugiere algo que está en acción continua. La frase «en vuestros miembros» *(en toîs mélesin hymôn)* señala que la lucha tiene como campo de batalla el cuerpo de la persona.[10] El profesor Hiebert, acertadamente, sugiere que las expresiones «los placeres» y «que guerrean» están en aposición.[11] Así que «describen esos placeres como si fuesen soldados ejecutando una campaña militar con el objetivo de posesionarse de la satisfacción de sus deseos».[12]

Después de formular las dos preguntas iniciales, Santiago diagnostica la situación mediante el uso de una serie de verbos en el modo indicativo. **«Deseáis y no tenéis»** (v. 2a, *epithumeîte, kaì ouk échete)*. El verbo «deseáis» *(epithumeîte)* significa sentir un deseo incontrolable hacia algo. Esta palabra se usa algunas veces en buen sentido en el Nuevo Testamento (ver Lc. 22:15), pero la mayoría de las veces se usa en sentido negativo, como en este caso (ver Mt. 5:28; Ro. 13:9). Santiago no especifica qué era lo que se codiciaba o anhelaba descontroladamente, pero es evidente que estaba relacionado con los placeres mencionados anteriormente. El tiempo presente y el modo indicativo del verbo indican que era una realidad continua: «Tenéis el hábito de desear apasionadamente» sería una manera de expresar la idea de dicho verbo. Pero el resultado es «y no tenéis» *(kaì ouk échete)*. El deseo no era satisfecho y seguramente se aumentaba la frustración en el corazón de la persona. La situación empeoraba en lugar de mejorar.

«Cometéis homicidio y codiciáis y no podéis adquirir» (v. 2b). Los verbos «cometéis homicidio» *(phoneúete)*[13] y «codiciáis» *(zeloûte)* están en el presente de indicativo, expresando una realidad continua. Es probable que Santiago esté refiriéndose a homicidio en el aspecto ético y moral, no en un sentido legal.[14] Sin embargo, como afirma el profesor Curtis Vaughan:

> Él [Santiago] está enfatizando lo que *puede* ocurrir, y *en verdad* ocurre, cuando los hombres escogen el placer en lugar de Dios como norma de vida. Las leyes de Dios son despreciadas, y el deseo por el placer arrastra a los hombres a hacer cosas que jamás soñaron que eran capaces de hacer.[15]

---

10. *Ibíd.*, p. 244.
11. James Hardy Ropes, *The Epistle of James*, p. 254.
12. Hiebert, *The Epistle of James*, p. 244.
13. En algunas ediciones del Nuevo Testamento, incluyendo la de Erasmo (1519), aparece el verbo *phthoneîte* (envidiáis) en lugar de *phoneúete* (cometéis homicidio). Evidentemente, algunos consideraban el verbo *phoneúete* como demasiado fuerte para atribuírselo a cristianos.
14. R. C. H. Lenski, *The Interpretation of the Epistle to the Hebrews and of the Epistle of James,* pp. 633-634.
15. Vaughan, *James*, pp. 83-84.

El verbo «codiciáis» *(zeloûte)* aparece en el Nuevo Testamento tanto en el buen sentido (1 Co. 12:31) como en el malo (ver Hch. 17:5; 1 Co. 13:4). Es evidente que Santiago lo usa aquí en sentido negativo. Dicho verbo expresa aquí la idea de estar cargado de celos o envidia hacia alguien. Un ejemplo de esa actitud aparece en Hechos 7:9, donde dice que los hermanos de José, «movidos por la envidia» *(zelosántes),* lo vendieron a ciertos mercaderes. William Barclay expresa lo siguiente:

> La codicia de placeres conduce a los hombres a obras vergonzosas. Los conduce a la envidia, a los celos, y a la enemistad y aun puede llevarlos al asesinato.[16]

Sería provechoso en esta coyuntura notar una posible puntuación del versículo 2 que da mayor fuerza a las palabras del apóstol. He aquí la sugerencia:

> Codiciáis y no tenéis; por lo tanto, matáis. Envidiáis y no podéis alcanzar; por lo tanto, contendéis y guerreáis. No tenéis porque no pedís (Versión latinoamericana).[17]

Esta forma de expresar el contenido del versículo 2 aclara bastante el cuadro que Santiago presenta tocante a la triste condición de aquellos creyentes. Los verbos «codiciáis», «matáis», «envidiáis», «contendéis» y «guerreáis» expresan de manera muy patente una situación de bancarrota espiritual. «No podéis alcanzar» *(ou dýnasthe epitycheîn)* enfatiza la incapacidad de obtener lo que buscaban porque usaban los medios incorrectos.

«No tenéis porque no pedís» (v. 2c, *ouk échete dià to mè aiteîsthai humâs*) se refiere a pedir a Dios en oración, como lo expresa 1:5. El Dador de toda buena dádiva y de todo don perfecto llenaría en abundancia las necesidades de aquellos creyentes. El Nuevo Testamento registra muchas promesas de Dios para aquellos que le buscan en oración «Pedid y se os dará» (Mt. 7:7). Todo lo que pidiereis en oración, creyendo, lo recibiréis» (Mt. 21:22). «Cualquier cosa que pidiereis en mi nombre, yo la haré, para que el Padre sea glorificado en el Hijo» (Jn. 14:13; ver 15:16; 1 Jn. 5:14-15). El creyente encuentra verdadera satisfacción cuando pide al Padre Celestial aquellas cosas que están de acuerdo con su voluntad.

«Pedís y no recibís porque pedís malamente» (v. 3a, *aiteîte kaì ou lambánete*

---

16. William BARCLAY, *Santiago, I y II Pedro*, p. 120.
17. Ese mismo sistema de puntuación es seguido por la versión inglesa *New American Standard Bible* y es apoyada, además, por los eruditos Joseph MAYOR, *The Epistle of James*, pp. 134-137; A. T. ROBERTSON, *Word Pictures*, III, pp. 49-50; James Hardy ROPES, *A Critical and Exegetical Commentary on the Epistle of James*, pp. 254 y otros.

dióti kakôs aiteîsthe). El verbo «pedís» *(aiteîte)* es el presente indicativo, voz activa de *aitéo.* Esta forma verbal sugiere que aquellos creyentes practicaban la oración, por lo menos en lo que concernía a *pedir.* Sin embargo, dice Santiago, «no recibís» *(ou lambánete).* Las peticiones no eran contestadas positivamente porque eran hechas con fines egoístas: «Porque pedís malamente». El verbo «pedís» *(aiteîsthe)* está en la voz media. Ello sugiere que las peticiones eran hechas con fines personales, es decir, para satisfacción propia, no para glorificar a Dios. El adverbio «malamente» *(kakôs)* aparece en forma enfática delante del verbo en el texto original («malamente pedís»). «O pedimos las cosas equivocadas, entendiendo mal la voluntad de Dios para nosotros, o pedimos cosas, buenas en sí mismas, pero las queremos por motivos equivocados».[18]

«Para gastar en vuestros propios placeres» (v. 3*b, hîna en taîs hedonâis hymôn dapanéisete).* Esta cláusula expresa propósito, es decir, el propósito por el que se elevaban las peticiones. La frase es muy enfática en el original: «para en los placeres vuestros malgastar». El verbo «gastar» *(dapanáo)*[19] se usa en Marcos 5:26 en relación con la mujer enferma de flujo que «había gastado todo lo que tenía, y nada había aprovechado, antes le iba peor». También se emplea en Lucas 15:14 para describir la actitud del hijo pródigo, quien marchó de su casa y «malgastó sus bienes». Santiago presenta un caso que puede ser común entre muchos creyentes hoy día. La oración es una provisión de Dios para que sus hijos se acerquen a Él. Es un medio de adoración, alabanza, intercesión y petición. Pedir cosas a Dios con el fin de satisfacer deseos personales y consumirlas en los placeres de este mundo es usar mal el don precioso de la oración.

Resumiendo, en los primeros tres versículos del capítulo 4 de su epístola, Santiago presenta un cuadro desgarrador de la situación espiritual de los creyentes a quienes escribe. Están implicados en contiendas y pleitos, causados por la envidia y la codicia que han invadido sus corazones. El deseo desenfrenado de disfrutar de los placeres estaba socavando el mismo fundamento espiritual de aquellos creyentes. La ética que practicaban tenía afinidad con el mundo y no con Dios. Esa situación les impedía el desarrollo espiritual. De modo que, aunque oraban, Dios no escuchaba sus peticiones. La causa de aquel estado espiritual radicaba en el hecho de que aquellos cristianos habían colocado sus propios intereses por encima de los de Dios. La solución al problema era un regreso a la ética bíblica, averiguando la causa del problema y poniendo en práctica una fe viva que les condujese a dar a Dios el lugar preeminente.

---

18. C. Leslie Mitton, *The Epistle of James,* p. 151.
19. El verbo *dapanáo,* en su uso primario, significa simplemente «gastar» (Hch. 21:24; 2 Co. 12:15). Santiago, sin embargo, parece usarlo con el sentido de «malgastar», como en Lucas 15:14.

LA PRÁCTICA DE LA FE VIVA DEBE REDUNDAR EN UN ALEJAMIENTO DE LAS INFLUENCIAS DEL MUNDO (4:4-6)

En la sección anterior (4:1-3), Santiago descorre el telón de la vida de sus lectores y deja al descubierto la causa de las prácticas mundanas entre los creyentes. En el pasaje bajo estudio (4:4-6), el apóstol exhorta a sus lectores a emprender de inmediato un alejamiento del mundo, es decir, apartarse de la ética que caracteriza al sistema mundial pecaminoso.

«Adúlteras» (v. 4*a*, *moichalídes*[20] o «vosotras adúlteras»). Es una expresión enfática, probablemente con un sentido metafórico. Un escritor la traduce «criaturas adúlteras», reconociendo el uso de lenguaje figurado por parte de Santiago.[21] Otros escritores prefieren tomar dicha palabra en sentido literal.[22] Es muy posible que Santiago esté recordando a sus lectores la infidelidad espiritual de Israel hacia Jehová en el mismo sentido en que se presenta en el libro del profeta Oseas, o como lo expresó Jesús en Mateo 12:39. «Los cristianos, como el Israel de antaño, son considerados aquí como la esposa de Dios. Serle infiel es, por lo tanto, ser culpable de adulterio espiritual».[23]

«¿No sabéis que la amistad del mundo es enemistad con Dios?» (v. 4*b*). Esta interrogación presupone una respuesta afirmativa. Evidentemente, los lectores de la Epístola habían sido debidamente instruidos acerca del tema. Primeramente, como judíos, conocedores del Antiguo Testamento, sabían que Dios los había separado para sí (Dt. 7:6-14). Además, las enseñanzas apostólicas incluían bastante de la ética dada por Dios para su pueblo (1 P. 2:1-10; Ef. 5:17; 1 Jn. 2:15-17). El sustantivo *philía* (amistad) significa tener una relación de mutua intimidad.[24] «Del mundo» *(toû kósmou)* es un genitivo de complemento directo. La idea expresada es «amistad por el mundo o hacia el mundo». «Ser un amigo del mundo significa tener buenas relaciones con las personas, fuerzas y cosas que por lo menos son indiferentes hacia Dios, por no decir abiertamente hostiles hacia Él».[25] La expresión «el mundo» *(toû kósmou)* no se refiere en este caso al universo o mundo material, sino más bien al «sistema mundial». Particularmente, en este caso «el mundo» tiene que ver con personas no regeneradas, que viven de espaldas a Dios.

Esa amistad hacia el mundo, según Santiago, equivale a «enemistad con Dios» *(échthra toû theoû)*. «Enemistad» *(échthra)* es lo contrario de «amistad» *(philía)*. La amistad se caracteriza por la demostración de afecto, mientras que

---

20. El *Textus Receptus* contiene «adúlteros y adúlteras» *(moichoì kaì moichalídes).*
21. Mitton, *The Epistle of James,* p. 152.
22. R. V. G. Tasker, *The General Epistle of James,* p. 88.
23. Vaughan, *James,* p. 35. Ver también Ropes, *The Epistle of James,* p. 260.
24. Aristóteles define la palabra *philia* (amistad) como un sentimiento que implica la idea de amar y ser amado (ver Mayor, *The Epistle of James,* p. 139).
25. Ropes, *The Epistle of James,* p. 260.

la enemistad se manifiesta mediante la hostilidad. Es por eso por lo que ser amigo del mundo acaba en enemistad hacia Dios. La expresión «con Dios» *(toû theoû)* es también un genitivo de complemento directo, y significa «enemistad hacia Dios». En 2:23, Santiago menciona a Abraham, llamándolo «amigo de Dios». El gran patriarca se había separado de «su mundo» en Ur de los caldeos para obedecer a Dios. Abraham había preferido la amistad con Dios y no con el mundo. El cristiano no puede servir a dos señores (Mt. 6:24); no puede servir a Cristo y al mundo (Jn. 15:18-19).

«Cualquiera, pues, que desea ser amigo del mundo» (v. 4c, *hòs eàn oûn bouletheî phílos eînai tôu kósmou).* Esta es una cláusula relativa indefinida.[26] La partícula «pues» *(oûn)* expresa la consecuencia lógica de la verdad expresada anteriormente («la amistad del mundo es enemistad con Dios»). El verbo «desea» *(boulethêi)* es el aoristo subjuntivo, voz pasiva de *boúlomai.* Este verbo denota generalmente dos significados: (1) un acto consciente de la voluntad como resultado de una reflexión definida, o (2) un deseo determinado por una inclinación personal.[27] Evidentemente, Santiago lo usa con el primero de los dos sentidos. El tiempo aoristo contempla la acción en sí, y la considera en su totalidad. El modo subjuntivo contempla la probabilidad del suceso. El resultado de entablar amistad con el mundo es constituirse enemigo de Dios. El verbo «se constituye» *(kathístatai)* es el presente indicativo, voz pasiva de *kathístemi,* que significa «colocar», «poner», «constituir».[28] De modo que, al tomar la decisión de hacerse amigo del mundo, de hecho, la persona se establece o constituye en un estado de continua enemistad con Dios. El mundo de pecado, patrocinado por Satanás, se opone a todo lo que glorifica a Dios. Sentir devoción hacia ese sistema mundial significa situarse en hostilidad para con Dios.[29]

El versículo 5 de este capítulo es, en la opinión de muchos, el más difícil de interpretar en toda la Epístola.[30] La traducción, el contenido y la interpretación de este texto presentan varias dificultades. Algunos prefieren dividir el versículo, de modo que aparezcan dos interrogaciones en lugar de una: (1) «¿O pensáis que la Escritura habla vanamente?», (2) «¿Acaso el espíritu que él ha hecho habitar en vosotros desea hasta envidiar?». Sin embargo, no es posible hacer esta división, ya que el verbo «decir» *(légei)* demanda que se exprese lo que ha

---

26. La cláusula relativa indefinida expresa tanto una condición como una suposición. La suposición puede ser particular o general. El caso en cuestión expresa una suposición general: «cualquier persona [en general] que desea ser amigo del mundo, se establece como enemigo de Dios».

27. Ver *The New International Dictionary of New Testament Theology,* III, pp. 1016-1017.

28. El tiempo presente sugiere una acción continua, mientras que el modo indicativo señala una realidad. De modo que Santiago contempla una relación de larga duración.

29. Nótese que Santiago habla de realidades antitéticas: (1) Dios *y* el mundo, (2) amistad *y* enemistad, (3) amor *y* hostilidad.

30. Ver Barclay, *Santiago, I y II Pedro,* pp. 124-125.

sido dicho. Otra dificultad radica en no saber a qué Escritura (porción bíblica) se refiere Santiago, ya que no hay ningún texto del Antiguo Testamento con el mismo contenido.[31] En lo que respecta a la exégesis, es difícil determinar cuál es el sujeto del verbo *epipothêi* (anhela) y, por consiguiente, a quién se refiere la palabra «espíritu» *(to pneûma),* si al espíritu humano o al Espíritu Santo.

Es necesario, en primer lugar, tener cuidado en no separar este texto de su contexto, tanto mediato como inmediato. Recuérdese que Santiago está escribiendo a judíos que, aunque convertidos al cristianismo, racial, cultural y emocionalmente seguían siendo judíos. Eran, indudablemente, personas conocedoras de las tradiciones israelitas y, por supuesto, del Antiguo Testamento. A través de su epístola, Santiago contrasta la fidelidad de Dios (1:5, 17; 2:22-23; 4:6, 8; 5:6-7, 11, 15), con los peligros de la apostasía (1:16, 21-25; 2:10-11; 4:1-4). En el capítulo 4, el apóstol llega a la cima de su exposición, poniendo al descubierto la situación de desorden espiritual existente entre sus lectores, y exhortándolos a someterse al Dios de la Escritura, el cual es fiel a su pacto.

En segundo lugar, debe observarse el uso teológico que Santiago hace del Antiguo Testamento a través de su epístola. No solamente cita ciertos pasajes, sino que los interpreta (ver 2:8-13; 2:21-26). Es muy probable, por lo tanto, que en el contexto del capítulo 4, Santiago esté exponiendo el sentido teológico de ciertos pasajes del Antiguo Testamento y aplicándolos a la situación vivida por aquellos creyentes.

El texto en cuestión (4:5) se centra en la doctrina del Espíritu, no del espíritu humano, sino del Espíritu Santo. Dos posibles maneras de traducir este versículo serían: «Él ha hecho habitar al Espíritu en nosotros, quien [nos] anhela con celos» o «el Espíritu que Él [Dios] ha hecho habitar en nosotros [nos] anhela celosamente». Cualquiera de estas dos traducciones expresa el sentido del texto griego.

Uno de los pasajes que Santiago parece tener en cuenta es Ezequiel 11:19-20:

> Y les daré un solo corazón y pondré un espíritu nuevo dentro de ellos; y quitaré el corazón de piedra de en medio de su carne, y les daré un corazón de carne, para que anden en mis estatutos y guarden mis ordenanzas y las cumplan, y me serán por pueblo, y yo seré a ellos por Dios.

También, Ezequiel 36:26-27:

> Os daré también un corazón nuevo, y pondré un espíritu nuevo dentro de vosotros; y quitaré de vuestra carne el corazón de piedra, y os daré un

---

31. Algunos eruditos opinan que Santiago está parafraseando algún pasaje del Antiguo Testamento. Otros creen que el apóstol está resumiendo la enseñanza de varios pasajes veterotestamentarios (ver HIEBERT, *The Epistle of James,* p. 253).

corazón de carne. Y pondré dentro de vosotros mi espíritu, y haré que andéis en mis estatutos, y guardéis mis ordenanzas, y las pongáis por obra.

En estos dos pasajes de Ezequiel, Dios promete hacer habitar su Espíritu en el remanente judío, restaurado y regenerado («esparciré sobre vosotros agua limpia, y quedaréis limpios», Ez. 36:25). Aunque esa profecía tiene que ver con la restauración escatológica del remanente de Israel, los judíos que han creído en Cristo están disfrutando ya de las bendiciones prometidas por Dios a los redimidos. Entre esas bendiciones está la de la habitación del Espíritu Santo en el creyente, como sello o señal de que es propiedad de Dios.

Ahora bien, ese Espíritu que Dios ha hecho habitar en el creyente «anhela o desea celosamente» aquel a quien ha regenerado. Obsérvese que el contexto inmediato, particularmente 4:4, habla de infidelidad espiritual o violación de un pacto. A ese respecto, Santiago parece tener en mente también el pasaje de Deuteronomio 32, llamado el «Cántico de Moisés». Allí puede verse la fidelidad de Dios en contraste con la infidelidad del pueblo de Israel.[32] El pasaje, en estilo poético, expone lo que Dios hizo a favor del pueblo y la respuesta negativa de este:

> Le despertaron a celos con los dioses ajenos, lo provocaron a ira con abominaciones. Sacrificaron a los demonios y no a Dios; a dioses a los que no habían conocido, a nuevos dioses venidos de cerca, que no habían temido nuestros padres. De la Roca que te creó te olvidaste; te has olvidado de Dios tu Creador. Y lo vio Jehová, y dijo: Esconderé de ellos mi rostro, veré cuál será su fin; porque son una generación perversa, hijos infieles. Ellos me movieron a celos con lo que no es Dios. Me provocaron a ira con sus ídolos; yo también los moveré a celos con un pueblo que no es pueblo, los provocará a ira con una nación insensata (Dt. 32:16-21).

El cuadro dibujado en Deuteronomio 32 guarda un paralelismo muy estrecho con el capítulo 4 de Santiago. En Deuteronomio se describe la fidelidad y bondad de Dios hacia Israel (32:4-14); la prosperidad y deslealtad de Israel hacia Dios (32:15-18), la ira de Dios a causa de la infidelidad de su pueblo (32:19-22); la ejecución del juicio de Dios sobre Israel (32:23-33); la declaración de la victoria final y total de Dios (32:34-43).

En Santiago 4, el apóstol presenta primero un cuadro de rebelión espiritual (4:1-3), seguido por una condición de apostasía (4:4). Es en ese contexto donde el apóstol invoca la autoridad de la Escritura (4:5). Santiago recuerda a sus

---

32. Ver la excelente obra de Peter C. CRAIGIE, *The Book of Deuteronomy,* pp. 376-390.

lectores que son un pueblo redimido y regenerado, porque el Espíritu mora en ellos. El Espíritu Santo anhela o desea al creyente para Dios y lo redarguye cuando se aparta del Señor. Aquel creyente que reacciona orgullosamente es reprendido y disciplinado por Dios. El que se humilla y se arrepiente recibe mayor gracia (4:6). El apóstol reconoce que la batalla espiritual es, en verdad, una guerra santa en la que Satanás interviene directamente (4:7). Para el creyente, sin embargo, la victoria radica en un acercamiento a Dios (4:8, ver también Dt. 32:36, 39-41). Reconociendo el precepto bíblico de que Dios bendice y exalta si hay arrepentimiento, el apóstol hace un llamado a sus lectores a humillarse delante de Dios (4:9-10).

Resumiendo, Santiago 4:5 presenta serias dificultades de interpretación. Estas dificultades podrían aliviarse si se estudia dicho texto en relación estrecha con su contexto. En cuanto a la referencia a «la Escritura» hecha por el apóstol, lo más probable es que Santiago esté refiriéndose teológicamente a varios pasajes del Antiguo Testamento que subrayan la fidelidad de Dios frente a la apostasía de Israel. Dios es celoso de su pueblo (Zac. 1:14; 8:2). Tanto en el Antiguo como en el Nuevo Testamento, Dios redarguye a su pueblo mediante la persona del Espíritu Santo. Dios prometió, además, que daría su Espíritu en el corazón de sus hijos (Ez. 11:19-20; 36:26-27). Los judíos que han aceptado a Cristo disfrutan ya de las bendiciones del ministerio del Espíritu.[33] El Espíritu mencionado por Santiago (4:5) no puede ser otro que el Espíritu Santo que ha sellado al creyente desde el momento de su salvación (Ef. 1:13) y hasta el día de la resurrección (Ef. 4:30). Dios, mediante el Espíritu, anhela celosamente para sí al creyente.[34]

«Pero él da mayor gracia» (v. 6a, *meízona dè dídosin chárin*). La partícula *dè* (pero) introduce un contraste entre lo que Dios exige de su pueblo y la provisión que Él hace para que ese pueblo pueda cumplir las demandas de Dios. El vocablo «mayor» *(meízona)* es un adjetivo comparativo que califica al sustantivo «gracia» *(chárin)*. «Gracia» es el don de Dios hacia sus criaturas. La gracia de Dios es soberana. Nace y procede de Dios. Se manifiesta a través de Jesucristo, quien «por la gracia de Dios sufrió la muerte por todos» (He. 2:9). Esa gracia tiene que ver con el amor leal de Dios hacia su pueblo. Es por su gracia y su misericordia por lo que Dios no consume a su pueblo, aun cuando ese pueblo haya pecado. Dios da «mayor gracia» o, como dice el comentarista Ropes: «Dios establece rigurosos requisitos de devoción, pero otorga la ayuda de su gracia

---

33. Eso no significa en modo alguno que la Iglesia haya usurpado o esté cumpliendo las bendiciones futuras asignadas por Dios al remanente judío en el que se cumplirán las promesas de los pactos.

34. Una excelente discusión de los problemas relacionados con Santiago 4:5, acompañada de sugerencias exegéticas valiosas, aparece en Henry ALFORD, *Alford's Greek Testament: An Exegetical Critical Commentary,* IV, parte II, pp. 313-315.

para que los hombres puedan rendirle la alabanza total que Él demanda».[35]
Eso significa que Dios da «mayor gracia en vista al mayor requerimiento».[36]
La forma presente del verbo, «da» *(dídosin),* sugiere una acción continua por
parte de Dios, y el modo indicativo apunta hacia la realidad de dicha acción.
Todo lo que el mundo pueda dar no sería digno de compararse ni en calidad ni
en cantidad con el don de la gracia de Dios, que satisface plenamente todas las
necesidades en la vida del hijo de Dios. Ni el poder de nuestras rebeliones ni el
de nuestros pecados supera al de la gracia de Dios.[37] Pablo dice que la salvación
es un regalo de la gracia de Dios (Ef. 2:8-9).

«Por lo cual dice» (v. *6b, diò légei).* La expresión «por lo cual» se usa para
introducir la cita bíblica que apoya el argumento de la discusión anterior. El
sujeto del verbo «dice» *(légei)* puede ser «la Escritura» o «Dios». De todos modos, la autoridad de la Escritura radica en el hecho de que es la Palabra de Dios.
Santiago cita Proverbios 3:34: «Dios resiste a los soberbios y a los humildes da
gracia». El sujeto «Dios» *(ho theòs)* va acompañado del artículo definido. El
Dios que da mayor gracia demanda lealtad de parte de sus súbditos. El verbo
«resiste» *(antitássetai)* es el presente indicativo, voz media de *antitásso.* Este
verbo es una expresión militar que significa «realizar un despliegue militar en
preparación para una batalla» *(anti* = «en contra de», y *tásso* = «arreglar», «disponer», «asignar»). Este verbo describe dramáticamente a Dios «disponiéndose
a sí mismo a entrar en batalla contra esos individuos».[38]

Esos a quienes Dios resiste son calificados como **«soberbios»** (v. *6c, hype-
reiphánois).* Ese Sustantivo proviene de *hypér* (por encima de) y *phainómi* (manifestarse, mostrarse). De modo que la palabra « soberbio» literalmente significa
«alguien que se coloca, manifiesta o muestra por encima de los demás». Esa
palabra «describe a un hombre que sostiene su cabeza muy por encima de las
demás personas».[39]

«Pero da gracia a los humildes» (v. *6c, tapeinoîs dè dídosin chárin).* «Pero»
indica contraste entre la actitud de Dios hacia los soberbios y su actitud hacia los
humildes. El verbo «da» *(dídosin)* está en el presente indicativo, sugiriendo una
acción continua y real. Dios, ininterrumpidamente, da gracia a los humildes.
El sustantivo «humildes» no lleva el artículo definido en el texto griego, por lo
tanto, el énfasis radica en la cualidad de la humildad sin distinción de persona.[40] «Los humildes» contrasta con «los soberbios». Los humildes reconocen su

---

35. Ropes, *The Epistle of James,* p. 265.
36. *Ibíd.* El énfasis en el texto griego está en la palabra «mayor».
37. J. A. Motyer, *The Tests of Faith,* pp. 87-88.
38. Hiebert, *The Epistle of James,* p. 260.
39. Marvin R. Vincent, *Word Studies in the New Testament,* p. 110.
40. El énfasis en el texto griego recae sobre la palabra «humildes». Literalmente dice: «pero a [los] humil-
    des da gracia».

insuficiencia, mientras que los soberbios se creen autosuficientes. Los humildes exhiben las características de Cristo (Mt. 11:29; Fil. 2:7-8), mientras que los soberbios reflejan las características de Satanás (Is. 14:13-14). Los humildes, en este contexto, son aquellos que reconocen su necesidad de Dios y dependen de Él para su provisión tanto en lo espiritual como en lo material.[41]

Santiago 4:1-6 puede comprenderse mejor si se analiza desde una perspectiva histórico-cultural, teniendo en cuenta el trasfondo religioso de los lectores de la Epístola. A causa de violar los mandamientos específicos de la Palabra de Dios, aquellos creyentes estaban viviendo desordenadamente. Había pleitos y contiendas entre ellos. El deseo por los placeres les había llevado a establecer una relación de estrecha amistad con el mundo y, por lo tanto, un alejamiento de Dios. Tal cosa equivalía a una infidelidad espiritual, semejante a la que practicó Israel (Dt. 32). El Espíritu Santo, sin embargo, hace su obra en la vida de la persona redimida. Dios cela al creyente hoy como celó a Israel en el pasado y lo hará en el futuro (Zac. 1:14; 8:2). El poder de la gracia de Dios es mayor que el del pecado. Aquel creyente que viene a Dios en humildad y reconoce su insuficiencia recibe las bendiciones que provienen de las reservas de la gracia de Dios. Aquellos que persisten en sus caminos, considerándose autosuficientes, son resistidos por Dios de manera directa y personal. La gracia de Dios significa que el Señor es fiel a su pacto y que su misericordia es inagotable para los que le buscan.

LA PRÁCTICA DE LA FE VIVA PRODUCE SUJECIÓN A DIOS Y A SU PALABRA (4:7-12)

En la sección anterior, Santiago ha diagnosticado la gravedad de los problemas que afectaban a sus lectores. El apóstol, sin embargo, no se contenta con exponer los problemas, sino que se apresura a ofrecer una solución eficaz. Una sujeción a Dios y una obediencia a su Palabra son las medicinas que Santiago sugiere para poner coto a la anarquía existente entre aquellos creyentes.

La práctica de la fe viva produce sujeción a Dios (4:7-10)

«Someteos, pues, a Dios» (v. 7a, *hypotágete oûn tôi theôi*). El verbo «someteos» *(hyupotágete)* es el aoristo ingresivo, modo imperativo, voz pasiva. El aoristo ingresivo contempla la acción en su comienzo.[42] Además, el aoristo en el modo imperativo denota un sentido de urgencia.[43] «La voz pasiva debe de entenderse con el sentido de la voz media, llamando a una subordinación

---

41. Para un estudio detallado de la palabra *tapeinós* (humilde), ver H. H. Esser, «Tapeinos», *The New International Dictionary of New Testament Theology*, II, pp. 259-264.
42. H. E. Dana y Julius R. Mantey, *Gramática griega del Nuevo Testamento*, p. 189.
43. Robertson, *Word Pictures*, IV, p. 52.

voluntaria a Dios y a su voluntad. Dios no quiere obediencia forzada».[44] El verbo en cuestión es una palabra compuesta *(hypó* = debajo; *tásso* = colocar, asignar, disponer). Dicho vocablo es una expresión militar que describe la actitud de un soldado que se pone bajo las órdenes de un superior. En este caso el superior es el mismo Dios, a quien el creyente debe de sujetarse.

«Pero resistid al diablo» (v. 7b, *antístete dè tôi diabóloi)*. Esta frase contrasta con la anterior. El verbo «resistid» *(antistete)* también es un aoristo ingresivo en el modo imperativo y voz pasiva.[45] Dicho verbo, al igual que *hypotásso,* es una expresión militar *(antí* = «en contra de», e *hísteimi* = «pararse en firme, resistir»). De modo que este verbo dibuja la actitud de un soldado que se atrinchera para hacer frente al enemigo. La metáfora usada por Santiago presenta al creyente, primeramente sometiéndose a la autoridad de Dios y luego resistiendo al enemigo, es decir, al diablo. Aquí tenemos una clara descripción de la guerra santa descrita en varios pasajes bíblicos (Ef. 6:11-20; 2 Ti. 4:7-8; 1 P. 5:6-9).

El enemigo por excelencia del creyente es el diablo. Satanás es el adversario de Dios y con su ejército de demonios hace guerra contra los hijos de Dios. La palabra diablo *(diábolos)* significa «calumniador». Dicho sustantivo aparece 21 veces en la Septuaginta como una traducción del hebreo *Satán,* que literalmente significa «adversario» u «oponente».[46] En el Antiguo Testamento, este vocablo se usa para describir a un posible saboteador que se ha infiltrado en el ejército de Israel (1 S. 29:14).[47] En el libro de Job, Satanás aparece como un ser celestial al que se le llama «hijo de Dios» (Job 1:6). Satanás procuraba la destrucción de Job, y la hubiese logrado de no ser por la intervención divina.

En el Nuevo Testamento, la palabra «diablo» se usa 37 veces. Sin embargo, los escritores sagrados usan varias expresiones para describir el carácter de este personaje. Por ejemplo: (1) el maligno (1 Jn. 5:19); (2) el tentador (1 Ts. 3:5); (3) el homicida (Jn. 8:44); (4) el mentiroso (Jn. 8:44); (5) el adversario (1. P. 5:8); (6) el enemigo (Mt. 13:39); (7) el príncipe de los demonios (Mt. 12:24); (8) el príncipe de este mundo (Jn. 12:31); (9) el dios de este siglo (2 Co. 4:4); (10) el que engaña al mundo entero (Ap. 12:9); (11) la serpiente antigua (Ap. 12:9), y (12) el acusador de nuestros hermanos (Ap. 12:10). Esos calificativos dejan entrever algo del carácter y las maquinaciones del gran enemigo de Dios. Las actividades del diablo tienen como finalidad socavar los propósitos de Dios. Con ese fin, usa todos los medios a su disposición para subvertir la lealtad de los hijos de Dios.

---

44. HIEBERT, *The Epistle of James,* p. 261.
45. En los versículos 7 al 10 de este capítulo, Santiago usa un total de diez aoristos imperativos *(hypotóge-te, antístete, eggísate, katharísate, hagnísate, talaiporésate, penthésate, klaúsate, metatrapéto y tapei-nóthete).* Aquí tenemos una especie de pequeño decálogo, pero expresado de manera positiva.
46. *New International Dictionary of New Testament,* III, p. 468.
47. *Ibíd.*

Según Santiago, el resultado de resistir al diablo es expresado en la frase «y **huirá de vosotros**» (v. 7c, *kaì pheúxetai aph' hymôn*). El verbo «huirá» *(pheúxetai)* está en el futuro indicativo, voz media.[48] El modo indicativo expresa la realidad de que, al ser resistido, Satanás huirá. La huida de Satanás es el resultado de ser resistido. Como lo ha expresado el profesor Hiebert:

> Una actitud de indecisión y duda cuando uno se enfrenta con el diablo hace que este aparezca valiente y agresivo en sus ataques, pero si se le confronta con voluntad resoluta y con firme confianza en las promesas de Dios, lo desenmascara como cobarde. La victoria de nuestro Señor sobre el diablo (Mt. 4:11; Mr. 3:22-27), alcanzando su culminación en la cruz (Jn. 12:31-33), ha dejado a Satanás como un enemigo derrotado. Cuando se le confronta con toda la armadura de Dios y con la espada del Espíritu (Ef. 6:12-17), el diablo reconoce su derrota en su huida abrupta. Él no puede llevar a alguien a pecar sin el consentimiento de la voluntad de la persona. Mientras la voluntad de la persona esté sujeta al control y guía del Espíritu Santo, puede mantenerse victorioso contra todas las artimañas seductoras del diablo.[49]

«Acercaos a Dios y Él se acercará a vosotros» (v. 8a, *eggísate toî theôi kaì eggiêi hymîn*). El aoristo imperativo «acercaos» *(eggísate)* sugiere la urgencia de la acción. La expresión «a Dios» *(tôi theôi)* está en el caso dativo y señala una relación personal. Es posible que Santiago tuviese en mente el concepto veterotestamentario, expresado en Éxodo 19:22, donde dice: «Y también se santifiquen los sacerdotes que se acercan a Jehová, para que Jehová no haga en ellos estrago». El salmista afirma que «cercano está Jehová a todos los que le invocan, a todos los que le invocan de veras» (Sal. 145:18). El llamado de Santiago a los creyentes es para que entren en una relación de estrecha comunión con el Señor. No importa lo lejos que un hijo de Dios haya estado del Señor, cuando se acerca a Dios, Dios se acerca a él. Como el hijo pródigo (Lc. 15), experimentará el calor del abrazo y el beso de su Padre Celestial.

El creyente tiene libre acceso a la presencia de Dios (Ro. 5:2) y puede *acercarse* «confiadamente al trono de la gracia» (He. 4:16). Cristo ha hecho posible, mediante su obra expiatoria y la reconciliación efectuada a través de Él, que todo creyente tenga el privilegio de la comunión con el Padre Celestial. El escritor de la Epístola a los Hebreos lo expresa así:

---

48. El uso de un imperativo seguido de un futuro constituye una frase condicional en el concepto semítico. La frase en cuestión podría expresarse así: «Si resistís al diablo, huirá de vosotros» o «cuando hayáis resistido al diablo, entonces huirá de vosotros». Ver Fritz RIENECKER, *A Linguistic Key to the Greek New Testament*, II, p. 391.

49. HIEBERT, *The Epistle of James*, p. 262.

Acerquémonos con corazón sincero, en plena certidumbre de fe, purifica-
dos los corazones de mala conciencia, y lavados los cuerpos con agua pura
(He. 10:22).

Es evidente que los lectores de la Epístola se habían alejado de Dios. El apóstol
Santiago, con voz profética, los exhorta a que regresen de inmediato al Señor.[50]

«Limpiad las manos» (v. 8*b*, *katharísate cheîras*). El verbo «limpiar» (*katha-
rízo*) se usa en el Nuevo Testamento tanto con relación al acto físico de limpiar
(Mt. 23:25) como en sentido metafórico (2 Co. 7:1). En este caso, Santiago usa
dicho verbo metafóricamente con el mismo sentido con el que aparece en Salmos 24:3-4:

¿Quién subirá al monte de Jehová? ¿Y quién estará en su lugar santo? El
limpio de manos y puro de corazón; el que no ha elevado su alma a cosas
vanas, ni jurado con engaño.

Es muy probable, además, que Santiago estuviese recordando el hecho de
que los sacerdotes en el Antiguo Testamento, antes de entrar en el tabernáculo
de reunión, lavaban sus manos y pies (Éx. 30:19-21).[51] También Pablo exhorta a
los hombres, seguramente creyentes, a orar, «levantando manos santas» (1 Ti.
2:18). De modo que el imperativo de «limpiar las manos» representa un acto al
igual que una actitud de separación del pecado.

Santiago se dirige a sus lectores llamándolos **«pecadores»** (v. 8*c*, *hamartoloí*).
Dicho sustantivo es una expresión fuerte, particularmente cuando se refiere a
un judío. Para el judío, solo los gentiles eran pecadores (Gá. 2:15) porque no
tenían ni la ley ni las promesas. Es evidente que Santiago usa dicho vocablo para
despertar la conciencia de sus lectores.[52] La palabra usada por Santiago procede
de *hamartía*, que, literalmente, significa «errar el blanco» y es la expresión más
comúnmente usada en el Nuevo Testamento para expresar lo que es el pecado.
Aquellos creyentes habían errado el blanco de las demandas de Dios para sus
hijos y, por ello, son clasificados como pecadores.

«Y purificad vuestros corazones» (v. 8*d*, *kaí hagnísate kardías*). El verbo
«purificar» (*hagnízo*) se usa aquí con el sentido de la purificación moral. El
lenguaje usado por Santiago, sin duda, refleja la costumbre judía de la purificación (ver Jn. 11:55).

---

50. Los profetas del Antiguo Testamento invirtieron gran parte de su ministerio exhortando a Israel a
regresar a Dios. Por ejemplo, Oseas dice: «Tú, pues, vuélvete a tu Dios, guarda misericordia y juicio, y
en tu Dios confía siempre» (Os. 12:6).

51. El profeta Isaías también exhorta a sus compatriotas a que «laven y limpien sus manos que están llenas
de sangre» (Is. 1:15-16).

52. ROPES, *The Epistle of James*, p. 269.

Para los judíos, la purificación tenía un significado tanto ceremonial como ético.[53] La ley ceremonial de los judíos requería del lavamiento y la purificación con propósitos higiénicos.[54] Sin embargo, «el ritual del Día de la Expiación implicaba ceremonias de sacrificio y liberación, simbolizando la purificación del corazón y la anulación de la culpa».[55] La expresión «vuestros corazones» se usa metafóricamente para indicar el centro de la personalidad o la vida interior de la persona. En resumen, Santiago hace un llamamiento a sus lectores a que efectúen una purificación moral de sus vidas para que entren en plena comunión con Dios. El uso de las expresiones «limpiad las manos» y «purificad vuestros corazones» simbolizan esa actitud de reconocer la santidad de Dios antes de entrar en su presencia. Cristo expresó: «Bienaventurados los de limpio corazón, porque ellos verán a Dios» (Mt. 5:8).

Además de llamarles «pecadores», Santiago también se refiere a sus lectores como **«hombres de doble ánimo»** (v. 8e, *dípsyche*). Esta es la misma expresión que aparece en 1:8 y que, literalmente, significa «doble alma». Ese vocablo se usa para describir la inconstancia de una persona: alguien que no sabe qué rumbo tomar cuando se enfrenta a una situación determinada. Santiago usa ese vocablo para describir a sus lectores como gente con lealtad dividida. Por un lado, querían seguir a Dios; pero, por el otro, eran atraídos por los placeres del mundo. Ese conflicto espiritual les impedía crecer en madurez cristiana.

Seguidamente (v. 9), Santiago usa tres imperativos estrechamente unidos por el uso de *polisíndeton* (la repetición de la conjunción «y»). El primero de los verbos es **«afligidos»** *(talaiporéisate)*. Dicho verbo procede de una raíz que significa «atravesar por circunstancias difíciles». Pablo usa la forma sustantiva de dicha palabra cuando expresa en Romanos 7:24 «miserable de mí». El segundo verbo es **«lamentad»** *(penthéisate)*. Esta es una manera de expresar la tristeza que embarga el corazón de una persona. Esta tristeza se exterioriza aún más por medio del llanto: **«llorad»** *(klaúsate)*.

> Este es primordialmente un llamado al arrepentimiento pero, más que eso, esta es una recomendación expresada con vehemencia del deseo sobrio que constituye la característica propia de un cristiano, en contraste con un espíritu indiferente y frívolo.[56]

El apóstol Santiago hace un fervoroso llamamiento a sus lectores a demostrar una tristeza que les conduzca a un arrepentimiento genuino. Lo que el apóstol

---

53. Samuel J. Schultz, «Purification» *The Zondervan Pictorial Encyclopedia of the Bible*, IV, p. 957.

54. *Ibíd.*

55. *Ibíd.*

56. Ropes, *The Epistle of James*, p. 270.

pide no es un remordimiento ni una expresión superficial de penitencia, sino una demostración genuina de que ha habido un cambio de manera de pensar que redunda en un cambio de actitud. Ese es el significado bíblico del arrepentimiento.

«Que vuestra risa se convierta en llanto y vuestro gozo en tristeza» (v. 9b). Esta es una exhortación a cambiar de actitud. «Risa» *(gélos)* es lo contrario al «llanto» *(pénthos)* y «gozo» *(charà)* es lo opuesto a la «tristeza» *(katépheian)*. La expresión «se convierta» *(metatrapeíto)* es el único verbo que aparece en esta frase. La raíz de ese verbo significa «dar la vuelta», «cambiar de un estado a otro».[57] Por supuesto que Santiago no aboga a favor de una actitud de autoflagelación, sino que exhorta a sus lectores a reconocer la situación espiritual en que estaban y demostrar un arrepentimiento auténtico delante de Dios.[58]

El versículo 10 de este capítulo constituye un breve pero elocuente resumen de todo lo dicho en esta sección. **«Humillaos delante del Señor, y él os exaltará»** (v. 10). Esta sección comenzó con un llamamiento a la humildad («Dios da gracias a los humildes», v. 6). Ahora Santiago manda o exhorta a sus lectores a actuar de inmediato. El verbo «humillaos» *(tapeinótheite)* es un aoristo imperativo, en la voz pasiva, pero que podría tener la función de una voz media. En ese caso, el apóstol estaría diciendo: «humillaos por vosotros mismos delante del Señor». Es decir: «tomad la iniciativa y espontáneamente humillaos delante del Señor». Otra posibilidad sería tomar dicho verbo como un simple pasivo, de modo que la exhortación sería: «permitid o consentid ser humillados delante del Señor». En este caso concreto, parece que la voz media armoniza mejor con el contexto. «No se trata de una humillación forzada, sino de una entrega y una compunción».[59] Como expresa Ropes en su excelente comentario:

> Este acto implica una fe firme y sincera, y tal persona incuestionablemente tiene un galardón de parte de Dios.[60]

Esta autohumillación del creyente debe realizarse «delante de», «en la presencia de» o «a la vista de» *(enópion)* el Señor *(Kyríou)*. Dicho acto implica un reconocimiento de la soberanía de Dios. Santiago presenta el cuadro de un vasallo que hace su entrada en la corte de su soberano y, al hacerlo, se humilla

---

57. La preposición *metá* es usada como prefijo en dicho verbo y sugiere la idea de cambio. Ver RIENECKER, *A Linguistic Key*, p. 391.

58. Nótese el paralelismo que aparece en Amós 8:10, donde Jehová dice a Israel: «Y cambiaré vuestras fiestas en lloro, y todos vuestros cantares en lamentaciones...». La risa es una expresión de gozo mientras que el llanto lo es de tristeza. Nótese, además, la relación que Santiago da a las palabras: La manifestación externa del gozo [risa] se convertirá en la manifestación externa de la tristeza [llanto].

59. HIEBERT, *The Epistle of James*, p. 265.

60. ROPES, *The Epistle of James*, p. 272.

hasta que el soberano le permite ponerse de pie. El soberano Señor al que Santiago se refiere es Dios mismo según el contexto (ver los vv. 6, 7 y 8).

La frase **«y él os exaltará»** (v. 10*b, kaì hypsósei hymâs*) posee la misma estructura gramatical que las que aparecen en los versículos 7 y 8 («resistid al diablo y *huirá de vosotros*», «acercaos a Dios, y *Él se acercará a vosotros»).* Esa construcción gramatical en la que un verbo en el modo imperativo es seguido de otro en el tiempo futuro constituye un hebraísmo que equivale a una cláusula condicional. Lo que Santiago en sí está diciendo podría expresarse así: «Si os humilláis delante de Dios, Él os exaltará» o «cuando os humillareis delante de Dios, Él os exaltará».[61] El modo indicativo del verbo «exaltará» señala hacia la realidad de que Dios cumplirá su promesa. La raíz de ese verbo es el vocablo *hýpsos,* que significa «altura» (Ef. 3:18; 4:8). Dicha palabra se usa metafóricamente para indicar el concepto de exaltación, dignidad o eminencia (ver Stg. 1:9). Es evidente que la exaltación a la que Santiago se refiere tiene una doble dimensión. En primer lugar, guarda una relación con la vida presente tanto en lo moral como en lo espiritual. En segundo lugar, indudablemente, hay una proyección futura que se relaciona con la gloria escatológica que aguarda al creyente cuando esté en la presencia de Dios por toda la eternidad (ver 1 P. 5:6).[62]

La práctica de la fe viva produce sujeción a la Palabra de Dios (4:11-12)

En el párrafo anterior, Santiago ha exhortado a sus lectores a someterse a la *persona de Dios.* Los verbos «someteos» *(hypotágete) y* «humillaos» *(tapeinóthete)* expresan la actitud que el apóstol desea ver en la vida de sus hermanos en la fe. Pero eso no es todo, Santiago también desea ver un sometimiento a la autoridad de la Palabra de Dios en la vida de aquellos creyentes.

«Hermanos, no os desprestigiéis unos a otros» (v. 11*a, mè katalalêite alleíla, adelphoí).* Esta es una prohibición en contra de lo que, evidentemente, era un hábito entre aquellos cristianos.[63] El verbo *katalaléo* significa «difamar» o «desprestigiar» y «generalmente se relaciona con el uso de palabras duras dirigidas a una persona que está ausente».[64] La frase sugiere que la iglesia estaba implicada en esa actitud negativa. En lugar de edificarse mutuamente, los creyentes se estaban destruyendo unos a otros. Es decir, era una acción recíproca.

«El que desprestigia al hermano o juzga a su hermano, desprestigia la ley y juzga la ley» (v. 11*b).* La expresión «el que desprestigia» es un participio

---

61. Nótese el paralelismo en el uso que Jesús hizo del concepto «humillación-exaltación» en Mateo 23:12; Lucas 14:11; 18:14. Ver, además, el ejemplo de Cristo en Filipenses 2:8-9.

62. Vaughan, *James,* pp. 92-93.

63. El uso del presente imperativo sugiere un mandamiento (en este caso una prohibición) a dejar de hacer lo que ya se estaba haciendo.

64. Ropes, *The Epistle of James,* p. 273.

presente en la voz activa, y sugiere la idea de una acción continua y habitual. «Juzga» *(krínon)* es también un participio presente en la voz activa y tiene la misma fuerza que el anterior. Dicho participio procede del verbo *kríno* y, en este caso, podría significar el acto de condenar aún antes de tener pleno conocimiento de causa. El contexto sugiere un acto de condenación verbal que usa palabras indebidas. Santiago afirma que el que hace tal cosa contra el hermano «desprestigia la ley y juzga la ley». Ya el apóstol ha hecho referencia a «la ley regia» (2:8) que demanda amor hacia el prójimo. De modo que una actitud de difamar y juzgar al hermano o al prójimo coloca a la persona que lo hace por encima de la ley.[65]

«Pero si juzgas la ley» (v. 11c, *ei dè nómon kríneis)*. Santiago introduce un contraste con lo dicho anteriormente. El apóstol parece confrontar a alguien con el problema de convertirse en juez de la ley. La frase es una condicional simple que asume la realidad de la situación. El que juzga la ley, dice Santiago, **«no es hacedor de la ley, sino juez»** (v. 11d). «El hacedor de la ley» *(poieitéis nómou)* es aquel que obedece el contenido de esta. De modo que el que «no es hacedor de la ley» es desobediente a la Palabra. Actúa con arrogancia, ya que se constituye a sí mismo en juez hasta de la misma ley.[66]

La ley es la expresión escrita de la voluntad de Dios para sus hijos. En ella, Dios ha dado a conocer al hombre las demandas divinas cuyo cumplimiento glorifican al Creador. Uno de los preceptos que más se recalcan en esa ley es el relacionado con el amor al prójimo. Jesús dijo que del cumplimiento de los dos primeros mandamientos de la ley «depende toda la ley y los profetas» (ver Mt. 22:37-39). El amor al prójimo resume todos los mandamientos porque no se puede amar al prójimo sin cumplir los demás preceptos de la ley (Ro. 13:9). La obediencia a la ley de Dios equivale a un sometimiento a su Palabra, algo que solo es posible mediante la práctica de una fe viva.

«Uno es el dador de la ley y juez» (v. 12a, *heîs estin ho nomothéteis kaì krités)*. Santiago enfatiza la unicidad y la singularidad de Dios.[67] El uso del numeral «uno» *(heîs)* excluye a cualquier otro ser. El politeísmo es una abominación delante de Dios. Santiago también hace hincapié en el hecho de que la unicidad de la ley está basada sobre el carácter de Aquel que es el Dador de la ley y a la vez el Juez.[68] Por lo tanto, es totalmente absurdo que el hombre se constituya en juez de su prójimo y de la misma ley cuando la Escritura afirma que hay *un solo Juez.*

---

65. En el texto griego, la palabra «ley» aparece sin el artículo definido en el versículo 11. Santiago, evidentemente, está enfatizando el carácter o cualidad de la ley, es decir, su esencia. Aunque es cierto que, en este caso en particular, la definitividad propia del sustantivo «ley» no requiere el uso del artículo.
66. ROPES, *The Epistle of James*, p. 274.
67. *Ibíd.*, p. 275.
68. La expresión «dador de la ley» implica al mismo tiempo que Dios es el autor de la ley.

«El que es capaz de salvar y destruir» (v. 12*b, ho dynámenos sôsai kaì apolésai)*. Esta frase enfatiza la soberanía absoluta de Dios. Él puede o es capaz tanto de salvar como de destruir. La expresión «el que es capaz» *(ho dynámenos)* está en aposición con el numeral «uno» *(heîs)*. El Dios único (no hay otro como Él) es capaz de librar y destruir. «Él posee indefectiblemente la habilidad de ejecutar sus propósitos, confirmando así sus prerrogativas exclusivas como "dador de la ley y juez"».[69] Dios es poderoso en y de sí mismo. No depende de nadie ni busca el consejo de otro ser.[70] Los verbos «salvar» *(sôsai)* y «destruir» *(apolêsai)* son aoristos en el modo infinitivo. Ambos enfatizan el carácter decisivo de la acción de Dios. El soberano Dios, en un acto de su voluntad, puede salvar y destruir. Ese conocimiento debe de motivar a toda criatura, particularmente a los que han sido objeto de su gracia, a un sometimiento incondicional a la autoridad de Dios.

«Pero, tú, ¿quién eres tú, el que juzgas a tu prójimo?» (v. 12*c, sù dè tís eî, ho krínon ton plesíon)*. El apóstol formula una pregunta retórica en alto grado personal para contrastar lo que ha dicho sobre Dios con la actitud del que se dedica a juzgar y a difamar de su prójimo. La conjunción «pero» introduce «el contraste entre el Dios Soberano y la persona insensata que pretende usurpar el derecho de Dios como Juez».[71] El pronombre personal «tú» *(sú)* es enfático por su posición al principio de la oración.[72] Santiago dirige su pregunta a cierta persona en particular, es decir, a alguien que habitualmente está juzgando a su prójimo. La expresión «el que juzgas» *(ho krínon)* es un participio activo presente, acompañado del artículo definido y está en aposición con el pronombre personal «tú», identificando a ambos como la misma persona. Además, el participio activo presente sugiere que la persona que está juzgando lo hacía de manera habitual. El mandamiento expreso de la ley es amar al prójimo, no juzgarlo y mucho menos condenarlo, «porque el que ama al prójimo ha cumplido la ley» (Ro. 13:8).

En resumen, Santiago ha identificado a Dios como un Ser único y singular, el Dador de la ley, el Juez, el que puede salvar y destruir. Dios es, por lo tanto, el Soberano sobre su creación y sus criaturas. Él es el único que tiene derecho a pronunciar un veredicto sobre cualquier ser humano, porque solo Él es santo y justo. El hombre que se dedica a juzgar a otros usurpa el lugar y la prerrogativa de Dios. El creyente es llamado no a juzgar, sino a amar a su prójimo; no a difamarlo, sino a edificarlo mediante el uso de los dones espirituales.

---

69. Hiebert, *The Epistle of James*, p. 270.
70. El participio *ho dynámenos* («el que es capaz») está en la voz media y en el tiempo presente, y enfatiza así que Dios es capaz por y de sí mismo, y ese poder es constante e ininterrumpido. Él posee el poder dinámico para cumplir todos sus propósitos.
71. Hiebert, *The Epistle of James*, p. 270.
72. El pronombre personal en este caso constituye una *prolepsis,* es decir, una figura literaria en la que se anticipa una objeción de parte del interlocutor.

11

La práctica de la fe viva produce sometimiento a la soberanía de Dios (4:13—5:6)

El pecado invadió a la raza humana cuando el hombre desafió la soberanía de Dios. Adán quiso independizarse de Dios, pero terminó haciéndose esclavo del pecado. Desde entonces, todo ser humano ha seguido el mismo derrotero.

Jesucristo, sin embargo, vino al mundo para proveer reconciliación entre Dios y el hombre. Él hizo la perfecta voluntad de Dios al proveer salvación para el pecador. Cuando una persona pone su fe en Cristo, recibe el perdón de sus pecados y la capacidad de someterse a la soberanía de Dios. Reconocer la soberanía de Dios es, por lo tanto, un resultado de la práctica de una fe viva de parte de aquel que ha nacido de nuevo.

Traducción

¡Vamos ahora!, los que decís, hoy o mañana iremos a esta ciudad y estaremos allá un año y traficaremos y ganaremos, vosotros en verdad no sabéis lo que será el mañana. Porque ¿qué es vuestra vida? Porque sois un vapor que aparece por un poco de tiempo y luego desaparece. Por el contrario, debéis decir: Si el Señor quiere, viviremos y haremos esto o aquello. Pero ahora os gloriáis en vuestras arrogancias. Toda jactancia semejante es maligna. De modo que, aquel que sabe hacer lo bueno y no lo hace, para él es pecado.

¡Vamos ahora!, ricos, llorad con aullidos de tristeza por las miserias que están a punto de caer sobre vosotros. Vuestra riqueza se ha podrido y vuestros vestidos se han convertido en comida de polilla. Vuestro oro y vuestra plata se han corroído y su moho será de testimonio contra vosotros y devorará vuestras carnes como fuego. Habéis acumulado tesoros en los últimos días. He aquí, el jornal de los obreros que labraron vuestros campos, el que ha sido retenido por vosotros, clama y los gritos de los segadores han entrado en los oídos del Señor de los ejércitos. Habéis vivido lujosamente en la tierra y habéis gozado los placeres, habéis engordado vuestros corazones en [el] día de la matanza. Habéis condenado, habéis matado al justo. Él no os hace resistencia.

LA PRÁCTICA DE LA FE VIVA PRODUCE SUMISIÓN A LA VOLUNTAD DE DIOS, Y RENUNCIA A LA AUTOSUFICIENCIA (4:13-14)

En el capítulo 4 de su epístola, Santiago confronta a sus lectores con el problema de la mundanalidad. El apego a las cosas del mundo tuvo su secuela en los pleitos y luchas entre los creyentes. El apóstol comunica a sus lectores que están adulterando espiritualmente al buscar la amistad con el mundo.

Santiago enfoca un segundo aspecto de la mundanalidad, relacionado con la actitud de autosuficiencia que prevalecía en aquellos creyentes. Dicha autosuficiencia era, sin duda, producto del orgullo que reinaba en sus corazones. Santiago les hace un llamado enfático a que se sometan a la voluntad de Dios, renunciando a la autosuficiencia.

«¡Vamos ahora!» (v. 13a, áge ným). Esta es una locución enfática, usada para captar la atención de los lectores. El verbo «vamos» (áge) está en el modo imperativo y es reforzado por el adverbio «ahora» (nûm). La combinación de ambos vocablos sugiere que lo que sigue tiene un sentido de urgencia.[1]

«Los que decís» (v. 13b, hoî légontes). Esta frase es un participio activo, tiempo presente del verbo légo (decir), acompañado del artículo definido. Dicha expresión refleja una actitud continua o un hábito en aquellos creyentes. Podría traducirse: «los que habitualmente decís» o «los que no cesáis de decir». Evidentemente, aquellos cristianos tenían por costumbre planear independiente de la voluntad de Dios, diciendo: «Hoy o mañana iremos a tal ciudad y estaremos allá un año y traficaremos y ganaremos» (v. 13c). La expresión «hoy o mañana» (séimeron éi aúrion) sugiere la elección de un tiempo específico. «Iremos» (poreusómetha) es un futuro indicativo en la voz media del verbo poreúornai, que significa «ir de viaje». Esa forma verbal subraya una independencia de acción o una seguridad de hacer lo que se ha planeado. «A tal ciudad» (eis téinde tèn pólin) sugiere que ha habido la selección específica de una ciudad. Es como si los que hablaban estuviesen señalando en un mapa la ciudad seleccionada.[2]

El plan era en verdad completo: «Y estaremos allá un año y traficaremos y ganaremos» (kaì poiésomen ekeî eniautòn kaì emporeusómetha kaì

---

1. D. Edmond HIEBERT, *The Epistle of James*, p. 273.
2. Joseph MAYOR, *The Epistle of James*, p. 150.

kerdéisomen).[3] Los tres verbos usados en esta oración están en el futuro indicativo, señalando la existencia de planes definidos. El verbo «estaremos» *(poiéisomen)*, literalmente, significa «haremos», y denota la idea de actividad. Es como si se dijese: «gastaremos o emplearemos allá un año». «Traficaremos» *(emporeusómetha)* significa «emprender un negocio» o «implicarse en una actividad». La voz media sugiere que el sujeto actúa de su propia iniciativa y para su propio beneficio. «Y ganaremos» *(kaì kerdésomen)*, es decir, «obtendremos ganancia». El cuadro total representa una actitud de «arrogancia calculada y deliberada».[4]

Lo que sobresale de la situación anterior es el hecho manifiesto de que las personas referidas están planeando independientemente de la voluntad de Dios. No hay una búsqueda de la dirección divina. Se escoge la ciudad, el tiempo que se ha de permanecer allí, la actividad que se ha de realizar, e incluso se anticipan los resultados sin consultar con Dios en modo alguno. Una pregunta pertinente que debe de contestarse es: ¿Son los creyentes de hoy en día diferentes de aquellos a los que Santiago escribió su epístola?

Hoy día, muchos creyentes hacen planes y llevan a cabo tareas sin consultar previamente a Dios. En cuestiones tan trascendentales como el matrimonio, la carrera o profesión a seguir, los negocios, el ministerio, existen fracasos rotundos por no buscar la dirección divina antes de actuar. No es de sorprenderse, por lo tanto, que muchos creyentes vivan vidas frustradas, tristes y estériles.

«Vosotros quienes no sabéis lo que será el mañana» (v. 14a, *hoítines ouk epístasthe to têis aúrion).* El vocablo *hoítines* es un pronombre relativo que define con precisión la frase «los que decís» *(ho légontes).* La idea podría reconstruirse así: «Vosotros, los que decís: hoy o mañana iremos a tal ciudad, no sabéis lo que será el mañana». El verbo «no sabéis» *(ouk epístasthe)* está en el tiempo presente del modo indicativo y voz media, sugiriendo que las personas aludidas estaban desprovistas de un conocimiento seguro acerca del mañana. Esa falta de conocimiento debía motivarles a buscar la sabiduría divina (Stg. 1:5) antes de actuar. La decisión que habían tomado, sin embargo, era actuar independientemente de Dios.

La expresión «el mañana» *(tês aúrion)* enfoca el tema de la dependencia. La exhortación bíblica al creyente es: «No te jactes del día de mañana, porque no sabes qué dará de sí el día» (Pr. 27:1). Jesús se refirió a esa cuestión, cuando dijo:

No os afanéis, pues, diciendo ¿qué comeremos, o qué beberemos, o qué vestiremos? Así que, no os afanéis por el día de mañana, porque el día de mañana tendrá su afán. Basta a cada día su propio mal (Mt. 6:31-34).

---

3. Nótese el uso de la figura literaria llamada *polisíndeton,* es decir, la repetición de la conjunción «y». El propósito de esa figura es hacer que el lector se percate de cada uno de los pasos tomados.

4. James ADAMSON, *The Epistle of James,* p. 179.

El creyente tiene la maravillosa opción de confiar en el Padre celestial en todo lo que concierne al mañana (Fil. 4:7).

«Porque, ¿qué es vuestra vida?» (v. 14*b*, *poía he zoè hymôn).* La partícula interrogativa «qué» *(poía,* ¿de qué clase?) señala la naturaleza precaria de la vida humana, particularmente en el caso de los que pretenden pasar por alto a Dios.[5] Debe notarse que Santiago se disocia de aquellos creyentes. La referencia es a «vuestra vida» y no a «nuestra vida». Evidentemente, el apóstol desea enfatizar su desaprobación tajante de la actitud de sus lectores.

Santiago enfatiza el carácter transitorio de la vida humana mediante el uso de una metáfora. **«Porque sois vapor»** (v. 14*c*, *atmìs gàr este).* El vocablo *atmis* significa «vapor», «humo» o «niebla», «dicho vocablo se usaba con referencia al vapor despedido por el agua hirviendo o el humo que es llevado por el viento y describe de manera gráfica lo transitorio de la vida».[6] La metáfora es ampliada aún más con la expresión **«que aparece por un poco de tiempo y luego desaparece»** (v. 14*d*). Una vez más, Santiago enfatiza el carácter fugaz de la vida al colocar primero la expresión «por un poco de tiempo» *(pròs olígon).* Además, los dos participios presentes, «aparece» *(phainoménei)* y «desaparece» *(aphanizoméne),* hablan de lo incierto de la vida física. Es precisamente a causa de lo transitorio de la vida que el creyente debe confiar absolutamente en el Dios inmutable en quien no hay mudanza ni sombra de variación. ¡Él es el dador de toda buena dádiva!

LA PRÁCTICA DE LA FE VIVA RECONOCE LA SOBERANÍA DE DIOS (4:15)

«Por el contrario, debéis decir: Si el Señor quiere, viviremos y haremos esto o aquello» (v. 15). Como alternativa a la autosuficiencia, Santiago sugiere una sumisión a la soberanía de Dios. Las palabras del versículo 15 contrastan marcadamente con las del 13. «Por el contrario» *(antì),* es decir, en contraste con lo dicho en el versículo 13, «debéis decir» *(toù légein hymâs).* Los que en el versículo 13 habían dicho «hoy o mañana iremos a tal ciudad», debían haber dicho: «Si el Señor quiere, viviremos y haremos esto o aquello». La sugerencia de Santiago señala a un reconocimiento absoluto de la soberanía de Dios. Nótese, en primer lugar, que Santiago usa el sustantivo «Señor», precedido del artículo definido *(ho kýrios),* lo cual enfatiza el aspecto de la soberanía de Dios.[7] El apóstol, además, usa una cláusula condicional con el verbo en el aoristo subjuntivo *(theléisei),* sugiriendo que la opción de lo que se ha de hacer descansa

---

5. Ver James Hardy ROPES, *The Epistle of James,* p. 277.
6. Fritz RIENECKER, *A Linguistic Key to the Greek New Testament,* II, p. 392.
7. El equivalente hebreo sería *adonai.* (La versión hebrea del Nuevo Testamento dice *Yah).*

completamente sobre la determinación divina y que será aceptada gozosamente por el creyente.[8]

El sometimiento a la soberanía de Dios debe incluir el reconocimiento del control divino sobre la vida del hijo de Dios. Es si el Señor quiere que «viviremos» *(zésomen)*. No solo la vida depende de Dios, sino también las fuerzas físicas para actuar. La expresión «y haremos esto o aquello» *(kaì poiésomen toûto eì ekeîono)* sugiere un reconocimiento de la necesidad de depender de Dios para todas las actividades de la vida. Pablo lo expresó diciendo: «Todo lo puedo en Cristo que me fortalece» (Fil. 4:13). «La vida misma y lo que somos capaces de hacer con ella depende de la voluntad divina.[9] Hay que subrayar, además, que depender de la voluntad de Dios tanto para la vida en sí como para las actividades cotidianas de esta no presupone en ningún modo un pasivismo de parte del creyente. La fe viva es dinámica. Hacer planes no es contrario a la voluntad de Dios, pero hacerlos de espaldas a Dios sí lo es.

LA PRÁCTICA DE LA FE VIVA TIENE EN CUENTA LA JUSTICIA HACIA EL PRÓJIMO (4:16-17)

Santiago no solo condena lo que sus lectores decían en su arrogancia, sino también lo que hacían en su orgullo. **«Pero ahora os gloriáis en vuestras arrogancias»** (v. 16*a, nûn dè kauchâsthe en taîs alazoneíais hymôn)*. La expresión «pero ahora» *(nûn dè)* equivale a la expresión castellana «la realidad del caso». En lugar de sujetarse a la voluntad de Dios en una actitud humilde, aquellos creyentes se habían envanecido. El apóstol dice: «os gloriáis en vuestras arrogancias». El creyente es llamado a gloriarse en Dios y aun en las tribulaciones (Ro. 5:2-3), pero en el caso en cuestión se estaban gloriando en sus actos presuntuosos.[10] El verbo «os gloriáis» *(kauchâsthe)* está en el tiempo presente, voz media y modo indicativo. El presente sugiere que era una acción continua, la voz media señala hacia la actitud independiente asumida por aquellos creyentes y el modo indicativo subraya que lo que el apóstol dice era una realidad en la vida de sus lectores. La palabra «arrogancias» *(alazoneíais)* se refiere a la actitud jactanciosa de aquellos cristianos, descrita ya en el versículo 13. Dicho vocablo aparece en 1 Juan 2:16, donde es traducido «vanagloria». De modo que los creyentes a quienes Santiago escribió se gloriaban de su vanagloria, su arrogancia y su propia jactancia. Dicha actitud significaba un desafío flagrante a la soberanía de Dios. Santiago, en su característico estilo, expresa que **«toda jactancia semejante es mala»** (v. 16*b, pâsa kaúcheisis toiaúte ponerá estin)*. El veredicto del apóstol es

8. HIEBERT, *James,* p. 278.
9. R. V. G. TASKER, *The General Epistle of James,* p. 103.
10. ROPES, *The Epistle of James,* p. 280.

sencillo, pero tajante y sin ambages. La palabra «jactancia» *(kaúcheisis)* procede de una raíz que tiene un uso positivo en las Escrituras. Por ejemplo, en 1 Corintios 1:31, Pablo dice: «El que se gloría *[ho kauchómenos]*, gloríese *[kauchástho]* en el Señor». El mismo vocablo tiene, además, un uso negativo semejante al que Santiago le da en este versículo (ver 1 Co. 5:6). Jactarse de lo que Dios puede hacer, sin duda, tiene la aprobación bíblica, pero jactarse de lo que el hombre podría hacer sin contar con Dios es una arrogancia repudiable.

El veredicto final de Santiago sobre la cuestión discutida es expresado así: **«Por lo tanto** *[oûn]*, **al que sabe cómo hacer lo bueno, y no lo hace, a él es pecado»** (v. 17). La expresión «por lo tanto» parece referirse específicamente a la situación descrita en los versículos 13 al 16. Santiago usa dos participios, ambos en el caso dativo y que expresan acción continua. El primero es *eidóti* («al que sabe cómo hacer»). Este participio, aunque perfecto en su forma, tiene la función de un presente y procede del verbo *oîda,* que significa «conocimiento intuitivo», «entendimiento». El segundo participio es *poioûnti,* precedido de la partícula negativa *mè* («no lo hace»).

El cuadro que el apóstol presenta es el de alguien que posee el conocimiento para hacer lo que es moralmente bueno *(kalòn),* pero *no lo hace.*[11] La idea, además, es que tal actitud era habitual, como lo indica el uso de los participios. El creyente que conoce las Escrituras sabe que la jactancia, el orgullo, la vanidad y cosas semejantes son contrarias a la voluntad de Dios. Pero lo cierto es que tales cosas son prácticas muy comunes entre los hijos de Dios.

La sintaxis de la parte final de este versículo es muy enfática: «Pecado a él es» *(hamartía autoî estin).* El apóstol define la cuestión como «pecado» *(hamartía),* es decir, «fallar el blanco» o «quedarse corto». El no hacer lo bueno que uno sabe que debe hacer es pecado. El conocimiento de lo correcto y la habilidad de hacerlo produce una «obligación inevitable».[12] Nótese que Santiago aplica la cuestión a la persona que tiene ese conocimiento, cuando dice «a él» *(autoî).* El conocer nos hace responsables.

En resumen, el creyente que practica una fe viva debe reconocer la soberanía de Dios en su vida, primero mediante una renuncia a toda autosuficiencia y, luego, a través de una dependencia total de la voluntad de Dios. El creyente no debería jactarse de su astucia para planear, sino en su reconocimiento de que tanto su vida como sus actividades dependen de Dios, el cual es el Soberano absoluto de todo.

---

11. La palabra *kalós* se usaba en la literatura clásica para describir algo orgánicamente sano, algo provechoso, puro o saludable. En el Antiguo Testamento (LXX) se usa para indicar belleza o hermosura (Gn. 12:14). Este vocablo aparece 99 veces en el Nuevo Testamento, y señala con frecuencia la excelencia de una cosa (Mt. 5:16; 13:13; Jn. 10:11, 14). Ver E. BEYREUTHER, «Good, Beautiful, Kind», *The New International Dictionary of New Testament Theology,* II, pp. 98-106.
12. HIEBERT, *The Epistle of James,* p. 280.

LA PRÁCTICA DE LA FE VIVA CONDENA LA INJUSTICIA HACIA EL PRÓJIMO (5:1-6)

Santiago 5:1-6 constituye un apóstrofe literario. El apóstol corta abruptamente el hilo de su discurso y dirige la palabra a un grupo distinto a quien llama «los ricos» *(hoí ploúsioi)*. En este pasaje, Santiago condena la actitud mezquina de los ricos, la injusticia que practicaban hacia los pobres, y les anuncia el juicio que vendrá sobre ellos.

«¡Vamos ahora, ricos!» (v. 1*a, áge nún hoí ploúsioi).* Al igual que en 4:13, el apóstol usa una interjección para llamar la atención de sus oyentes, quienes en este caso son «los ricos». Parece ser que Santiago se refiere a los ricos en general, particularmente ricos inconversos que formaban parte de la sociedad de aquellos tiempos. Ropes ha hecho el siguiente comentario:

> En este pasaje la referencia es a los ricos como una clase, sin tener en cuenta su profesión religiosa, para hacer ver al lector cristiano lo absurdo de admirar y afanarse por las riquezas. Los que poseen riquezas, según el argumento, no presentan un ejemplo feliz en lo que respecta al carácter real y al futuro de sus posesiones.[13]

Es necesario recordar que la Biblia no condena la riqueza en sí. Lo que sí es condenado por la Palabra de Dios es la actitud del hombre que coloca sus posesiones por encima de Dios. Pablo escribió:

> A los ricos de este siglo manda que no sean altivos, ni pongan la esperanza en las riquezas, las cuales son inciertas, sino en el Dios vivo, que nos da todas las cosas en abundancia para que las disfrutemos. Que hagan bien, que sean ricos en buenas obras, dadivosos, generosos; atesorando para sí buen fundamento para lo porvenir, que echen mano de la vida eterna (1 Ti. 6:17-19).

«Llorad con aullidos de tristeza» (v. 1*b, klaúsate olelýzontes).* El verbo «llorad» *(klaúsate)* es el mismo que aparece en 4:9. La forma verbal es un aoristo ingresivo en el modo imperativo y significa «comenzad a llorad», «irrumpid en llanto». El mandato es calificado más ampliamente por el participio *ololýzontes* («con aullidos de tristeza»). Este participio procede del verbo *ololýzo,* que significa «gritar o aullar de tristeza». Dicho verbo es una expresión onomatopéyica que, aunque rara en el Nuevo Testamento, aparece en Isaías 13:6; 14:31; 15:3; 16:7; Jeremías 4:8, y Joel 1:5, 13. Es así como Santiago describe de manera dramática lo que aquellos ricos debían hacer en anticipación al juicio que vendría sobre ellos

---

13. Ropes, *The Epistle of James*, p. 282.

a causa de su flagrante rechazo de la gracia de Dios, demostrado por el hecho de su confianza en las riquezas y por el trato injusto hacia los pobres.

«Por las miserias que están a punto de caer sobre vosotros» (v. 1c, *epì taîs talaiporíais hymôn taîs eperchoménais*). El sustantivo «miserias» *(talaiporíais)* aparece únicamente aquí y en Romanos 3:16 en todo el Nuevo Testamento. La forma verbal de dicho vocablo, sin embargo, aparece en 4:9, donde se traduce «afligíos». Este vocablo significa «calamidad», «miseria», «dificultad» y, como dice Ropes: «describe los sufrimientos de uno que ha sido condenado».[14] Santiago usa, además, el participio *eperchoménais* (de *eperchómai*) que, aunque está en el presente de la voz media, tiene la función de un futuro profético. El apóstol describe la situación de manera dramática, diciendo: «las miserias vuestras, esas que están a punto de caer sobre vosotros». Nótese, además, que el juicio aludido tiene un carácter personal. Santiago usa la preposición *epì* dos veces, una por sí sola y otra como prefijo del participio *eperchoménais,* para enfatizar el hecho de que las miserias caerían «sobre» *(epi)* aquellas personas, es decir, los ricos.

El juicio comienza con la destrucción de las riquezas de los ricos. Esto es importante, ya que de ese modo elimina aquello para lo cual dichas personas viven. Dios destruye lo que ellos consideran como su primer amor, es decir, sus riquezas. **«Vuestra riqueza se ha podrido y vuestros vestidos se han convertido en comida de polilla. Vuestro oro y vuestra plata se han corroído»** (vv. 2-3a). Aunque el juicio mencionado por Santiago es aún futuro, su cumplimiento es tan cierto que usa tres verbos en el tiempo perfecto para describirlo.[15] Las expresiones «se ha podrido», «se ha convertido en comida de polilla» y «se han corroído» enfatiza el deterioro de las riquezas materiales. Lo que en un tiempo han considerado precioso, ahora carece de valor.

«Y su moho será de testimonio contra vosotros» (v. 3b, *kaì hoiòs autôn eis martýrion hymîn éstai).* La idea de esta frase incluye, entre otras cosas, el hecho de que las riquezas de los ricos, particularmente los inconversos, testifican de su avaricia y su materialismo. El dios que adoran es un dios que no podrá ayudarles en el día del juicio. Debe decirse con tristeza que los creyentes no están exentos del pecado de avaricia.

> En lugar de usar su dinero para ayudar al pobre y al necesitado en su derredor, lo han acumulado con indiferencia para su propio goce futuro. Cualquiera que sea el contenido de su testimonio, en el juicio la acusación de ese moho verificará la culpa.[16]

---

14. *Ibíd.* p. 284.

15. Santiago usa los llamados perfectos proféticos muy al estilo de la literatura profético del Antiguo Testamento. En esos casos, el suceso es tan cierto que el escritor lo toma como si ya hubiese ocurrido.

16. Hiebert, *The Epistle of James,* pp. 286-287.

«Y devorará vuestras carnes como fuego» (v. 3c, *kaì phágetai tàs sarkás hymôn hos pŷr).* El tiempo futuro del verbo señala el juicio que está por venir. El modo indicativo subraya la certeza de dicho juicio. El uso plural «vuestras carnes» muestra un pluralismo con las riquezas materiales mencionadas: «vuestra riqueza», «vuestros vestidos», «vuestro oro y vuestra plata»; todo eso se carcomerá y perecerá. Del mismo modo «vuestras carnes» o «vuestra vida física» perecerán devoradas como el fuego. El apóstol usa el símil del fuego que devora todo lo que encuentra a su paso. Es posible que el apóstol se refiera al fuego de la *gehenna* que no cesa de arder. De todos modos:

> La oración es una forma altamente metafórica de decir que el fracaso de sus riquezas trae la ruina completa de los ricos, porque no tienen ninguna otra cosa sobre la cual apoyarse.[17]

«Habéis acumulado tesoros en los últimos días» (v. 3d, *ethesaurísate en eschátis hemérais).* Esta frase es un tanto difícil de interpretar si se toma por sí sola. Una posible solución es traducir el verbo *thesaurízo* en el mismo sentido con que aparece en Romanos 2:5, es decir, «atesorar» en el sentido de «almacenar», «acumular», «reservar». Visto de ese modo, la frase se leería: «Habéis acumulado o atesorado en los últimos días». Pero lo que los ricos en verdad han acumulado no son tesoros, sino fuego de condenación en el día del juicio, llamado por Santiago «los últimos días». Pablo describe el juicio de esos últimos días como «el día de la ira y la revelación del justo juicio de Dios» (Ro. 2:5). Este juicio será conforme al evangelio (Ro. 2:16). En Romanos 2:16, Pablo da a entender que su sermón evangelístico siempre incluía un punto relacionado con el juicio venidero. Evidentemente, Pablo no tenía temor de hablar del infierno. Algo que muchos predicadores no hacen hoy. Pero Dios pagará a cada uno según sus obras (Ro. 2:16). «Dios ha establecido un día en el cual juzgará al mundo con justicia» (Hch. 17:30-31) y Jesucristo será el gran Juez del universo. Existe una sola manera de librarse de ese juicio. La Escritura dice: «Ahora, pues, ninguna condenación hay para los que están en Cristo Jesús» (Ro. 8:1). «El que en él cree no es condenado, mas él que no cree ya ha sido condenado, porque no ha creído en el unigénito Hijo de Dios» (Jn. 3:18).

En los versículos que han sido examinados (5:1-3), los ricos son condenados por su actitud de dar prioridad a las riquezas materiales, descuidando totalmente los valores espirituales. La avaricia, la vanidad, el orgullo quedan de manifiesto en aquellos que consideran las riquezas como la razón única de sus vidas. En los versículos siguientes (5:4-6), Santiago hace hincapié en las injusticias practicadas

---

17. C. Leslie Mitton, *The Epistle of James,* p. 177.

por los ricos contra los pobres. La relación negativa que los ricos guardan con Dios se refleja en 5:1-3. El resultado inevitable es la relación que guardan con el prójimo, particularmente el pobre, tal como se presenta en 5:4-6.

«He aquí, el jornal de los obreros que laboran vuestros campos» (v. 4a, *idoù ho misthòs tôn ergatôn tôn amesánton tàs chóras hymôn*). La expresión «he aquí» es exclamativa, usada para llamar la atención de lo que sigue. La palabra «jornal» *(ho misthós)* se refiere a «la paga que se le debe a un obrero por el trabajo que ha hecho».[18] En los tiempos bíblicos se acostumbraba a pagar el salario de un jornalero al final de cada día de trabajo. Retener el jornal de un obrero era considerado pecado (ver Lv. 19:13 y Dt. 24:15). Los obreros ya habían labrado las haciendas de aquellos ricos que disfrutaban de los beneficios de esas ganancias, pero retenían injustamente los jornales de los obreros de manera fraudulenta.

«El cual ha sido retenido por vosotros» (v. 4b, *ho apestereménos aph' hymôn*). Esta frase está en aposición a la anterior («el jornal de los que labran vuestros campos»). El jornal de los obreros había sido retenido por los ricos en violación flagrante de la ley de Dios (Lv. 19:13) y de las costumbres establecidas. Tal actitud creaba serios problemas a la clase trabajadora, mientras que los ricos disfrutaban de la abundancia. Los tiempos, evidentemente, no han cambiado. Muchos son los casos hoy día en que los pobres se ven privados de lo que justamente les pertenece, como resultado de la avaricia de los poderosos.

Santiago usa la figura literaria llamada personificación para describir la situación. Dice el apóstol que el jornal de los pobres «clama» *(krázei)* o «grita pidiendo venganza». Tal como ocurrió en el Antiguo Testamento cuando la sangre de Abel «clamaba desde la tierra» (Gn. 4:10) delante de la presencia de Dios. **«Y los gritos de los segadores han entrado en los oídos del Señor de los ejércitos»** (v. 4c). La expresión «los gritos» *(hai boaì)* sugiere la idea de protesta. «Los segadores» *(tôn therisánton)* es un participio aoristo, precedido del artículo definido y debe traducirse «los que han segado». La idea es que la tarea ha sido terminada. Los jornaleros han terminado su trabajo, los segadores han recogido la cosecha. Ahora esperan su justo jornal, pero los ricos, de manera fraudulenta e injusta, se lo retienen. El grito de semejante injusticia «ha entrado en los oídos del Señor de los ejércitos». El verbo «han entrado» *(eiselelýthasin)* está en el tiempo perfecto del modo indicativo, sugiriendo que Dios tiene conocimiento completo de la cuestión. Dicho verbo, además, está en una posición enfática al final de la oración gramatical. El apóstol usa un antropomorfismo al atribuirle a Dios características humanas («oídos»). Finalmente, Santiago llama a Dios «el Señor de los ejércitos». Esa expresión sugiere que Dios, como el «Rey-guerrero», está dispuesto a pelear por su pueblo. Él no permitirá que la injusticia mencionada por el apóstol quede impune.

---

18. Ver *Theological Dictionary of the New Testament*, IV, p. 698.

«Habéis vivido lujosamente en la tierra y habéis gozado los placeres, habéis engordado vuestros corazones en el día de la matanza» (v. 5). Mientras los pobres jornaleros padecían penurias y limitaciones a causa de la retención de su jornal, los ricos disfrutaban de la abundancia de sus posesiones. El verbo usado en la frase «habéis vivido lujosamente» o «habéis vivido delicadamente» es un aoristo constatativo, que contempla la acción en su totalidad y se traduce como si fuera un tiempo perfecto. La expresión «en la tierra» *(epì têis gêis)* sugiere que la clase rica mencionada tenía su mira solamente en las cosas terrenales. Habían hecho tesoros en la tierra donde la polilla y el orín corrompen (Mt. 6:19). Su corazón estaba en las cosas perecederas de esta tierra. El verbo en la frase «habéis gozado los placeres» *(espataléisate)* significa «vivir voluptuosamente» y también contempla la totalidad de la acción. Se usa en 1 Timoteo 5:6 para referirse a las viudas que se entregan a los placeres de este mundo. Ambos verbos describen a la clase rica que hace un uso indebido y descontrolado de sus bienes terrenales, mientras que los pobres sufren penalidades indescriptibles.

«Habéis engordado vuestros corazones en el día de la matanza» (v. 5b). Una vez más, Santiago contempla la acción como algo completo o total; «habéis engordado», como el animal que es engordado para el sacrificio o la matanza. La palabra «corazones» debe tomarse en el sentido hebraico de «el centro de las emociones y de los afectos». Jesús dijo que donde está el tesoro de un hombre, allí está su corazón (Mt. 6:21). «En el día de la matanza» o «el día relacionado con la matanza», el rico recibirá su recompensa. «El día de la matanza» contempla la escena del juicio venidero, en el cual Dios pedirá cuenta al hombre fuera de Cristo.

Con su estilo terso característico, Santiago concluye esta lección, diciendo: **«Habéis condenado, habéis matado al justo. Él no os hace resistencia»** (v. 6). Los ricos habían condenado a los pobres probablemente no como jueces, sino porque de algún modo controlaban a los tribunales. Los pobres no tenían defensa en contra de un tribunal que de antemano había dictado una sentencia adversa. «Habéis matado lo justo» *(ephoneúsate tôn díkaion)*. El verbo «habéis matado» significa literalmente «habéis cometido homicidio». Es muy probable que Santiago no se esté refiriendo a un homicidio en el sentido literal, sino que esté aplicando el principio que aparece en la literatura apócrifa: «Mata a su prójimo quien le priva de la sustancia. Y derrama sangre el que retiene el salario al jornalero» (Eclesiástico 34:26-27). «El justo» se refiere a la víctima que ha sufrido a causa de la acción injusta de los poderosos.

Es posible, también, que Santiago esté presentando un cuadro de lo que la nación judía hizo con Cristo. El pueblo de Israel condenó y mató al Justo, es decir, al Mesías. Tampoco Cristo ofreció resistencia cuando fue condenado por su pueblo. «Él no os hace resistencia». Isaías dice que «como oveja delante de sus trasquiladores, enmudeció, y no abrió su boca» (Is. 53:7). De todos modos, tanto

Jesús como sus seguidores han sufrido las terribles injusticias de los hombres. Jesús sufrió sin rebelarse. El creyente no debe hacer menos.

> La pasividad del justo confirma la culpa de los ricos, quienes permanecen impasibles ante los sufrimientos pacientes que de manera inmisericorde infligen a las víctimas inocentes.[19]

Resumiendo, Santiago 5:1-6 presenta un enjuiciamiento de los ricos como clase. El contenido del pasaje sugiere que el apóstol se dirige a los ricos inconversos. Santiago señala primero el juicio inminente que viene sobre ellos, subrayando que las cosas materiales en las que han puesto su confianza no podrán en manera alguna ayudarles, ya que serán destruidos juntamente con ellos. Luego añade que los bienes materiales acumulados serán testigos que hablarán en contra de los ricos en el día del juicio. Lo que en la tierra fue riquezas, el día del juicio será fuego consumidor.

En segundo lugar, el apóstol vocaliza la naturaleza de las injusticias cometidas por los ricos. Han sido injustos al retener el jornal de los que han trabajado sus tierras. Han usado el fraude para hacer sufrir a los pobres. Movidos por la avaricia y la codicia, han hecho uso de lo que correspondía a los jornaleros, causando penas a los que no podían defenderse. El amor hacia los placeres terrenales había cegado el sentido de la piedad y la misericordia en aquellos hombres.

Finalmente, Santiago subraya que Dios tiene conocimiento de lo ocurrido y como Rey-guerrero ha de defender a los suyos. Los ricos injustos tendrán que dar cuenta al Juez del universo, quien les dará su debida retribución. Este pasaje ha de servir de aviso a todos los ricos de este mundo. Deberían percatarse, por un lado, de lo perecedero de las riquezas, y, por otro lado, de la importancia de la práctica de la justicia para con todos, pero en particular hacia los pobres y menos afortunados de este mundo. Santiago confronta a los ricos, los de entonces y los de ahora con los problemas antes señalados. Quienes han oprimido al prójimo se enfrentarán al justo juicio de Dios. El Juez justo hará justicia a sus escogidos, y los inicuos sufrirán su justo castigo. El apóstol Pablo escribió lo siguiente:

> Porque es justo delante de Dios pagar con tribulación a los que os atribulan, y a vosotros que sois atribulados, daros reposo con nosotros, cuando se manifieste el Señor Jesús desde el cielo con los ángeles de su poder, en llama de fuego, para dar retribución a los que no conocieron a Dios, ni obedecen al evangelio de nuestro Señor Jesucristo (2 Ts. 1:6-8).

---

19. HIEBERT, *The Epistle of James*, p. 294.

12

La práctica de la fe viva en relación con la Segunda Venida de Cristo (5:7-12)

Ninguna doctrina ha servido de mayor consuelo para el cristiano que la de la Segunda Venida de Cristo a la tierra. Esta doctrina es para el hijo de Dios una esperanza bienaventurada (Tit. 2:13); purificadora (1 Jn. 3:3); remuneradora (2 Ti. 4:8) y alentadora (1 Ts. 4:13-18).

El apóstol Santiago enfoca la Segunda Venida de Cristo desde una perspectiva práctica. Primeramente, exhorta a sus lectores a demostrar paciencia ante la realidad de ese suceso glorioso (5:7-8). En segundo lugar, los exhorta a practicar una ética basada en los principios de la Palabra de Dios (5:9-12). La ética cristiana, según Santiago, se manifiesta en el trato que el creyente da a otros cristianos y en su práctica de vivir una vida limpia y veraz delante de sus semejantes. Santiago, por lo tanto, se refiere a la cuestión de cómo debe vivir el creyente aquí en la tierra mientras aguarda con paciencia el regreso de Cristo a la tierra.

Traducción

Por tanto, sed pacientes, hermanos, hasta la venida del Señor. He aquí el labrador espera el precioso fruto de la tierra, siendo paciente en ello hasta que reciba la lluvia temprana y la tardía. Vosotros también, sed pacientes, fortaleced vuestros corazones, porque la venida del Señor está cerca. No os quejéis, hermanos, unos contra otros para que no seáis juzgados. He aquí, el juez está delante de las puertas. Tomad a los profetas, hermanos, como ejemplo de sufrimiento y de paciencia los que hablaron en el nombre del Señor. He aquí, consideramos bienaventurados a los que sufren pacientemente. Habéis oído de la paciencia de Job y habéis visto el fin del Señor, que el Señor es muy misericordioso y compasivo.

Pero sobre todo, hermanos míos, no juréis, ni por el cielo ni por la tierra ni por ningún otro juramento, sino que vuestro sí sea sí y vuestro no sea no para que no caigáis bajo juicio.

LA PRÁCTICA DE LA FE VIVA PRODUCE PACIENCIA ANTE LA REALIDAD DE LA SEGUNDA VENIDA DEL SEÑOR (5:7-8)

«Por lo tanto, sed pacientes, hermanos, hasta la venida del Señor» (v. 7). Esta frase tiene como propósito estimular a los creyentes que estaban bajo persecución y sufrían aflicciones por causas diversas. La partícula *oûn* («por lo tanto») une esta sección con la anterior. Es sobre la base de lo dicho anteriormente que el apóstol hace su exhortación. La expresión «sed pacientes» es un verbo en el aoristo imperativo y sugiere la idea de urgencia. Dicho vocablo es una palabra compuesta *(makrós* = «largo», *thymós* = «emoción de la mente, ira, temperamento»)* que describe «la actitud que es capaz de sufrir la tardanza y sobrellevar los sufrimientos sin desmayar».[1]

Ese verbo se usa en la Septuaginta con referencia tanto a la actitud de Dios hacia el hombre (Pr. 14:29; 15:18; 19:11; Sal. 86:15; 103:8; Jer. 15:15) como de la actitud del hombre hacia sus semejantes. El Nuevo Testamento enseña que la paciencia es un fruto del Espíritu (Gá. 5:22) y una cualidad que debe adornar la vida cristiana (Col. 3:12; Ef. 4:2). Enseña, además, que es un atributo divino (Ro. 2:4; 9:22; 1 P. 3:20).

Santiago se refiere aquí a una clase de paciencia distinta a la mencionada en 1:3-4, o, más adelante, en 5:11. En esos versículos, el apóstol habla de *hypomoné,* es decir, paciencia en el sentido de «resistir una prueba sin claudicar» o «aguantar hasta el fin». La palabra usada en 5:7 (verbo: *makrothuméo,* substantivo: *makrothumía)* se usa para describir la capacidad para condescender ante las debilidades de otros. Denota la idea de actuar sin resentimientos ni venganza hacia los demás, particularmente hacia quienes son irritantes.

A la luz de la realidad de la Segunda Venida de Cristo, Santiago exhorta a sus lectores a ser pacientes, es decir, a manifestar una actitud pasiva hacia las pruebas y tribulaciones, actuando con un espíritu de esperanza y confianza.[2] Seguramente, las aflicciones sufridas por los lectores eran producidas por las injusticias aludidas en 5:1-6. Hombres injustos e inicuos eran los causantes, pero ante la hostilidad y el antagonismo de esos hombres, el creyente debe de manifestar la paciencia producida por el Espíritu Santo.

«Hasta la venida del Señor» (v. 7b, *héos tês parousías tôu kyríou).* Esta es una referencia incuestionable a la Segunda Venida de Cristo.[3] El regreso del Señor a la tierra es, sin duda, el tema central de la Biblia. Su Segunda Venida será literal (Hch. 1:11), visible (Ap. 1:7), judicial (Mt. 25:31-34), en gloria y majestad real

---

1. Fritz RIENECKER, *A Linguistic Key to the Greek New Testament,* p. 394.
2. Ver Ulrich FALKENROTH y Colin BROWN, «Makrothymía», *The New International Dictionary of New Testament Theology,* II, pp. 768-772.
3. Henry ALFORD, *Alford's Greek Testament: An Exegetical and Critical Commentary,* IV, p. 323.

(Mt. 24:30). La venida del Señor es una fuente de esperanza y una motivación a la práctica de la paciencia de parte de todo creyente.

«La venida» *(tês parousías)* es una expresión usada con frecuencia en el Nuevo Testamento. El vocablo proviene de *pará* («al lado de») y *ousía* («siendo» o «estando»). Dicha expresión enfatiza primordialmente la idea de presencia personal (ver Fil. 2:12 y 2 Co. 7:6-7). El uso más frecuente de dicho vocablo, sin embargo, se relaciona con la Segunda Venida de Cristo:

> El vocablo específico, *parousía*, traducido *venida* en este versículo, es usado también por Pedro, Pablo y Juan; y por el mismo Jesús con referencia a su venida en gloria. Era frecuente entre los griegos describir la visita oficial de un monarca a una ciudad situada dentro de sus dominios. En tales ocasiones, la «presencia» real (ya que ese es el significado literal de la palabra) era tal que nadie podía dejar de reconocer al monarca por lo que él era. Mediante el uso de esta palabra en el Nuevo Testamento referente a la Segunda Venida de Cristo, esa Segunda Venida es contrastada con la primera. Como el Niño de Belén, el carpintero de Nazaret, el Hijo del hombre que no tenía dónde recostar su cabeza, despreciado y desechado por los hombres, Cristo vino, por así decirlo, de *incógnito*. Fue solo a través del velo de su carne que pudo verse su deidad durante su vida terrenal; y para ello solo con los ojos de la fe. Pero su aparición en las nubes del cielo será de tal magnitud que Él será conspicuo, sin la menor duda, como Juez de la humanidad, como Señor del Cielo, quien reunirá a sus escogidos, y convocará a los que ya viven con Él a estar con Él para siempre y compartir con Él su gloria eterna. El cristiano vive ahora entre esas dos venidas de su Señor y mira tanto hacia atrás, a la primera, como hacia adelante, a la segunda, en busca de inspiración durante su peregrinaje terrenal.[4]

La relevancia de la Segunda Venida de Cristo es tal que los escritores bíblicos se refieren constantemente a dicho suceso. Por cada referencia a la primera venida de nuestro Señor, hay ocho alusiones a su Segunda Venida (ver Mt. 24:3, 27, 37, 39; 1 Co. 15:23; 1 Ts. 2:19; 3:13; 4:15; 5:23; 2 Ts. 2:1, 8; 2 P. 1:16; 3:4; 1 Jn. 2:28; Ap. 1:7; 19:11-16). Nótese además que Santiago habla de la venida del «Señor» *(toû kyríou).* Cuando Él venga, será recibido y honrado como «El Señor». Toda rodilla se doblará y toda lengua confesará que Jesucristo es el Señor para gloria de Dios el Padre (Fil. 2:10-11). Cristo vendrá como el Soberano para establecer su justicia y su paz sobre la tierra.[5]

---

4. R. V. G. Tasker, *The General Epistle of James,* pp. 117-118.
5. Si es cierto, como muchos opinan, que la Epístola de Santiago fue la primera carta escrita del Nuevo Testamento y se admite que las epístolas de Pablo a los tesalonicenses fueron de las primeras en ser

«He aquí, el labrador» (v. 7c, *idoù ho georgòs*). En su estilo característico, Santiago apela a una ilustración tomada de la vida cotidiana de Palestina para comunicar a sus lectores la lección de paciencia. «El labrador» se refiere en este caso probablemente al dueño de la tierra y no al jornalero *(ergáteis)*,[6] **«espera el precioso frutó de la tierra»** (v. 7d, *ekdéchetai tòn tímion karpòn têis gêis)*. El verbo «espera» significa «esperar con gran deseo». El tiempo presente sugiere una acción continua. El labrador

> ...planta la semilla; puede contribuir a su crecimiento limpiando el campo de cizaña; cuando viene la siega, puede almacenar la cosecha en los graneros. Pero la germinación de la semilla sembrada y el proceso misterioso del crecimiento desde que brota el capullo verde hasta que aparece el grano son procesos que solo pueden contemplarse con asombro.[7]

El labrador no puede hacer absolutamente nada que contribuya al proceso de germinación en sí. Su parte es esperar con paciencia.

«El fruto de la tierra» (v. 7e, *karpón têis gêis)* es precioso *(tímion)* para el labrador. Ese fruto representa una bendición del cielo y la recompensa del esfuerzo realizado. Es el medio de sustento tanto para la familia como para los jornaleros. La cosecha, sin embargo, depende de factores ajenos a la voluntad y al trabajo del labrador. De modo que el labrador tiene por fuerza que ser paciente para esperar *(makrothymôn ep' autoî)*. El participio *makrothymôn* («siendo paciente») describe la actitud del labrador que espera y anhela pacientemente el día en que pueda recoger su cosecha.

«Hasta que reciba la lluvia temprana y la tardía» (v. 7f). Esta es una cláusula temporal, introducida por la preposición *héos* (hasta) y acompañada del aoristo activo en el modo subjuntivo del verbo «recibir» *(lábei)*. Esta construcción gramatical describe elocuentemente la esperanza y la paciencia del labrador. El sujeto del verbo es «la tierra». Es esta la que tiene que recibir la lluvia que hará germinar la semilla. Los ojos del labrador se alzan al cielo constantemente con la esperanza paciente de ver caer la lluvia que la tierra tanto necesita.

El concepto hebraico de la lluvia temprana y tardía es explicado por el exégeta James Ropes de la manera siguiente:

> La lluvia temprana normalmente comienza en Palestina a fines de octubre o principios de noviembre, y es esperada con ansiedad porque, siendo ne-

---

escritas por este apóstol, puede verse fácilmente el énfasis dado al tema de la Segunda Venida de Cristo por la Iglesia primitiva.

6. James Hardy ROPES, *The Epistle of James*, p. 294.
7. C. Leslie MITTON, *The Epistle of James*, p. 185.

cesaria para la germinación de la semilla, es la señal para la siembra. En la primavera, la maduración del grano depende de la «lluvia tardía»; los chubascos ligeros caen en abril y mayo. Sin estos, ni siquiera las fuertes lluvias del invierno impedirían el fracaso de las cosechas. De modo que el labrador está ansioso; y tiene que mostrar *makrothymía*, hasta que estos necesarios dones del cielo estén asegurados.[8]

«Vosotros también, sed pacientes» (v. 8*a*, *makrothymésate kaì humeîs)*. El creyente debe imitar al labrador en el ejercicio de la paciencia. La frase es enfática. El pronombre personal «vosotros» *(humeîs)* aparece al final de la oración y es pleonástico, ya que su uso no es gramaticalmente necesario. Además, el aoristo imperativo del verbo «sed pacientes» *(makrothyméisate)* sugiere la idea de urgencia en la acción. El creyente debe esperar con paciencia la venida del Señor, quien de seguro vendrá, del mismo modo que el labrador espera pacientemente que caiga la lluvia temprana y la tardía, la que de seguro caerá.

«Fortaleced vuestros corazones» (v. 8*b*, *steiríxate tâs kardías hymôn)*. Esta expresión es, sin duda, metafórica. El apóstol enfatiza la fortaleza de la vida interior, la firmeza espiritual y la valentía de parte del creyente. De modo que el creyente no solo necesita practicar la paciencia, sino que también necesita tener la vitalidad espiritual que solo se obtiene mediante la comunión con Dios y la obediencia incondicional a su Palabra. «En lugar de estar agitados y de sentirse impotentes ante las experiencias de opresión, debían desarrollar un sentido de estabilidad interna».[9]

«Porque la venida del Señor está cerca» (v. 8*c*, *hóti he parusía toû kyríou énjiquen)*. Así expresa Santiago la razón de por qué el creyente debe ser paciente.[10] El apóstol afirma que la venida del Señor «está cerca» *(énjiquen)*. Santiago usa el tiempo perfecto del verbo *engázo* («acercarse») y debe traducirse «se ha acercado». El apóstol parece enfatizar el carácter inminente de la Segunda Venida de Cristo por su pueblo.[11] Todas las generaciones de cristianos han tenido la esperanza de ver en vida la Segunda Venida del Señor. Santiago, evidentemente, refleja lo que ha sido el sentir de la Iglesia a lo largo de la historia.[12] La seguridad

---

8. Ropes, *The Epistle of James*, p. 295.

9. D. Edmond Hiebert, *The Epistle of James*, p. 299.

10. Nótese que es la segunda vez en el mismo pasaje que Santiago se refiere a la *parousía* del Señor. Esta repetición, sin duda, significa que el apóstol desea enfatizar dicha verdad.

11. Algunos exégetas sugieren que Santiago se refiere a la destrucción de Jerusalén en el año 70 d.C. Esa posición, sin embargo, no evidencia armonía con el contexto. La destrucción de Jerusalén en el año 70 no puso fin en modo alguno a los sufrimientos de los cristianos. Ver Curtis Vaughan, *James*, p. 109.

12. El apóstol Pedro usa la misma expresión *(énjiquen)* en un contexto escatológico para enfatizar que «el fin de todas las cosas se acerca» (1 P. 4:7). Sobre la base de esa realidad, Pedro exhorta a los creyentes a «ser sobrios y a velar en oración».

220 de que Cristo viene se basa en la promesa del Señor, quien dijo: «Vendré otra vez» (Jn. 14:3).

de que Cristo viene se basa en la promesa del Señor, quien dijo: «Vendré otra vez» (Jn. 14:3).

La Palabra de Dios afirma que el mismo Jesús que ascendió al cielo «así vendrá» como fue visto partir a la gloria (Hch. 1:11). De igual modo, la fe apostólica registrada en el canon del Nuevo Testamento evidencia una certeza insoslayable respecto al regreso en gloria de Jesucristo (1 Ts. 4; 2 Ts. 2; 2 Ti. 4; Col. 3; He. 10; 2 P. 3; 1 Jn. 3; Ap. 19).[13]

LA PRÁCTICA DE LA FE VIVA DEMANDA UNA ÉTICA CONGRUENTE CON LA REALIDAD DE LA SEGUNDA VENIDA DEL SEÑOR (5:9-12)

El creyente no solo debe esperar a Cristo pacientemente, sino que también debe vivir una vida que armonice con la realidad de la venida del Señor. El apóstol Santiago exhorta al creyente a practicar una ética bíblica tanto hacia otros creyentes como hacia los no creyentes.

«No os quejéis, hermanos, unos contra otros» (v. 9a, *mè stenádsete adelphoí kata' alléilon*). La prohibición «no os quejéis» es un aoristo imperativo precedido de la partícula negativa *mèi*. De modo que el apóstol les manda dejar de hacer algo que ya era un hábito entre aquellos creyentes. En lugar de apoyarse y estimularse mutuamente, estaban quejándose y acusándose unos a otros. Santiago les manda que cesen de inmediato dicha práctica. La expresión «unos a otros» *(kata' alléilon)* sugiere que la actitud se había generalizado indiscriminadamente entre ellos. Parece ser que se culpaban entre sí por los problemas que estaban confrontando.[14] El apóstol no condena a sus lectores por quejarse de sus padecimientos, sino por la forma en que se trataban unos a otros en medio de sus dificultades.

«Para que no seáis juzgados» (v. 9b, *hína mè krithête*). Esta cláusula indica el propósito para no culparse unos a otros. Sin duda, Santiago tiene en mente las palabras del Señor: «No juzguéis, para que no seáis juzgados» (Mt. 7:1). El apóstol añade: **«He aquí, el juez está delante de las puertas»** (v. 9c). En el texto griego, esta frase podría traducirse: «He aquí, el juez ha estado de pie delante de las puertas».[15]

Contextualmente, la referencia ha de relacionarse con la afirmación del versículo anterior respecto a que «la venida del Señor está cerca». Debe añadirse también que el Señor juzgará las obras de los creyentes (1 Co. 3:12-15). El creyente es exhortado, además, a «no [juzgar] nada antes de tiempo, hasta que venga el Señor» (1 Co. 4:5).

---

13. Es triste que, a pesar de la prominencia dada en las Escrituras a esta doctrina, muchos predicadores rehúyan predicarla. El pueblo de Dios debe «amar la venida del Señor» (2 Ti. 4:8).

14. ROPES, *The Epistle of James*, p. 274.

15. El verbo «está» en el texto griego es *hésteken*, de *hístemi*, y está en el tiempo perfecto del indicativo.

La frase «He aquí, el juez está delante de las puertas» es, por lo tanto, la razón fundamental de por qué un creyente no debe juzgar ni condenar a otro. El juicio pertenece a Jesucristo, el Juez justo, el único que tiene el conocimiento perfecto de todas las cosas y todas las circunstancias. De modo que es el único capacitado y autorizado para juzgar (Hch. 17:30-31). El juicio humano es siempre deficiente.

> Este juicio podría estar más cerca de lo que pensaban, porque el Juez [Cristo] «ya está de pie delante de las puertas...». Estas palabras denotan tanto la realidad como lo inesperado de ese juicio.[16]

El apóstol Santiago establece claramente un principio importante de la ética cristiana. Este principio es el de no condenar al hermano en la fe. El que condena, de hecho, se ha convertido en juez de su hermano. Específicamente, el apóstol manda a sus lectores a cesar de quejarse unos contra otros y de culparse mutuamente por las aflicciones que experimentaban. La alternativa que tenían y que todo cristiano tiene es la de edificarse unos a otros. Esa es una de las razones principales de por qué Dios estableció la iglesia.

«Tomad a los profetas como ejemplo de paciencia» (v. 10a). Este es un llamado a recordar la historia bíblica. Los profetas fueron hombres de fe y valentía. «Tomad» *(lábete)* es un aoristo imperativo y sugiere la urgencia de la acción. «Los profetas» es el complemento directo del verbo «tomad». Los profetas «eran mensajeros y representantes oficiales de Yahvé en la administración de su pacto con Israel».[17] El ministerio profético es incuestionablemente de origen divino (Dt. 18:15-22).[18] En el Antiguo Testamento, el profeta era conocido como un hombre de Dios *(ísh ha elohím)*. En ese sentido, era identificado para su misión como vocero de Dios (ver Dt. 33:1; Neh. 12:24, 36).

> El profeta veterotestamentario era un proclamador de la palabra, llamado por Dios para advertir, exhortar, consolar, enseñar y aconsejar, obligado únicamente a Dios y, por lo tanto, gozaba de una libertad única.[19]

La mayoría de los profetas del Antiguo Testamento fueron hombres que experimentaron la soledad, la incomprensión, la persecución y, en algunos casos, hasta la muerte. Hombres como Amós, Oseas, Jeremías, Elías, Daniel, Ezequiel y otros sufrieron física y emocionalmente, pero demostraron una constancia y fidelidad a toda prueba.

---

16. VAUGHAN, *James*, p. 110.
17. J. Carle LANEY, «The Role of the Prophets in God's Case Against Israel», *Bibliotheca Sacra*, octubre-diciembre, 1981, p. 319.
18. *Ibíd.*
19. Colin BROWN, «Prophet», *The New International Dictionary of New Testament Theology*, III, p. 79.

Esos hombres de Dios no se doblegaron ante las amenazas, sino que, arriesgando sus vidas, denunciaron los pecados de los reyes, los príncipes, los sacerdotes y el pueblo en general. Santiago exhorta a sus lectores a que tomen a los profetas «como ejemplo de sufrimiento y paciencia». El vocablo «ejemplo» *(hypódeigma)* aparece en Juan 13:15, donde Jesús dice a sus discípulos: «Porque ejemplo [*hypódeigma*] os he dado». Cristo deseaba que sus discípulos imitasen su ejemplo de humildad. Santiago usa el mismo vocablo para exhortar a sus lectores a que imitasen el ejemplo de los profetas en lo que concierne al sufrimiento y a la paciencia. Los profetas sufrieron porque «hablaron en el nombre del Señor». El mensaje que predicaban no era precisamente el que sus oyentes deseaban escuchar. Un ejemplo elocuente es el caso de Amós. El sacerdote Amasías le acusó de rebelión contra el rey (Am. 7:10). Según Amasías, la tierra no podía resistir las palabras de Amós.[20] Finalmente, le dijo: «Vidente, vete, huye a tierra de Judá y come allá tu pan, y profetiza allá» (Am. 7:12). El hombre que se compromete a predicar el mensaje de Dios con fidelidad e integridad se expone a críticas, calumnias o ridiculización.

«He aquí, consideramos bienaventurados a los que sufren pacientemente» (v. 11*a*). Los lectores debían de recordar no solo a los profetas, sino también a otros héroes del pasado. La expresión «consideramos bienaventurados» *(makarízomen)* significa «consideramos felices» o «felicitamos».

Dicha frase se refiere a la estimación que se da al valor de la constancia.[21] Jesús calificó de «bienaventurados» a los que padecen persecución por causa de la justicia (Mt. 5:10). Aquellos que han sufrido pacientemente bajo circunstancias adversas y han salido victoriosos son elogiados.

«Los que sufren pacientemente» son aquellos que no desmayan en medio de las dificultades; resisten la prueba hasta el final. Como ejemplo de tal actitud, el apóstol cita a Job. Santiago enfatiza el hecho de que los judíos conocían bien la historia de Job. Dice literalmente: «La paciencia de Job habéis oído». El verbo «habéis oído» es un aoristo indicativo y aparece al final de la oración por razones de énfasis. Pero más enfática aún es la expresión «la paciencia», que en el texto griego aparece al principio de la oración. Ningún hombre en la historia bíblica, aparte de Jesucristo, es mejor conocido por sus sufrimientos y paciencia que el patriarca Job, que aguantó sufrimientos, y resistió la prueba con integridad. Es cierto que preguntó a Dios: «¿Por qué?», pero no claudicó.[22]

«Y habéis visto el fin del Señor» (v. 11*b*, *kaì tò télos kyríou eídete).* Santiago

---

20. Lo que Amasías quiso decir concretamente fue que los habitantes de la tierra no podían tolerar el mensaje de juicio predicado por Amós.

21. ROPES, *The Epistle of James*, p. 298.

22. Obsérvese que Santiago se refiere a la *hypomonéi* de Job, es decir, su resistencia y capacidad de permanecer bajo la prueba. No se refiere a la *makrothumía* de Job, que significa sufrir sin quejarse.

usa la figura literaria llamada *metonimia,* es decir, una palabra subordinada sustituye al objeto que desea expresarse.[23] En este caso concreto, la expresión «el fin» *(tò tèlos)* sustituye a la idea de «el galardón», «el premio». El apóstol, indudablemente, quiso decir: «y habéis visto el galardón o el premio que el Señor dio a Job». Efectivamente, la Escritura afirma que, después de la prueba, Job fue bendecido ricamente por Dios (Job 42:10-17). Dios tenía un propósito para la vida de Job, que incluía la aflicción por la que aquel patriarca tuvo que pasar. El Señor *(kyríou),* como soberano absoluto, realizó ese propósito y, al llegar a la meta *(tò tèlos),* premió a su siervo, quien había resistido hasta el fin.[24]

«Que el Señor es misericordioso y compasivo» (v. 11c, *hóti polýsplanchnós estin ho kýrios kaì aiktírmon).* La conjunción *hóti* («que») se usa aquí para introducir una oración subordinada, de modo que, en este caso, tiene una función continuativa. Santiago se refiere a la *misericordia* y a la compasión del Señor. Estas son de características relacionadas con la fidelidad de Dios en lo que concierne a sus pactos. Debido a que Dios se ha comprometido a cumplir sus promesas para con su pueblo, Él es misericordioso y compasivo con el que ha caído en tribulación. El sustantivo «el Señor» *(ho kýrios)* en este contexto debe tomarse como una referencia a Jehová. El adjetivo «misericordioso» proviene de una palabra compuesta *(polýs* = «muy, mucho, grande», y *splánchnon* = «entrañas, corazón»), que significa «gran corazón» o «grandes entrañas». De modo que Santiago dice literalmente: «El Señor es de gran corazón». El énfasis de dicha expresión, sin duda, es que «el Señor es infinitamente compasivo y bondadoso».

En los Evangelios sinópticos, se usa varias veces el verbo «tener misericordia» *(splanchnízomai)* en un contexto mesiánico. Los Evangelios presentan al Mesías, el ungido de Dios, derramando su misericordia sobre la gente que se halla en gran necesidad (Mt. 1:42; 6:34; 8:2; 9:22). El apóstol Santiago parece recordar, además, las promesas veterotestamentarias particularmente en los Salmos (86:15; 103:8; 111:4; 130:7; 145:8).[25] Debe notarse también que el contexto de Santiago 5:11 es escatológico.[26] El apóstol ha exhortado a sus lectores a ser pacientes respecto a la venida del Señor. Les recuerda, además, que habrá un juicio venidero y, finalmente, declara que el Señor es muy misericordioso y compasivo.[27]

---

23. Ver E. W. Bullinger, *Figures of Speech Used in the Bible,* pp. 538-608.

24. Algunos escritores han observado que Santiago no hace referencia a los sufrimientos de Cristo, como lo hace Pedro (1 P. 2:21-23). La razón de tal omisión parece ser el hecho de que Santiago ve a Cristo como «El Señor de la gloria» (2:1) y, evidentemente, rehúye situar al Señor al mismo nivel que los seres humanos. Ver Hiebert, *The Epistle of James,* pp. 305-306.

25. El apóstol parece citar el sentido del Salmo 103:8. Esto es algo frecuente entre los escritores del Nuevo Testamento y en ningún sentido afecta al concepto de la inspiración y autoridad de los escritores.

26. Ver Gerhard Kittel (ed.), *Theological Dictionary of the New Testament,* VII, p. 557.

27. En Santiago 5:11, el apóstol dice literalmente: «que muy misericordioso es el Señor y compasivo». De

Comentando estos dos atributos de Dios, tal como aparecen en el Salmo 103:8, el famoso predicador inglés, Carlos H. Spurgeon, escribió:

> Si no fuera misericordioso, no podríamos esperar perdón; y si no fuera más que misericordioso, no podríamos esperar más que perdón; pero cuando, además de ser misericordioso, también es clemente, esto nos da mayor esperanza, la esperanza de una dádiva; y esta no será la que somos dignos de recibir, sino la que es digna de ser dada por Él.[28]

Resumiendo, Santiago trae a la memoria de sus lectores lo que Dios hizo con Job (historia que ellos conocían bien). El Señor permitió que aquel gran patriarca padeciera terribles aflicciones. Sin embargo, Dios manifestó su gran misericordia y compasión, llevando a Job a una meta de bendiciones. El mismo Dios, que fue misericordioso y clemente con Job, lo sería con los lectores de la Epístola. Ciertamente, todo creyente puede confiar su vida en las manos del Dios que es «Padre de misericordias» (2 Co. 1:3).

La exhortación que concluye esta sección se centra en la ética que debe ser practicada por el cristiano. La vida cristiana es eminentemente práctica. Es, además, una vida que guarda, en primer lugar, una relación con Dios. También demanda una relación adecuada con otros creyentes y, necesariamente, otra relación con los inconversos de este mundo. Aunque cada una de esas relaciones tiene un significado y una proyección diferente, la ética sobre la cual se basa es aquella que establece la Palabra de Dios.

Como se señaló en un capítulo anterior, Santiago enfatiza la parte ética de la vida cristiana, particularmente lo concerniente al hablar (ver Stg. 1:19, 26; 3:1-12; 4:11 y 5:12). En este sentido, la enseñanza del apóstol refleja mucho de la enseñanza ética del Antiguo Testamento (p. ej., el libro de Proverbios) y la misma enseñanza de Cristo (Mt. 5:33-37). Es necesario notar cuidadosamente el contexto del pasaje para percibir la razón de la prohibición de no jurar.[29] Los lectores de la Epístola confrontaban severas presiones tanto de parte de sus

---

modo que el énfasis recae sobre las dos características mencionadas acerca de Dios, es decir, «muy misericordioso» y «compasivo». La misericordia y la compasión describen, además, el amor fiel de Dios hacia su pueblo y la lealtad de Jehová en guardar sus pactos.

28. Charles H. Spurgeon (citando a Richard Baker), *The Treasury of David*, IV, p. 465.

29. Es cierto que la práctica de jurar era común en el Antiguo Testamento (Gn. 21:20; 31:50). El nombre de Dios era invocado entre dos personas que hacían un trato o pacto (Gn. 21:23; 31:50). Cuando se hacía un pacto y se sellaba mediante juramento, los pactantes «se colocaban a sí mismos bajo el poder y el juicio de Jehová, quien era invocado y reconocido como testigo para la validez de la promesa. De modo que el juramento originalmente contenía por implicación una confesión de fe en Jehová (Dt. 6:13; 10:20). Jurar falsamente era equivalente a tomar el nombre de Jehová en vano (Éx. 20:7; Lv. 9:12)». Ver Hans-Georg Link, «Swear», «Oath», *The New International Dictionary of New Testament Theology*, III, pp. 739-740.

compatriotas inconversos como de gentiles incrédulos. Probablemente, eran perseguidos tanto por unos como por otros. Es posible que, para evitar problemas, muchos apelasen a la práctica antigua de jurar, para tratar de dar validez o prueba de veracidad a lo que se ha dicho. Santiago, evidentemente, considera tal actitud contraria a la ética bíblica.

Es verdad que la ley mosaica permitía la práctica del juramento (Éx. 22:11), y que dicha práctica estaba enraizada en el judaísmo, particularmente en los tiempos de Jesús.[30] Sin duda, cualquier judío era capaz de citar muchos pasajes del Antiguo Testamento para apoyar la costumbre de jurar.[31] Un escritor, sin embargo, ha observado lo siguiente:

> La ley mosaica procuraba salvaguardar la santidad del juramento. No debían hacerse juramentos falsos, y cualquier juramento o promesa debía guardarse. Jesús, como nuevo Dador de ley mesiánico, establece un nuevo orden. En el orden de vida gobernado por el reino de Dios, ya no existe lugar para el juramento. Tiene sentido solo cuando existe razón para dudar de la veracidad de los hombres. Al traer y proclamar el reino de Dios, Jesús no solo ataca el mal uso del juramento, sino que lo rechaza por completo. Esta actitud radical hacia los juramentos se explica, por lo tanto, mediante su predicación del reino de Dios.[32]

Jesús condenó la práctica del juramento porque había sido pervertida por el pueblo judío. Además, la ética del reino que Él proclamó exigía limpieza de corazón, y el limpio de corazón no necesita jurar cuando habla. El escritor británico C. Leslie Mitton hace esta observación:

> En la práctica, sin embargo, resultaba que la generalización del uso del juramento tenía tres consecuencias malignas: (1) Hacía que la falsedad aparentase no ser importante, excepto cuando se usaba el juramento. (2) Condujo a la introducción de una diferencia entre juramentos obligatorios y no obligatorios, de modo que el uso de un juramento se usaba como un medio para engañar al incauto y no para garantizar la veracidad de lo dicho. (3) Era responsable de un uso irreverente del nombre de Dios, o de palabras sagradas debido a su asociación con Dios, ya que se usaba solo como un medio para asegurar la honestidad en las transacciones comerciales [33]

---

30. J. Dwight Pentecost, *The Words and Works of Jesus Christ*, p. 180.
31. *Ibíd.*
32. Johannes Schneider, «Omnúo», *Theological Dictionary of the New Testament*, V, p. 178.
33. C. Leslie Mitton, *The Epistle of James*, p. 194.

Todo ese trasfondo ha de ayudar a la comprensión del porqué de la exhortación dada por Santiago en 5:12: **«Pero sobre todo, hermanos míos, no juréis, ni por el cielo ni por la tierra ni por ningún otro juramento, sino que vuestro sí sea sí y vuestro no sea no, para que no caigáis bajo juicio».** Evidentemente, los lectores de la Epístola tenían la costumbre de jurar. Santiago les dice: «Cesad de jurar» *(mèi omnúete).* Este mandamiento parece ser total, ya que, aunque el apóstol solo menciona «ni por el cielo ni por la tierra», añade «ni por ningún otro juramento». El propósito de por qué no se debe jurar es expresado mediante la cláusula «para que no caigáis bajo juicio», es decir, para que os libréis del acto de juzgar o ser juzgados. Es cierto que el cristiano no necesita jurar, porque su palabra es su garantía: «el jurar es necesario solamente en una sociedad donde la verdad no es reverenciada».[34]

El judío usaba mal las palabras de Levítico 19:12: «Y no juréis falsamente por mi nombre, profanando así el nombre de Jehová tu Dios. Yo Jehová». Pensaba que si juraba sin mencionar el nombre de Dios no estaba obligado a cumplir el contenido del juramento. El apóstol Santiago, tal como lo había hecho Jesús, enseñaba que el cristiano no debe jurar, ya que debe caracterizarse por decir siempre la verdad.

En resumen, el pasaje en cuestión (5:7-12) relaciona la práctica de la fe viva con la venida del Señor. El apóstol Santiago refleja la fe de la iglesia primitiva, respecto a la inminencia de la Segunda Venida de Cristo a la tierra. El apóstol hace dos exhortaciones a sus lectores. Primero, los exhorta a ser pacientes en su espera de la venida del Rey. El creyente necesita tener la paciencia del labrador que espera la lluvia que ha de contribuir a la buena cosecha. Del mismo modo, el creyente debe esperar a su Señor. En segundo lugar, Santiago exhorta a sus lectores a practicar una ética bíblica mientras aguardan la venida del Señor. Esa ética se manifiesta en: (1) un trato amoroso y justo hacia otros cristianos (5:9); (2) mostrar la fidelidad y constancia de los profetas (5:10); (3) imitar el ejemplo de paciencia y resistencia de Job (5:11), y (4) ser veraz en todo momento, de modo que no sea necesario apelar a la práctica del juramento. Como puede observarse, la teología de Santiago es invariablemente práctica. El tema central de Santiago continúa siendo una fe práctica, es decir, aquella que se manifiesta por su fruto.

---

34. James Adamson, *The Epistle of James,* p. 195.

13

La fe viva en relación con las dificultades (5:13-20)

Esta es la última sección de la Epístola de Santiago. Esta carta fue dirigida originalmente a creyentes que atravesaban por pruebas y dificultades profundas. Como se ha observado repetidas veces, el tono de la Epístola es eminentemente práctico, aunque su teología es profunda. El mismo énfasis teológico-pastoral se pone de manifiesto a través de este párrafo final. Santiago instruye a sus lectores respecto a qué hacer cuando se encuentren en circunstancias difíciles. El apóstol sugiere que el creyente haga uso de las armas espirituales tales como la oración, el canto, el ministerio de los ancianos, la confesión, el perdón y, por supuesto, el poder de Dios para restaurar. Todo eso, sin embargo, solo puede hacerse mediante la práctica de una fe viva.

Traducción

¿Sufre aflicción alguno entre vosotros? Haga oración. ¿Está alguno alegre? Cante alabanzas. ¿Está alguno débil entre vosotros? Convoque a los ancianos de la asamblea y oren sobre él, habiéndole ungido con aceite en el nombre del Señor. Y la oración de fe librará al enfermo y el Señor lo levantará; y si hubiese cometido pecados, le serán perdonados. Por lo tanto, confesaos unos a otros vuestros pecados y orad unos por otros para que seáis sanados. La súplica eficaz del justo puede mucho. Elías era un hombre de pasiones semejantes a las nuestras pero oró intensamente para que no lloviera y no llovió sobre la tierra por tres años y seis meses. Y otra vez oró y el cielo dio lluvia y la tierra produjo su fruto.

Hermanos míos, si alguno entre vosotros se ha desviado de la verdad y alguno le hace regresar, sepa que el que hace regresar al pecador del error de su camino librará un alma de muerte y cubrirá multitud de pecados.

LA PRÁCTICA DE LA FE VIVA APELA A LAS
ARMAS ESPIRITUALES PARA HACER FRENTE
A LAS DIFICULTADES (5:13-18)

La Epístola de Santiago concluye con el mismo tono con el que comienza. En el capítulo primero, el apóstol exhorta a sus lectores a practicar la oración (1:5), mantener el gozo (1:2) y a recordar que «toda buena dádiva y todo don perfecto» proviene de Dios (1:17). De igual modo, en los versículos finales de la carta, el apóstol invita a sus lectores a usar las siguientes armas espirituales para encarar las dificultades: (1) la oración (5:13-17), (2) la alabanza (5:13), (3) la confesión (5:16), (4) la intercesión (5:14) y (5) la restauración (5:19-20).

La práctica de la fe viva apela a la oración en medio de las dificultades (5:13-15)

«¿Sufre aflicción alguno entre vosotros?» (v. 13a, *kakopatheî tis en hymîn*). El verbo «sufre aflicción» *(kakopatheî)* tiene afinidad etimológica con el sustantivo «aflicción» *(kakopatheías)* que aparece en 5:10. Dicho verbo significa «atravesar dificultades», «sufrir una calamidad», «experimentar adversidad». La pregunta formulada por Santiago puede referirse a toda clase de calamidad.[1] El énfasis, sin embargo, no parece recaer sobre el aspecto físico del sufrimiento, sino más bien sobre el aspecto emocional o espiritual. Es una expresión general que podría incluir tanto problemas y dificultades emocionales como enfermedades.[2]

En Santiago 5:13, como lo evidencia el uso del paralelo antitético *euthynéo* («estar alegre»), *kakopathéo* («sufrir aflicción») sugiere no tanto la situación difícil, sino la carga espiritual que esta trae consigo; y que nos conduce a la oración. De modo que la oración es más una búsqueda de fortaleza que un medio de remover la situación.[3]

El apóstol recomienda que cualquiera que sea la naturaleza de la aflicción por la que el creyente atraviese (moral, espiritual, emocional o física), la terapia más eficaz es, sin duda, la oración a Dios. **«Haga oración»** (v. 13b, *proseuchéstho)*. Este verbo está en el presente indicativo, voz media y podría traducirse: «que continúe en oración», «que no cese de orar». Esa es la actitud correcta y saludable para el cristiano; acudir al Padre Celestial, el Dador de toda buena dádiva y todo don perfecto (1:17). Dios puede remover la aflicción,

---

1. James Hardy Ropes, *The Epistle of James*, p. 303.
2. D. Edmond Hiebert, *The Epistle of James*, p. 317.
3. Ver Gerhard Kittel (ed.), *Theological Dictionary of the New Testament*, V, p. 937.

si esa fuese su voluntad, en respuesta a la oración. Pero la oración también puede dar la gracia para resistir los problemas y usarlos para ejecutar la perfecta voluntad de Dios.[4]

Debe notarse que Santiago enfoca una situación espiritual. El cuadro que el apóstol describe es el de una persona cargada de dificultades y problemas diversos que lo abruman. La respuesta a esta situación es la búsqueda de la ayuda divina mediante la oración. Nótese también la segunda pregunta formulada por el apóstol: «**¿Está alguno alegre? Cante alabanzas**» (v. 13c). Santiago contrasta dos estados emocionales distintos. En ambos casos el creyente necesita saber qué actitud tomar. El escritor no se refiere a una mera mecánica, sino a algo que el cristiano debe hacer inteligentemente. Tan importante es saber orar en medio de las aflicciones como cantar alabanzas cuando hay alegría. Santiago, evidentemente, sugiere el hecho de que el cristiano podría olvidarse de Dios cuando se siente feliz. Es cierto que muchos cristianos dejan de alabar a Dios cuando disfrutan de la prosperidad. Eso, por supuesto, constituye un problema espiritual serio. El gozo necesita canalizarse de modo que no se convierta en un instrumento que aleje el alma de Dios.[5] La aflicción espiritual necesita ser aliviada para que el creyente sirva a Dios con eficacia.

El pasaje contiene una tercera interrogación que ha sido motivo de largas discusiones entre creyentes. «**¿Está alguno débil entre vosotros?**» (v. 14a, *astheneî tis en hymîm*). ¿De qué está hablando el apóstol? Muchos toman dicha expresión como una referencia tajante a la enfermedad física y como una justificación para la práctica de la sanidad divina. Los que hacen tal cosa, generalmente sacan los versículos 5:14-15 de su contexto tanto mediato como inmediato. Tal acción trae como resultado una confusión indebida del mensaje de la Epístola.

Recuérdese que el apóstol Santiago está tratando de manera pastoral y teológica los problemas espirituales de sus lectores. Situaciones tales como qué hacer cuando vienen las pruebas, las tentaciones, el estudio y la aplicación de la Palabra de Dios, la cuestión de la fe en relación con las obras, el uso de la lengua, la relación con otros creyentes, la relación con el mundo, cómo vivir en un mundo controlado socialmente por hombres injustos, qué hacer ante la realidad de la Segunda Venida de Cristo. Esas y otras cuestiones, eminentemente espirituales, afectaban la vida de los lectores de esta epístola. Añádase el hecho de que entre ellos había celos, contiendas, pleitos, acusaciones, juicios, egoísmo y mundanalidad, falta de caridad cristiana y cosas semejantes. Ciertamente el estilo de vida de aquellos creyentes los hacía vulnerables a los ataques satánicos. De modo que el contexto total de la Epístola de Santiago manifiesta una

4. Warren W. WIERSBE, *Be Mature: An Expository Study on the Epistle on James,* p. 166.
5. Carl ARMERDING, «Is Any Among You Afflicted», *Bibliotheca Sacra,* abril-junio, 1938, p. 197.

situación de conflicto espiritual. Esa realidad no debe perderse de vista en la interpretación de los versículos finales.

Si se tiene en cuenta lo antes mencionado, Santiago 5:14-15 podrá verse mejor dentro de su contexto. La palabra «enfermo» o «débil» en 5:14 es el verbo *asthenéo*. Dicho verbo se usa varias veces en el Nuevo Testamento con referencia a la debilidad espiritual.[6] Por ejemplo, en Romanos 4:19, dice que Abraham «no se debilitó [*mèi asthenésas*] en la fe»; en Romanos 14:1, habla del «débil» en la fe (*asthenoûnta teî pístei*) y en 1 Corintios 8:12, se menciona la conciencia débil del hermano.[7] De modo que, tomando el pasaje en su contexto tanto mediato como inmediato y teniendo en cuenta el significado del verbo *asthenéo*, hay terreno sólido sobre el cual basar la idea de que Santiago se está refiriendo a una debilidad espiritual. Es decir, la pregunta que el apóstol formula podría expresarse así: «¿Está alguno entre vosotros débil [en su fe]?». Tal interpretación armoniza mejor con el mensaje total de la Epístola de Santiago.

Obsérvese que Santiago sugiere el uso de armas espirituales para hacer frente a los conflictos por los que sus lectores atravesaban. Para el que está pasando por pruebas y aflicciones, Santiago sugiere la oración. Para el que experimenta el gozo, la sugerencia es que cante alabanzas.[8] Para el que se siente débil en la fe o espiritualmente decaído, el apóstol recomienda: **«convoque a los ancianos de la asamblea»** (v. 14*b*). El verbo «convocar» o «llamar» *(proskaléo)*, literalmente, significa «solicitar la presencia»[9] de alguien. La forma verbal es un aoristo imperativo en la voz media. El aoristo imperativo sugiere la idea de urgencia y la voz media indica que el sujeto no solo ejecuta, sino que participa de la acción. El creyente que está espiritualmente débil (sin fuerzas) necesita tomar la iniciativa y para su propio bien debe convocar a los ancianos de la asamblea para que estén a su lado.

«Los ancianos» *(toús presbýterous)* se refiere a los líderes reconocidos en medio de la asamblea.[10] Los ancianos ejercen también la función pastoral (Hch. 20:28), es decir, el cuidado espiritual, emocional y muchas veces físico de la congregación.[11] Las cualificaciones para ser anciano de una asamblea cristiana están cuidadosamente enumeradas en 1 Timoteo 3:1-7 y Tito 1:5-9. «Las tareas principales [de los ancianos] implican gobernar (1 Ti. 5:17), guardar la verdad (Tit. 1:9) y supervisar generalmente la iglesia (1 Ti. 3:1)».[12]

---

6. Stephen SLOCUM, JR., «James Shows the Way to Spiritual Therapy», *Sunday School Times*, s.f.

7. *Ibíd.*

8. El verbo «cantar alabanzas» *(psállo)*, literalmente, significa «tocar el arpa».

9. Lothar COENEN, «Bishop, Presbyter», *The New International Dictionary of New Testament Theology*, I, pp. 188-201.

10. Esa es la función que los identifica como obispos *(epískopos)*.

11. Ver Arthur G. CLARKE, *New Testament Church Principles*, pp. 55-60.

12. Charles C. RYRIE, *Teología bíblica del Nuevo Testamento*, p. 173.

El misionero inglés, Arthur G. Clarke, escribiendo sobre las responsabilidades pastorales de los ancianos, dice:

> Las responsabilidades del pastor, pues, son supervisar y alimentar el rebaño. Entre los santos es necesario instruir al ignorante, visitar al enfermo, animar al que está en su lecho de muerte, consolar al triste, amonestar a los que andan desordenadamente, estimular a los tristes, ayudar a los débiles (Stg. 5:14; 1 Ts. 5:14; Col. 4:6). Hechos 20:34-35 sugiere que, cuando sea necesario, se debe proveer ayuda material ya sea a nivel personal o a través de los fondos de la asamblea previo aviso.[13]

Nótese de nuevo el énfasis del pasaje: un hermano que se siente decaído, desanimado, débil, sin fuerzas *(asthenei)* toma la iniciativa y llama a los líderes espirituales de la iglesia. Esa convocación sugiere que el creyente es consciente de su necesidad. La presencia de los ancianos sugiere que estos se identifican con el hermano en su necesidad. Los ancianos hacen uso de las armas espirituales a favor del hermano necesitado. «**Y oren sobre él, habiéndole ungido con aceite**» (v. 14c). El verbo «oren» *(proseuxásthosan)* es un aoristo imperativo en la voz media. Como ya se ha observado, esa forma verbal sugiere la urgencia de la acción y la espontaneidad de los que la ejecutan. El acto de orar debe ser una reacción espontánea de parte de los ancianos de la asamblea.[14]

Los líderes de la iglesia reconocen la necesidad de depender de Dios en oración. La expresión «sobre él» *(ep' autòn)* sugiere la posición en que se realiza la oración; tal vez con los brazos extendidos en un acto de presentación a Dios del hermano en necesidad. «**Habiéndole ungido con aceite en el nombre del Señor**» (v. 14d).[15] Algunos citan que el acto de ungir en este pasaje era solo simbólico.[16] Otros enfatizan el hecho de que el aceite usado tenía propiedades medicinales.[17]

No debe olvidarse, sin embargo, que aunque el aceite usado era literal, el acto de ungir tenía un significado espiritual. Es más, el énfasis del pasaje no radica en las virtudes medicinales del aceite usado, sino en el ministerio intercesorio

---

13. Arthur G. Clarke, *New Testament Church Principles*, pp. 57-58.
14. Los ancianos deben ser hombres que creen y practican la oración. El ejemplo de los ancianos debe servir de estímulo a la congregación. El apóstol Pedro señala el ministerio pastoral de los ancianos en 1 Pedro 5:1-3.
15. El participio aoristo «habiéndole ungido» *(aleípsantes)* podría significar acción simultánea («mientras que se le unge se ora»), una acción imperativa («ungidle y orad») o acción antecedente («habiéndole ungido, orad»). Es en este último sentido como ha sido tomado.
16. Armerding, «Is Any Among You Afflicted?», *Bibliotheca Sacra*, p. 198.
17. Ver Joseph B. Mayor, *The Epistle of James*, pp. 170-171; también R. V. G. Tasker, *The General Epistle of James*, pp. 129-130.

de los ancianos y, por supuesto, en el poder del Señor. Nótese que el ungimiento es hecho «en el nombre del Señor» (v. 14) y quien levanta al débil es «el Señor» (v. 15). El contexto parece apoyar que el acto de ungir en sí no era para sanar, sino más bien simboliza la obra de la gracia de Dios. Como ha expresado C. Leslie Mitton:

> La obra sanadora es realizada por el Espíritu de Dios, ofrecida gratuitamente a la necesidad del hombre y apropiada por la fe, pero algunas veces la ayuda material puede preparar el camino.[18]

Que el énfasis no recae sobre el acto de ungir se evidencia en el hecho de que se hace «en el nombre del Señor» (en toî onómati toû kyríou). Esta frase sugiere que el beneficio que se espera no es de origen humano sino divino. Si el creyente es restaurado, la gloria es para el Señor y no para los hombres. El poder sanador estaba en el Señor, no en el aceite.[19] Es importante observar que Santiago no usa el verbo chrío, que significa «ungir» mediante el derramamiento de aceite. Sin embargo, usa el verbo aleípho, que es más adecuado para describir la acción de «ungir» mediante la aplicación de un masaje. El hermano debilitado necesitaba un masaje para fortalecer sus músculos y activar su sistema nervioso después de haber estado en cama por un tiempo.

En resumen, Santiago 5:14 se refiere a un caso de debilidad espiritual, es decir, un creyente cuya fe se halla en crisis por alguna razón. Esa flaqueza espiritual ha repercutido en la vida física del creyente. El apóstol exhorta al afligido a que tome la iniciativa y convoque a los ancianos, es decir, los líderes espirituales de la iglesia. Los ancianos, percatándose de la condición espiritual del hermano, apelan en oración a la intervención divina a favor de dicho hermano. Los líderes de la iglesia usan el aceite por dos razones: (1) como símbolo de la intervención divina, y (2) como un medio físico para fortalecer el cuerpo del hermano que ha sido debilitado a causa del sufrimiento espiritual. La presencia de los ancianos implica a la iglesia en el ministerio a las necesidades de los santos. Cuando un creyente sufre una necesidad espiritual o material, debe procurar el apoyo de otro creyente maduro para que le ayude en oración[20]

---

18. C. Leslie Mitton, *The Epistle of James*, p. 199.

19. Es posible que el caso de «ungir» descrito en 5:14 fuese algo así como un masaje total del cuerpo con el fin de fortalecer físicamente al hermano debilitado. El verbo aleípho («ungir») se usa 8 veces en el Nuevo Testamento, siempre con relación al cuerpo.

20. Debe aclararse enfáticamente que no toda enfermedad física es producto de problemas espirituales. Hay anomalías en el cuerpo humano que son de carácter estrictamente físico. Sin embargo, cuando un creyente tiene problemas espirituales, generalmente, su cuerpo es afectado. No obstante, es impropio y contrario a las Escrituras atribuir toda dolencia física que un creyente pueda sufrir a cuestiones espirituales.

«Y la oración de fe librará al enfermo» (v. 15*a, kaì he euchè tês písteos sósei ton kámnonta)*. «La oración de fe» significa una clase de oración que se distingue por creer o confiar en Aquel a quien va dirigida. «Librará al enfermo» *(sósei ton kámnonta)*. El verbo «librará» es el futuro indicativo de *sózo* («salvar, librar»). Evidentemente, no se usa aquí con referencia a la salvación del alma, sino al hecho de librar de una condición de debilidad espiritual que ha repercutido en el cuerpo.[21] La expresión «el enfermo» *(ton kámnonta)* es un participio presente en la voz activa del verbo *kámno,* que significa «estar agotado», «estar exhausto», «estar fatigado en extremo». Este verbo solo aparece en otro pasaje en el Nuevo Testamento (He. 12:3). El cuadro descrito por dicho vocablo es el de una persona extremadamente fatigada tanto en lo físico como en lo espiritual y lo emocional, aunque no está a punto de morir. Esta persona es descrita en 5:14 como débil *(asthineî),* pero su condición ha llegado hasta el grado de un agotamiento completo. La esperanza de ese creyente está en la intervención divina en respuesta a la oración de los líderes de la asamblea.

«Y el Señor lo levantará» (v. 15*b, kaì egereî autòn ho kýrios)*. Esta frase indica el origen de la restauración del creyente necesitado. No es el poder mágico de los ancianos ni la virtud terapéutica del aceite, sino *el Señor.*[22] El verbo «levantará» *(egereî)* está en el modo indicativo, sugiriendo la certeza de la acción proveyendo, por supuesto, que fuese la voluntad de Dios. La idea es paralela con «salvará» o «librará» del versículo anterior.

«Y si hubiese cometido pecados, le serán perdonados» (v. 15*c)*. Esta es una frase condicional futura más probable.[23] Santiago reconoce el hecho de que la enfermedad podría haber sido causada por el pecado. La construcción gramatical presenta el caso de manera hipotética, pero aclarando que no siempre es así. Como ya se ha observado, es incorrecto dar por sentado que cada vez que un creyente está en la obligación de examinar su corazón delante de Dios y confesar cualquier pecado que hubiese cometido, de modo que esté seguro, si se enferma, que no es consecuencia de haber pecado.

La frase «y si hubiese cometido pecados» es un perfecto perifrástico en el modo subjuntivo y la voz activa *(kàn hamartías eî pepoiekós)*. Es como si Santiago dijese: «Suponiendo que haya cometido pecados [como ocurre en algunos que se enferman] y está sufriendo las consecuencias». Santiago enfatiza la expresión «pecados», colocándola al principio de la frase, ya que es el pecado lo que obstaculiza la relación entre el creyente y Dios. El tiempo perfecto señala el

---

21. Pablo usa el verbo *sózo* («salvar, librar») con referencia al hecho de que esperaba ser librado de todo mal (2 Ti. 4:18). En Mateo 8:25 se usa con referencia a rescatar físicamente y en Mateo 9:21-22 para indicar la sanidad física de una persona.
22. El texto griego enfatiza el poder del Señor: «y lo levantará *el Señor*».
23. Ver H. E. Dana y Julius R. Mantey, *Gramática griega del Nuevo Testamento,* p. 283.

hecho de que podrían ser pecados pasados, es decir, ya cometidos (si ese fuese el caso). Dios, en su misericordia, está dispuesto a perdonar si hay un arrepentimiento genuino de parte del creyente.

«Le serán perdonados» *(aphethésetai autoî)*. Nótese que el verbo perdonar está en el futuro indicativo de la voz pasiva. El tiempo futuro en este caso concreto presupone ciertas acciones y actitudes previas. En primer lugar, está el hecho de que el hermano debilitado ha reconocido su necesidad y ha convocado a los ancianos de la iglesia para que intercedan por él en oración. Los líderes, en segundo lugar, han orado confiando en el poder de Dios porque reconocen la necesidad espiritual del hermano. Lo han ungido con aceite porque la aflicción espiritual ha repercutido en el cuerpo del hermano, el cual necesita ser fortalecido físicamente. Habiéndose hecho todo eso, hay la confianza de que la oración de fe será contestada por el Señor y el hermano será levantado de su agotamiento. Pero como existe la probabilidad de que la condición del hermano sea el resultado de pecados cometidos, se da por sentado que ha habido confesión de estos y sobre la base de esa confesión se afirma la promesa del perdón divino.

El modo indicativo del verbo enfatiza la realidad del perdón y la voz pasiva subraya el hecho de que el sujeto recibe la acción, es decir, el hermano debilitado es el beneficiario de ese perdón otorgado. Nótese, además, que el verbo usado es *aphíemi*. Ese vocablo significa «cancelar», «remitir», «transferir». En la literatura clásica se usaba para indicar «la libertad voluntaria otorgada a una persona o cosa sobre la que se tiene control legal o real».[24]

El Antiguo Testamento usa dicho término casi con el mismo sentido con el que aparece en el griego clásico.[25] Lo mismo ocurre en el Nuevo Testamento, aunque en las epístolas el concepto de perdón estaba entretejido con otras doctrinas tales como justificación, redención y reconciliación.[26]

La experiencia del perdón de pecados es, sin duda, una de las más profundas e inolvidables en la vida de un ser humano. Tener la certeza del perdón de Dios; escuchar la voz de Cristo diciendo: «Hijo, tus pecados te son perdonados», es algo que no podría compararse a ninguna otra sensación (ver Mr. 2:5; Ef. 1:6; Col. 3:13). Dios perdona los pecados de sus hijos tan pronto haya arrepentimiento y confesión de dichos pecados (ver 2 Cr. 7:14; Dn. 9:19; 1 Jn. 1:9).

Ser perdonado es saber que las barreras que nuestros pecados han levantado contra Dios, dejándolo fuera de nuestra vida, han sido removidas —no mediante nuestro esfuerzo, sino por la generosa misericordia de Dios—.

---

24. Herwart VORLÄNDER, «Forgiveness», *The New International Dictionary of New Testament Theology*, I, pp. 697-703.
25. *Ibíd.*
26. *Ibíd.*

Significa que a pesar de nuestro pecar, cuando venimos a Él, Dios nos acepta tal como somos, y nos sana mediante su gracia.[27]

Dios quiere que sus hijos vivan vidas santas, que se alejen del pecado y lo repudien con todas sus fuerzas. Pero todo creyente debe saber que en Dios hay una fuente inagotable de perdón a la que puede y debe acudir si hubiese pecado, y si se acerca a Dios con corazón verdaderamente arrepentido (Sal. 51:16a).

La práctica de la fe viva apela a la confesión mutua en medio de las dificultades (5:16a)

Una de las cosas más saludables para un creyente en dificultades es la búsqueda del apoyo espiritual de otro creyente maduro en la fe. Evidentemente, es con ese propósito que se sugiere al hermano debilitado que llame a los ancianos de la asamblea. El contexto inmediato sugiere que el hermano en cuestión sería perdonado y restaurado una vez que haya confesado sus ofensas. La confesión mutua es, sin duda, una terapia espiritual saludable que necesita ser practicada con más frecuencia por el pueblo de Dios.

El apóstol, sin embargo, no está abogando por una confesión pública, sino más bien por una confesión en privado con el propósito de ayudar a la mutua edificación.

«Por lo tanto, confesaos unos a otros vuestros pecados» (v. 16a). La expresión «por lo tanto» *(oûn)* relaciona lo que se va a decir con lo dicho anteriormente. Sobre la base de lo dicho acerca de la eficacia de la oración y la garantía del perdón, el apóstol exhorta a la confesión mutua. El verbo «confesaos» *(exomologeîsthe)* es un presente imperativo en la voz media. El tiempo presente sugiere una acción continua o habitual y el imperativo, por supuesto, indica un mandato o una exhortación. La voz media subraya el hecho de que el sujeto realiza la acción de su propia iniciativa o para su propio beneficio. De modo que Santiago exhorta a los creyentes a hacer un hábito de la confesión mutua y hacerlo con verdadera espontaneidad.

El verbo que Santiago usa es una palabra compuesta *(ek* = «fuera de» y *homológeo* = «hablar en conformidad con alguien», «adoptar el mismo lenguaje», «decir lo mismo»)* que significa «estar abiertamente de acuerdo», «confesar manifiestamente».[28]

De modo que el apóstol exhorta a sus lectores (según lo demande el caso) a confesar los pecados cometidos no solamente a los ancianos, sino también

---

27. MITTON, *The Epistle of James*, p. 202.
28. Nótese que Santiago no se refiere a una confesión sacramental ni mucho menos, sino a una confesión franca y directa a la persona contra quien se haya pecado. La exhortación apostólica en ningún sentido apoya la llamada confesión auricular de la iglesia romana.

«unos a otros» *(allélois)*. Obsérvese que Santiago enfatiza que debe confesarse «los pecados» *(tàs hamartías),* es decir, aquellas faltas específicamente cometidas contra algún hermano y que han sido la causa de los problemas espirituales.[29]

Además de la práctica de la confesión mutua, Santiago exhorta a sus lectores a orar unos por otros. El verbo «orad» *(eúchesthe)* también es un presente imperativo en la voz media, sugiriendo que se haga un hábito o una práctica de orar unos por otros. La confesión es seguida de la oración para que haya la fortaleza espiritual en el que confiesa, y la plena identificación que lo estimule y edifique interiormente. El propósito de la confesión y la oración unos por otros es expresado mediante la frase **«para que seáis sanados»** *(hópos iathête).* Algunos expositores interpretan que la referencia es a la sanidad física.[30] Sin embargo, el verbo «sanar» *(ioámai)* se usa varias veces en el Nuevo Testamento con referencia a la sanidad espiritual (ver Mt. 13:15; Jn. 12:40; 1 P. 2:24; He. 12:13). Se sugiere, pues, que aunque podría haber una referencia a la condición física del creyente débil, el énfasis principal del contexto recae sobre el aspecto espiritual del caso.

La práctica de la fe viva apela a la intercesión en medio de las dificultades (5:16b-18)

Uno de los ministerios espirituales más necesarios entre los creyentes ha sido siempre el de la intercesión. Interceder significa mediar a favor de alguien. Un creyente puede mediar a favor de otro por medio de la oración. La justificación del ministerio de intercesión se encuentra en la frase: **«La súplica eficaz del justo puede mucho»** (v. 16*b, polù ischúei déeisis dikaíou energouméne).* La traducción literal de esta frase es «mucho puede la súplica del justo en su obra». Santiago conocía el poder de la oración por experiencia. Según la tradición, este apóstol era conocido por el sobrenombre de «rodillas de camello» a causa de los callos que se habían formado en sus rodillas como resultado del tiempo que empleaba en oración. Santiago no solo hablaba de la oración, sino que la practicaba en su propia vida. El contexto sugiere que la expresión «el justo» *(dikaíou)*[31] se refiere a una persona que vive una vida agradable ante Dios, es decir, que manifiesta los frutos de una vida justa. Por supuesto que tal justicia tiene su base en la fe en Cristo y es el resultado de la obra del Espíritu en la vida del creyente.

La expresión «mucho puede» es enfática, ya que aparece al principio de la oración y, literalmente, significa «tiene mucha fuerza». El verbo *ischúo* («tener fuerza») sugiere el concepto de «estar saludable». Santiago, por lo tanto, hace

---

29. Obsérvese el uso del artículo definido en la expresión «los pecados».
30. Ver Curtis Vaughan, *James;* Merrill F. Unger, «Divine Healing», *Bibliotheca Sacra,* julio-septiembre, 1971, pp. 152-156; y Joseph B. Mayor, *The Epistle of James,* p. 176.
31. No se usa el artículo definido en el original, de modo que el énfasis recae en la cualidad de ser justo.

resaltar la eficacia o la fuerza que se deriva de la oración que el hombre de manos limpias y corazón santo eleva a Dios (1 Ti. 2:8; Sal. 24:4). El participio presente *energouméne*[32], traducido en la versión de Reina-Valera de 1960 como «eficaz», podría tomarse gramaticalmente en la voz pasiva o en la voz media, ya que la forma es la misma en ambas. En la voz pasiva significaría «al ser hecha eficaz», mientras que en la voz media sería «en su eficacia» o «en su obrar». La voz pasiva asumirá la presencia del Espíritu Santo, haciendo que la oración sea eficaz; algo que no se menciona en el texto, aunque armoniza con la enseñanza bíblica de Romanos 8:26. La voz media, sin embargo, parece armonizar mejor con el contexto, ya que el énfasis manifiesto de la frase está en el hecho de que la oración es elevada a Dios por un hombre justo. La mención de Elías en el versículo siguiente refuerza el hecho de que la voz media es más apropiada al contexto.

La mención del profeta Elías es del todo apropiada. El profeta Elías vivió en una época caracterizada por la apostasía y serios conflictos espirituales en el pueblo de Dios. El profeta se enfrentó a los líderes de Israel, al pueblo en general y a los profetas de Baal. La victoria de Elías se debió a que era un hombre de oración y fue obediente a Dios. Santiago describe a Elías como «**un hombre de pasiones semejantes a las nuestras**» (v. 17*a*), es decir, aquel gran profeta padecía de las mismas debilidades como cualquier otro creyente: desánimo, cansancio, frustración, temor, duda, etc.[33] Elías no era un superhombre, pero era un hombre de oración. Santiago enfatiza que el profeta era un ser humano (*ánthropos*) con quien podemos identificarnos, ya que poseía las limitaciones propias de los hijos de Adán.[34]

«**Pero oró intensamente**» (v. 17*b*, *kaì proseucheî proseúxato*). Esta es una locución enfática que significa literalmente «pero oró con oración», es decir, «oró fervientemente de modo que toda su personalidad se hallaba inmersa en el acto de la oración». Elías, evidentemente, se olvidó de todos los otros quehaceres y se entregó por completo a la oración.

«**Para que no lloviese**» (v. 17*c*, *toû mèi bréxai*). Esta frase expresa tanto «el contenido como el propósito»[35] de la oración de Elías. Santiago ha subrayado ya (5:7) la importancia de la lluvia para el labrador palestino. La lluvia era una señal de la bendición de Jehová (Dt. 28:12); la ausencia de ella indicaba el desagrado de Dios hacia su pueblo (Dt. 28:22-24). En tiempos de Elías y a causa

---

32. Joseph THAYER dice: «En Santiago 5:16, *energoúménei* no tiene la fuerza de un adjetivo, sino que da la razón de por qué la *déeisis* («súplica») de un hombre justo tiene éxito manifiesto, es decir, como debido al hecho de que expresa su actividad («obra») (exteriormente), es decir, es solemne y ferviente», *The Greek English Lexicon of the New Testament*, p. 215.

33. La historia del ministerio de Elías se relata en 1 Reyes 17—19. Estos capítulos deben ser leídos para captar la fuerza con la que Santiago usa el testimonio del profeta.

34. *Ibíd.*

35. HIEBERT, *The Epistle of James*, p. 329.

de la apostasía de Israel, Dios castigó al pueblo con una larga sequía, descrita en 1 Reyes 18:1 como de «muchos días», pero que Santiago afirma que duró tres años y seis meses. Dios hizo uso de su prerrogativa como Soberano del pacto (Dt. 28:15) y castigó a Israel hasta que hubo arrepentimiento en aquella nación. Elías llamó a la nación a poner en práctica el principio que más tarde sería enunciado en 2 Crónicas 7:14.

«Y otra vez oró» (v. 18a, *kaì pálin proseúxato*). Evidentemente, Santiago se refiere a lo ocurrido en 1 Reyes 18:42: «Y Elías subió a la cumbre del Carmelo, y postrándose en tierra, puso su rostro entre las rodillas» y en 18:45: «Y aconteció, estando en esto, que los cielos se oscurecieron con nubes y viento, y hubo gran lluvia». Dios contestó la oración ferviente de Elías, dando lluvia del cielo y fruto de la tierra.[36]

Es importante observar en el pasaje de 1 Reyes 18 que hubo primero un arrepentimiento de parte del pueblo y un acercamiento a Dios. «Viéndolo todo el pueblo, se postraron y dijeron: Jehová es el Dios, Jehová es el Dios» (1 R. 18:39). Posteriormente a esa confesión manifiesta fue que Elías oró pidiendo lluvia del cielo. Esta lección es, sin duda, un ejemplo que ilustra cabalmente la fuerza de la oración intercesora. Como ha expresado un escritor:

> Si la oración de un hombre puede alcanzar tanta efectividad hasta controlar el tiempo atmosférico, ciertamente el pueblo de Dios no debería vacilar en orar por aquellas cosas que son de importancia en sus vidas. El poder de la oración llega mucho más allá de lo que nos podemos imaginar.[37]

LA PRÁCTICA DE LA FE VIVA PROCURA LA RESTAURACIÓN DEL HERMANO QUE SE HA DESVIADO (5:19-20)

Varias veces, a lo largo de su epístola, Santiago se refiere al cuidado que un creyente debe tener de su hermano en la fe. Incuestionablemente, Santiago escribe tocante a cuidar de un creyente material y físicamente. Sin embargo, repetidas veces menciona la necesidad del cuidado también en lo espiritual. El apóstol contestaría con un rotundo *sí* a la pregunta: «¿Soy yo acaso guarda de mi hermano?» (Gn. 4:9).

La frase «hermanos míos» usada repetidas veces a través de la Epístola tiene, sin duda, un tono pastoral. El apóstol se identifica plenamente con sus lectores

---

36. La forma verbal traducida «produjo» *(eblástesen)* es aoristo indicativo en la voz activa. Esta forma verbal sugiere un brotar súbito o un reverdecer casi instantáneo de la tierra. Las bendiciones materiales que estaban escondidas, por así decirlo, brotaron súbitamente del subsuelo como resultado de la lluvia que descendió en respuesta a la oración de Elías.

37. Clayton HARROP, *La Epístola de Santiago*, p. 111.

a un nivel de íntima fraternidad. **«Si alguno entre vosotros se ha desviado de la verdad y alguno le hace regresar»** (v. 19*a*). Esta es una condición de futuro más probable en la que el escritor supone una situación.[38] El verbo traducido «se ha desviado» *(planetheî)* podría tomarse en la voz pasiva o en la media. Si se toma la voz pasiva, significa que el creyente ha sido descarriado por la acción de otra persona. Si se toma la voz media, el énfasis estaría en el desvío voluntario de parte del creyente. Es posible, sin embargo, que ambas ideas estén implícitas en el uso de dicho verbo. El creyente corre el peligro tanto de ser desviado por otro como por sí mismo, particularmente cuando no está dependiendo de la dirección del Espíritu a través de la Palabra de Dios.

Nótese que Santiago se refiere a ser desviado «de la verdad» *(apò teîs aletheías),* es decir, alejarse del contenido y de la base sobre la que descansa la fe cristiana. En el Nuevo Testamento, «la verdad» es personificada por Jesucristo (Jn. 1:14; 14:6). «La verdad» es algo que uno debe *amar* (2 Ts. 2:10); es algo que tiene que *obedecer* (Gá. 5:7); es algo que tiene que *mostrar en la vida* (2 Co. 4:2); es algo que tiene que ser *dicho en amor* (Ef. 4:15); es algo que tiene que ser *testificado* (Jn. 18:37); es algo que tiene que ser *manifiesto en una vida de amor* (1 Jn. 3:19); es algo que *libra* (Jn. 8:32); la verdad cristiana, en fin, es un don del Espíritu Santo, enviado por Jesucristo (Jn. 16:14).[39] En ninguna otra tarea pone el diablo mayor empeño que en la de hacer desviar a un creyente de la verdad, tanto en lo ético como en lo doctrinal. Desviarse de la verdad implica dos aspectos inseparables para la vida del creyente: (1) la renuncia a los principios de la fe; o (2) la falta de vivir a la altura de esos principios. En ambos campos de batalla, Satanás concentra sus fuerzas para ocasionar vergüenza y confusión en la vida del cristiano.

> Cualquiera que fuese el significado exacto de la verdad aquí (ya sea doctrinal o ético o ambos), Santiago considera el desviarse de esta como una cosa extremadamente seria. No podría ser, por lo tanto, una simple diferencia de opinión sobre algún punto secundario de la teología o una incongruencia relativamente pequeña tocante a la conducta. Es, por el contrario, algo que implica un rechazo total del estilo de vida cristiano.[40]

«Y alguno le hace regresar» (v. 19*b*, *kaì epistrépsei tis autón).* Esta frase es una continuación de la oración condicional anterior. De interés, aquí, es el uso del pronombre indefinido «alguno» *(tis).* La fuerza de ese pronombre radica en el hecho de que la responsabilidad de restaurar a cualquier creyente que se ha

---

38. Dana y Mantey, *Gramática griega del Nuevo Testamento,* p. 156.

39. William Barclay, *Santiago, I y II Pedro,* p. 156.

40. Vaughan, *James,* p. 123.

desviado no pertenece únicamente a los líderes de la iglesia, sino a cualquier hermano que se encuentre capacitado para hacerlo. La restauración de un hermano caído debe ser en todo tiempo un motivo de gozo para la congregación.

El verbo «hace regresar» *(epistrépsei)* es la forma transitiva del verbo *epistrépho*, que significa «hacer volver a alguien hacia algo» (ver Lc. 1:16, donde este verbo se usa también en su forma transitiva). Santiago no especifica los medios que un creyente debe usar para hacer regresar al que se ha desviado. Puede asumirse, sin embargo, sobre la base del contenido de esta epístola que el apóstol está pensando en armas espirituales tales como: (1) la Palabra de Dios, (2) la oración y (3) el ministerio del Espíritu Santo. El creyente puede hacer uso de estas tres armas mediante la práctica de una fe viva y consecuente a favor del hermano necesitado.

El ministerio de la restauración de un creyente tiene resultados muy positivos. Santiago explica esos resultados, diciendo: **«Sepa que el que hace regresar al pecador del error de su camino librará un alma de [la] muerte y cubrirá multitud de pecados»** (v. 20). El verbo «sepa» *(ginoskéto)* sugiere la idea de saber por experiencia.[41] El presente imperativo sugiere que el apóstol está exhortando a sus lectores a conocer por experiencia lo que ocurre cuando un hermano es restaurado. **«El que hace regresar»** (v. 20*a*, *ho epistrépsas)* o «el que ha hecho regresar». Esta frase destaca el ministerio que un creyente ha tenido para con su hermano a pesar de haber pecado *(hamartolòn)*. El hermano ha pecado porque se ha apartado de la verdad (v. 19). Santiago usa la expresión «el error de su camino» para enfatizar que el alejarse de la verdad equivale a acercarse al error. Debe notarse que, cuando Santiago habla de desviarse de la verdad, usa la preposición *apò*, que significa «alejarse de», pero cuando habla de hacer regresar al pecador *del error* de su camino, usa la preposición *ek*, que significa «fuera de». El creyente que ha caído en el error necesita ser sacado «fuera de» dicho error. Ese es un ministerio que puede ser realizado por un creyente maduro que ama a sus hermanos.

Los resultados de ese ministerio son dos: (1) librará un alma de [la] muerte, y (2) cubrirá multitud de pecados. Ambas declaraciones han estado sujetas a múltiples interpretaciones. La primera afirmación: **«Librará un alma de [la] muerte»** (v. 20*b*) tiene que ver con la persona que se ha desviado de la verdad. El verbo «librará» *(sósei)* se traduce en la Reina-Valera de 1960 como «salvará». Sin

---

41. El Códice Vaticano (B) contiene el presente de indicativo (podría ser imperativo también); lo cual sería una afirmación «vosotros sabéis». Los Códices Sinaítico (Aleph) y Alejandrino contienen el presente de imperativo en la voz activa y en la tercera persona del singular, traduciéndose «sepa». La diferencia entre ambas formas radica en el énfasis más que en el significado. La forma imperativa («sepa», *ginoskéto)* sugiere que Santiago desea que sus lectores se percaten de los beneficios que se derivan de la restauración del hermano caído.

embargo, como ya se ha observado, dicho verbo se usa en el sentido de librar o rescatar. El sustantivo «alma» significa aquí «la vida interior» de la persona en su responsabilidad para con Dios.[42] «De la muerte» *(ek thanátou)* no significa en modo alguno la pérdida de la salvación. Tal cosa sería contradictoria a una gran cantidad de pasajes bíblicos (ver Jn. 5:24; 10:27-29; Ro. 8:28-29). Tampoco parece referirse el pasaje a la muerte física como la que se describe en Hechos 5 o 1 Corintios 11:30. La muerte física afecta al cuerpo humano con relación a la vida terrenal. Santiago se refiere a una condición que trasciende a la muerte física y que él describe como *ek thanátou*. Esa expresión parece referirse a un estado de inercia o mortandad espiritual como la que afecta a un creyente cuando está en pecado. ¿Qué significa, pues, dicha expresión? El profesor Hiebert opina que se refiere a la muerte espiritual (no a la pérdida de la salvación)[43] y explica lo siguiente:

> Santiago no dice que el descarriado estaba muerto espiritualmente, o que estaba muriendo, pero que fue salvado de la «muerte», la cual incuestionablemente yace al final del camino que está siguiendo.[44]

Parece ser, sin embargo, que Santiago se refiere a la situación de un creyente que está viviendo según la carne (ver Ro. 8:6-8, 13) y, como consecuencia, su vida espiritual está en un estado de muerte. Pablo, por ejemplo, hace alusión a la viuda que «se entrega a los placeres» (1 Ti. 5:6). El apóstol, sin duda, se refiere a una viuda dentro de la congregación que, a causa de su mal testimonio, ha perdido el poder espiritual. Pablo dice de ella que «viviendo está muerta». Del mismo modo, Santiago ve al creyente que se ha desviado de la verdad y se ha alejado de los caminos del Señor como alguien que necesita ser rescatado de su condición espiritual. Ese creyente ha perdido el gozo de la salvación (Sal. 51:8, 12), el poder para testificar de su Salvador (Sal. 51:13, 15) y la alegría de la comunión íntima con Dios. Tal persona necesita ser librado de su error y restaurado a la comunión con Dios. En ese sentido, dicho creyente ha sido librado de la muerte.

«Y cubrirá multitud de pecados» (v. 20c, *kaì kalýpsei plêthos hamartiôn*) expresa el segundo resultado de la restauración del hermano caído. El apóstol Santiago parece estar aplicando la ética enunciada en el libro de Proverbios: «El odio despierta rencillas; pero el amor cubrirá todas las faltas» (Pr. 10:12). «El que cubre la falta busca amistad; mas el que la divulga, aparta al amigo» (Pr. 17:9).

---

42. Hiebert, *The Epistle of James*, p. 335.
43. *Ibíd.*
44. *Ibíd.*

El apóstol Pedro también escribió: «Y ante todo, tened entre vosotros ferviente amor; porque el amor cubrirá multitud de pecados» (1 P. 4:8). El verbo «cubrirá» *(kalýpsei)* es el futuro indicativo de *kalýpto*. Tanto Santiago como Pedro usan dicho verbo con el sentido veterotestamentario de perdonar y no de encubrir (ver Sal. 85:2). Cubrir, por lo tanto, no significa esconder, sino borrar. La idea es que la persona confiesa sus pecados y, al recibir el perdón, dichos pecados son borrados para siempre. En ese sentido son como cubiertos.[45] Dios promete perdonar los pecados de sus hijos y no acordarse más de ellos (Is. 43:25); también promete «alejar nuestras rebeliones cuanto está lejos el oriente del occidente» (Sal. 103:12). De modo que es Dios quien cubre, perdona, borra, aleja y sepulta nuestras iniquidades, y echa en lo profundo del mar todos nuestros pecados (Mi. 7:18-19).

Es de suma importancia observar que Santiago concluye su epístola con el mismo tema con el que la comenzó. En 1:2 y 5:13, habla de gozo en medio de las pruebas; en 1:5 y 5:14-15 enfatiza la importancia de la oración; en 1:14-15 y 5:19-20 subraya las consecuencias fatales del pecado; en 1:27 y 5:20 se refiere al ministerio de ayudar a los que sufren alguna necesidad, ya sea material o espiritual. De manera particular, en los versículos finales (5:19-20), Santiago hace resaltar las terribles consecuencias del pecado humano. La paga del pecado es muerte, parece estar diciendo el apóstol, tanto para el inconverso como para el creyente, aunque, por supuesto, en esferas completamente distintas. El creyente ha sido librado de la muerte eterna mediante la fe en la persona de Cristo, pero su vida cristiana y su testimonio pueden perder la vitalidad si vive en pecado.

Resumiendo, los versículos finales de la Epístola de Santiago presentan el comportamiento de la fe viva ante las dificultades que con frecuencia afectan la vida del cristiano. El apóstol prescribe la terapia espiritual que debe ser aplicada al creyente que tal vez, a causa de ataques del maligno o de pecados personales, sufre aflicciones espirituales que afectan su cuerpo.[46] La recomendación del apóstol es que el enfermo espiritual convoque a los líderes (ancianos) de la iglesia. Estos hombres maduros en la fe intercederán en oración por el hermano y lo encomendarán a la gracia del Señor. El hecho de que se habla de perdón de pecados y de confesión refuerza la idea de que la cuestión principal es el problema espiritual.

Santiago subraya el poder de la oración intercesora y menciona el ejemplo de

---

45. Algunos escritores opinan que los pecados encubiertos no son los del restaurado, sino los del restaurador. Entre los que así piensan está Ropes, *The Epistle of James*, pp. 315-316, y Mitton, *The Epistle of James*, pp. 214-215. Tal postura, sin embargo, parece alejarse del énfasis total del pasaje concerniente al beneficio hecho al hermano que necesita la restauración, y no del beneficio recibido por el que lo restaura.

46. Generalmente, a estos problemas se les llama psicosomáticos. Para una breve consideración de este asunto, ver Jay E. Adams, *Capacitados para orientar*, pp. 145-147.

Elías. Como Elías medió entre el pueblo de Israel y Dios, a pesar de que el pueblo estaba en una crisis espiritual, así también el creyente maduro debe mediar a favor del hermano débil en la fe con el fin de que sea restaurado y fortalecido en su vida espiritual. Finalmente, debe observarse que la Epístola de Santiago está escrita en un tono eminentemente pastoral. Confronta problemas reales con la firmeza, y al mismo tiempo con la ternura, de un pastor que se preocupa de su rebaño.

14

Conclusión: La fe como tema controlante en la Epístola de Santiago

El propósito de Santiago al escribir su epístola parece girar alrededor de la importancia de vivir una vida de fe. Pero, para el apóstol, la fe y el comportamiento van unidos de la mano. Santiago considera la fe como un principio activo que produce fruto en armonía con su naturaleza. Una fe que se comporta de manera contraria a las demandas de la Palabra de Dios no es una fe verdadera. Una fe que no es dinámica, sencillamente, no es fe.

Hay un total de dieciséis referencias directas a la fe a través de la Epístola de Santiago. De hecho, la Epístola comienza y termina con un énfasis sobre el concepto de la fe. Los dos capítulos donde la palabra fe no aparece (3 y 4) están, sin embargo, íntimamente relacionados con el resto de la carta. Los capítulos 2 y 3 son una exposición de cómo la fe viva NO actúa ni se comporta.

Positivamente, dice Santiago, la fe es probada con el propósito de producir madurez en la vida del creyente. El cristiano debe apelar a Dios, en oración, en busca de sabiduría para llegar a comprender los propósitos de Dios en su vida. Cuando el hijo de Dios ora, debe hacerlo sin dudar, sino creyendo en que Dios ha de cumplir sus promesas. Una fe viva asegura la victoria sobre las tentaciones porque descansa en el poder protector de Dios, quien promete dar la victoria. La tentación no proviene de Dios, sino del maligno, ayudado por la naturaleza depravada del hombre. Solo una fe viva puede librar al creyente de caer en tentaciones. Una fe viva también tiene como resultado una obediencia incuestionable a la Palabra de Dios. El hombre de fe genuina no solo oye la Palabra atentamente, sino que procede a hacer lo que la Palabra enseña.

Otra característica de la fe viva tiene que ver con el trato hacia los demás. Una fe genuina, auténtica y dinámica practica la imparcialidad para con otros seres humanos. Una vez más, Santiago asocia la fe con el comportamiento. Decir que se tiene fe no es prueba suficiente de un cristianismo auténtico, según

Santiago. Es importante que nuestro credo sea demostrado de manera práctica. La fe desprovista de obras es una fe muerta y, como tal, es inservible. Santiago corona su discusión diciendo que de la misma manera que el «cuerpo sin el espíritu está muerto, así también la fe sin obras está muerta» (2:26).

La discusión sobre el uso de la lengua (cap. 3) está estrechamente relacionada con la cuestión de la fe viva. Una vez más, surge el tema del comportamiento cristiano. Santiago usa la lengua como un símbolo del hablar humano. Controlar la lengua significa que controlamos nuestro hablar. Santiago concluye diciendo que nadie puede controlar la lengua, es decir, el hombre por sí mismo no puede controlar su hablar. El argumento que Santiago presenta es que el hombre no tiene poder para controlar por sí solo su propio hablar, pero Dios sí puede hacerlo. Por lo tanto, el creyente que no quiere pecar con su lengua (a saber, su hablar) debe confiar en el poder de Dios para librarle de tal pecado.

El tema del capítulo 4 es la carnalidad. Los lectores originales de la Epístola estaban implicados en la práctica de pecados tales como pleitos, divisiones, envidias, pasiones y mundanalidad en general. Trataban de dar la impresión de que eran religiosos, ofreciendo oraciones al Señor, pero esas oraciones no eran contestadas. Santiago los exhorta a abandonar la carnalidad y la autosuficiencia y a confiar en el Señor con una fe viva. El apóstol usa palabras enfáticas para comunicar su mensaje:[1] «Someteos a Dios» (v. 7), «resistid al diablo» (v. 7), «acercaos a Dios» (v. 8), «limpiad vuestras manos» (v. 8), «purificad vuestros corazones» (v. 8), y «afligíos, y lamentad, y llorad. Que vuestra risa se convertirá en llanto, y vuestro gozo en tristeza» (v. 9). La acción que corona la lista mencionada aparece en el versículo 10: «humillaos delante del Señor, y él os exaltará». La fe viva, según Santiago, se demuestra reconociendo la soberanía de Dios en cada área de la vida. Esto incluye los planes que se hagan para el futuro. El creyente debe tomar en consideración la voluntad soberana de Dios al hacer sus planes (4:15).

El tema de la fe también está presente en el capítulo 5 de la Epístola de Santiago. En los primeros seis versículos, Santiago se dirige a personas que confían en las riquezas terrenales. Esas personas no han tenido en cuenta que el oro y la plata eran piedras de tropiezo en sus vidas. También el amor a las riquezas hacía que los ricos maltratasen a los justos e inocentes. En esas circunstancias, Santiago exhorta a los creyentes a tener paciencia hasta la venida del Señor (v. 7). Santiago usa la figura del labrador que espera con paciencia la lluvia temprana y tardía. Con mucha más certeza, los creyentes deben esperar pacientemente con corazones fortalecidos «porque la venida del Señor está cerca» (5:8).

---

1. Los verbos en esta sección aparecen en aoristo imperativo. Esta forma verbal se usa para indicar la urgencia de la acción. Ver A. T. ROBERTSON, *Word Pictures in the New Testament*, VI, pp. 52-53.

Santiago concluye con dos ejemplos del Antiguo Testamento que hablan de la fe viva. Primeramente se refiere a Job, quien sufrió aunque era justo, pero el Señor lo premió por su fiel resistencia. Luego, el apóstol se refiere a Elías, quien oró fervientemente creyendo en el Dios que es siempre fiel. Santiago concluye su epístola con la misma nota con que la comenzó, o sea, con el tema de la fe y la oración (1:5; 5:15-18). De modo que puede concluirse que el tema controlante de la Epístola de Santiago es *la fe viva*. Esa fe viva era motivo de estímulo para los creyentes, pero también de represión para los débiles y carnales.

Puede observarse, además, que el lenguaje figurado usado por el apóstol, en ningún modo constituye un obstáculo para una interpretación normal, natural o literal de la Epístola. Por el contrario, los modos figurados del lenguaje empleados por el autor a través de la Epístola, cuando se interpretan de manera normal o natural, dan realce y belleza al mensaje pretendido por el autor. El mensaje de la Epístola de Santiago gira alrededor del *tema de la fe,* y cada figura literaria usada por el escritor añade una nota armoniosa que culmina en un poderoso *crescendo,* que dice al hijo de Dios que *la fe viva obra.* Debe destacarse, sin embargo, que para Santiago «la fe» no es algo teórico ni emocional sino algo real, concreto y objetivo. Para Santiago «la fe» no es una mera declaración verbal sino una acción dinámica y una relación personal con el único Dios vivo y verdadero a través de la persona de Cristo. Santiago toma como ejemplo de una fe viva a Abraham, el cual «creyó a Dios y [su fe] le fue contada por justicia».

Tercera parte

PREDICACIÓN EXPOSITIVA

15

Introducción

En su primera carta a los corintios, el apóstol Pablo escribe:

> Así que, hermanos, cuando fui a vosotros para anunciaros el testimonio de Dios, no fui con excelencia de palabras o de sabiduría. Pues me propuse no saber entre vosotros cosa alguna sino a Jesucristo, y a éste crucificado. Y estuve entre vosotros con debilidad, y mucho temor y temblor; y ni mi palabra ni mi predicación fue con palabras persuasivas de humana sabiduría, sino con demostración del Espíritu y poder, para que vuestra fe no esté fundada en la sabiduría de los hombres, sino en el poder de Dios (1 Co. 2:1-5).

En estos breves versículos, el gran apóstol de los gentiles expresa lo que debe ser el patrón a seguir por todo predicador. Primeramente, Pablo declara el propósito de su presencia en Corinto: *anunciar el testimonio de Dios*. Eso significa que el objetivo de Pablo era proclamar la verdad que Dios le había ordenado. En segundo lugar, el apóstol da a conocer el contenido de su sermón: *Jesucristo crucificado*. Seguramente, Pablo usa esa expresión para condensar en ella la naturaleza del evangelio de salvación (1 Co. 15:3-4).

Debe notarse, además, que Pablo enfatiza el hecho de la *intervención sobrenatural del Espíritu Santo*. El apóstol no confiaba en su habilidad e inteligencia para comunicar, sino en el poder del Espíritu de Dios. Eso no quiere decir que Pablo predicara sin preparación, todo lo contrario. El gran apóstol se entregaba por completo en las manos de Dios. Eso incluía su preparación antes de predicar.

Finalmente, Pablo subraya que esperaba *resultados definidos de su predicación*: «Para que vuestra fe no esté fundada en la sabiduría de los hombres, sino en el poder de Dios». No cabe duda de que este patrón no variaba en el ministerio de Pablo. Ni las circunstancias, ni el tiempo, ni el lugar hicieron que Pablo se desviase de esas normas que él mismo se había trazado.

Todo predicador del evangelio debería observar, aprender y adoptar ese patrón establecido por el apóstol Pablo: (1) Tener la seguridad de que Dios le ha llamado a predicar. (2) Conocer el contenido del mensaje que ha de predicar y comunicarlo con poder y claridad. (3) Confiar en el poder sobrenatural del Espíritu Santo sin menospreciar la preparación requerida para predicar. (4) Esperar resultados específicos de la predicación.

El material preparado en estas notas tiene como finalidad ayudar a los pastores, maestros y expositores de la Palabra a alcanzar esas metas. El autor de estas notas está profundamente agradecido a Dios por los maestros que con paciencia y dedicación le orientaron hacia el tema de la predicación expositiva.

Una palabra de profunda gratitud a la casa publicadora Baker Book House de Grand Rapids, Michigan, por haber concedido el debido permiso para adaptar algunos conceptos de la magnífica obra del Dr. Haddon W. Robinson, *Biblical Preaching: The Development and Delivery of Expository Messages (La predicación bíblica: El desarrollo y predicación de mensajes expositivos)*. Quiera Dios que estas notas sirvan de alguna utilidad a todos los que desean honrar a nuestro Señor mediante la exposición eficaz de su Palabra.

16

La importancia de la predicación

Alguien ha dicho (y con razón) que la predicación está de moda,[1] pero podría decirse de igual modo que la predicación está en crisis.[2] Las causas de dicha crisis son, sin duda, múltiples y complejas. No se pretende aquí analizar el problema antes mencionado, sino llamar la atención de aquellos interesados en predicar las verdades de la Palabra de Dios con eficacia, a fin de que efectúen una evaluación objetiva de sus prácticas con respecto a la predicación.

Una pregunta que debe formularse de inmediato es: ¿Qué se entiende por predicación? No es fácil encontrar una definición completa de dicho concepto.[3] El destacado y respetado pastor español, José M. Martínez, sugiere la siguiente definición de la predicación:

> Es la comunicación, en forma de discurso oral, del mensaje divino deposi-
> tado en la Sagrada Escritura, con el poder del Espíritu Santo y a través de una
> persona idónea, a fin de suplir las necesidades espirituales de un auditorio.[4]

La definición ofrecida por el señor Martínez es, sin duda, comprensiva. Nótese que abarca: (1) la entrega del sermón (la comunicación), (2) el origen divino del contenido del mensaje (1a Sagrada Escritura), (3) el poder espiritual requerido (el Espíritu Santo), (4) el instrumento humano usado (persona idónea) y (5) la finalidad o el propósito de la predicación (suplir necesidades espirituales).

Predicar, por lo tanto, tiene que ver con *la comunicación* oral del contenido del mensaje de la Palabra de Dios.[5] Esa comunicación requiere claridad, precisión y fidelidad, entre otras cosas. La transmisión de esa comunicación implica

---

1. Domenico GRASSO, *Teología de la predicación*, p. 13.
2. *Ibíd.*, pp. 14-17.
3. José M. MARTÍNEZ, *Ministros de Jesucristo*, pp. 102-103.
4. *Ibíd.*, p. 103.
5. Orlando COSTAS, *Comunicación por medio de la predicación*, p. 33.

tanto al predicador como al oyente y la relación de ambos con el contenido de lo que se comunica.

El contenido del mensaje cristiano *(kerýgma)* es de vital importancia, ya que su fuente nutritiva es la Palabra de Dios. Obsérvese que no se habla aquí del *acto* de la predicación, sino del *contenido* de esta. Lo más importante no es la fuerza retórica del orador sino la fidelidad a la Palabra Sagrada.

El ministerio del Espíritu Santo es imprescindible en la comunicación del mensaje cristiano. En primer lugar, porque el Espíritu Santo es el autor divino de la Sagrada Escritura. También, el Espíritu realiza el ministerio iluminador para que tanto el predicador como su auditorio comprendan el mensaje de la Escritura. Es el Espíritu, además, quien aplica a la vida del hombre las verdades de la Biblia. Ningún predicador que desea tener éxito en su ministerio desestima el ministerio del Espíritu Santo.

Otro aspecto importante en la predicación es el instrumento humano. Dios, en su infinita misericordia, ha tenido a bien utilizar a seres humanos para la comunicación de su mensaje. Pedro dice que «santos hombres de Dios hablaron, siendo inspirados por el Espíritu Santo» (2 P. 1:21). «El predicador no puede ser separado del mensaje».[6] El contenido del mensaje debe afectar la vida del predicador y, en la medida en que eso ocurra, así afectará a la audiencia.

Una última consideración en lo que respecta a la definición tiene que ver con la finalidad de la predicación. Se da por sentado que la meta suprema del predicador es glorificar a Dios y exaltar a Jesucristo. Esa meta se consigue, sin embargo, mediante la comunicación del mensaje, de modo que el pueblo de Dios conozca y practique los preceptos bíblicos, convirtiéndose así en testimonios vivientes de la gracia de Dios. El predicador debe ser fiel para descubrir el propósito y la intención del autor original, y aplicar esas verdades o principios primero a su propia vida y luego a la de sus oyentes. El predicador tampoco debe olvidar que la autoridad final descansa sobre la Palabra de Dios. Su responsabilidad es motivar a sus oyentes a vivir en conformidad con la voluntad de Dios.

---

6. Haddon W. Robinson, *Biblical Preaching: The Development and Delivery of Expository Messages*, p. 24.

17

La predicación expositiva

Las formas sermónicas se han clasificado, generalmente, en tres categorías: (1) sermones de asunto, (2) sermones de texto y (3) sermones expositivos.[1] Algunos añaden un cuarto grupo, llamado sermón inferencial.[2] Aunque tal clasificación cuenta con cierta validez, la verdad es que todo sermón debe ser expositivo. Ya sea que se considere un asunto, un texto, una doctrina o un pasaje, tiene que haber una exposición de este.

El profesor Haddon W. Robinson, presidente del Seminario Bautista Conservador de Denver, ha escrito:

> La predicación expositiva proporciona al predicador muchos tipos de sermones. Puede exponer un solo texto… Puede exponer un pasaje: esto es lo que comúnmente se considera como predicación expositiva. Además, se puede trazar un tema o doctrina a través de la Biblia. Para hacer eso, el predicador debe buscar todas las citas donde dicha doctrina sea considerada. Primeramente, relaciona el tema al pasaje particular donde este se encuentra, luego relaciona los distintos pasajes entre sí. El sermón biográfico también puede ser expositivo. Gran parte de la Escritura llega a nosotros en forma de historia o biografía. Si se eliminasen seis hombres del libro de Génesis, por ejemplo, no quedaría mucho de dicho libro.[3]

Exponer significa «hacer que algo sea visto», «sacar a la luz», «declarar», o «explicar algo de modo que se entienda».

La tarea de exponer, por lo tanto, forma parte de la naturaleza misma de la predicación. La predicación expositiva es, sin duda, «el tipo de predicación que más eficazmente abre la Biblia de modo que la gente sea confrontada con la

---

1. Ver Juan A. Broadus, *Tratado sobre la predicación*, pp. 187-204.
2. Alberto Alvarado, *Tratado de homilética*, pp. 193-204.
3. Haddon W. Robinson, «What is Expository Preaching?», *Bibliotheca Sacra*, enero-marzo, 1974, p. 59.

verdad».[4] Juan A. Broadus, el famoso predicador y maestro bautista, escribió hace más de un siglo acerca de las ventajas del sermón expositivo. Estas fueron sus palabras:

> (1) Este método corresponde mejor con la verdadera idea y designio de la predicación; (2) es el método antiguo y primitivo; (3) asegura un conocimiento mejor de las Escrituras, tanto en el predicador como en los oyentes; (4) hace que los sermones contengan más verdades bíblicas puras y más opiniones bíblicas acerca de las cosas; (5) da ocasión de hacer observaciones sobre muchos pasajes de la Biblia que de otra manera nunca entrarían en nuestros sermones, y para dar importantes amonestaciones prácticas que, si se introdujeran en un sermón de asunto, parecerían demasiado personales y aun ofensivas; (6) tal predicación disminuye la tentación de interpretar mal los textos, alegorizándolos.[5]

La predicación expositiva, por lo tanto, hace justicia al concepto bíblico de la proclamación del mensaje de las Escrituras, da ocasión al Espíritu Santo para trabajar tanto en la vida del predicador como en la de los oyentes, y sirve de elemento controlante para que el contenido del mensaje no sea el producto de la imaginación del predicador, sino aquel que se deriva de la Palabra de Dios. Ahora bien, el sermón expositivo requiere de la dedicación y del trabajo serio y sistemático del predicador. Preparar un sermón expositivo y predicarlo ante un auditorio demanda el mayor esfuerzo del predicador en lo físico, lo intelectual, lo emocional y, por supuesto, lo espiritual. El fruto de la predicación expositiva, sin duda, compensa con creces la inversión de tiempo y esfuerzo que se realice.

DEFINICIÓN DE LA PREDICACIÓN EXPOSITIVA

Hablar de la predicación expositiva es una cosa, definir qué se entiende por predicación expositiva es otra y, por supuesto, otra cosa diferente aún es practicar la forma expositiva de la comunicación del mensaje de la Biblia.

El profesor Broadus escribió:

> Un discurso expositivo puede definirse como aquel que se ocupa primordialmente, o por lo menos en su mayor parte, de la exposición de las Escrituras.[6]

---

4. *Ibíd.*, p. 57.
5. BROADUS, *Tratado sobre la predicación*, pp. 193-194.
6. John A. BROADUS, *On the Preparation and Delivery of Sermons*, p. 144.

Otro escritor ha sugerido que la predicación expositiva es:

La predicación bíblica instructiva que presenta las Escrituras como un conjunto coherente y coordinado de verdad revelada.[7]

Aunque las dos definiciones enunciadas anteriormente se acercan bastante a la realidad, carecen de algunos elementos necesarios para que la definición sea completa. Ambas definiciones destacan primordialmente el contenido de la predicación, algo, por supuesto, de importancia insoslayable, pero pasan por alto el aspecto hermenéutico (interpretativo) y el aspecto aplicativo. Una definición más completa es la que ofrece el profesor Robinson, cuando dice que:

La predicación expositiva es la comunicación de un concepto bíblico derivado y transmitido a través de un estudio histórico, gramatical y literario de un pasaje en su contexto, el cual el Espíritu Santo aplica primeramente a la personalidad y experiencia del predicador, y a través de él a sus oyentes.[8]

Haddon Robinson subraya ciertos aspectos de la naturaleza de la predicación expositiva que son imprescindibles.[9] En primer lugar, señala que el *pasaje controla al sermón*. El verdadero sermón expositivo es aquel donde el texto bíblico no se usa como una excusa o como un trampolín para dar comienzo a una predicación. La predicación expositiva se caracteriza por dar prioridad al contenido del texto bíblico, es decir, «el pensamiento del autor determina la sustancia del sermón expositivo».[10] El predicador tiene la ineludible responsabilidad de someter sus ideas al escrutinio de las Escrituras. Su tarea es doblegar sus pensamientos ante la autoridad de la Biblia y no la de usar la Biblia para apoyar sus ideas. Un segundo aspecto de la definición de Robinson es que *el expositor comunica un concepto*. Eso significa que el sermón expositivo no consiste en un estudio de palabras, sino en la búsqueda del significado de lo que el escritor bíblico quiso decir a través de lo que escribió bajo la dirección del Espíritu Santo, y su aplicación a la vida presente del oyente. El predicador debería percatarse de la importancia que el campo de las ideas tiene para el hombre. El ser humano necesita pensar y reflexionar sobre lo que escucha y ve. La exposición sobria de la Palabra de Dios puede ser el instrumento más eficaz para hacer que el hombre piense seriamente en su condición espiritual.

El tercer aspecto de la definición tiene que ver con los principios empleados

---

7. Merrill F. UNGER, *Principles of Expository Preaching*, pp. 32-37.
8. ROBINSON, *Biblical Preaching*, p. 20.
9. *Ibíd.*, pp. 20-29.
10. *Ibíd.*, p. 20.

por el expositor en su afán por descubrir el significado original del texto y la intención del escritor sagrado cuando lo escribió. Con ese fin, el expositor se adentra en el estudio de la historia, la gramática, la forma literaria y el contexto del pasaje. Tal estudio tiene como propósito llevar al predicador al conocimiento de la verdad bíblica que pretende predicar. El expositor bíblico, por lo tanto, *obtiene el concepto que va a predicar del texto sagrado y* lo comunica a su auditorio en un lenguaje que sea comprensible y pertinente a sus necesidades.

Otra dimensión importante en la definición del profesor Robinson es el hecho de que la predicación expositiva afecta de manera directa al mismo expositor. La verdad expuesta «tiene que ser *aplicada* a la *personalidad y* a la *experiencia* del *predicador*».[11] Los beneficios que el predicador recibe a través de la predicación expositiva son incalculables. En primer lugar, recibe la verdad que ha de predicar. En segundo lugar, disfruta del beneficio del ministerio del Espíritu Santo a través de la Palabra. «Cuando un hombre prepara sermones expositivos, el Espíritu Santo prepara a ese hombre».[12]

Además, el predicador tiene la satisfacción de saber que está siendo usado en la ejecución del desarrollo espiritual del pueblo de Dios.

Finalmente, la predicación expositiva tiene que ver con la *aplicación del concepto bíblico a la vida de los oyentes*. El testimonio del salmista es: «La exposición de tus palabras alumbra; hace entender a los simples» (Sal. 119:130). Es decir, la entrada de la Palabra de Dios en la vida de una persona trae luz y entendimiento para que sepa cómo andar en este mundo.

El expositor tiene la tarea de escudriñar las Escrituras, estudiándolas en su contexto histórico, lingüístico, cultural, literario, psicológico y teológico. Todo eso tiene que ver con la exégesis del pasaje. Además, debe descubrir el significado original y el propósito pretendido por el escritor sagrado. Su tarea no termina, sin embargo, hasta que no haya aplicado los conceptos extraídos del texto bíblico a su propia vida primero y, después, con la misma fuerza, a la vida de su congregación. La exposición de la Palabra de Dios ha de tener por objeto transformar vidas. Por supuesto que solo el Espíritu Santo puede efectuar tal milagro, pero Él lo hace mediante la Sagrada Escritura y la comunicación y aplicación del mensaje expuesto por el instrumento humano: el predicador.

La responsabilidad de todo predicador es enorme. En primer lugar, tiene la responsabilidad de determinar lo que el texto dice (exégesis). En segundo lugar, debe ser capaz de desentrañar lo que el texto significa (hermenéutica) y, en tercer lugar, debe ser capaz de aplicar el mensaje del texto a su propia vida y a la de sus oyentes (predicación expositiva).

---

11. *Ibíd.*, p. 24.
12. *Ibíd.*

18

La preparación de un sermón expositivo

Muchos predicadores reconocen la necesidad de predicar sermones expositivos, pero no saben cómo o dónde comenzar. Debe recordarse que la predicación expositiva es una filosofía más que un método. La filosofía consiste en que el predicador ha de sujetar sus ideas a la autoridad de la Biblia y nunca procurar controlar la Biblia a través de sus ideas.

Habiendo establecido que el principio fundamental de la predicación expositiva radica en someterse a la autoridad de la Biblia, se hace necesario destacar ciertos elementos que señalan el camino a seguir si se desea practicar una exposición seria y eficaz de las Escrituras. En primer lugar, el predicador debe procurar *la claridad*. Alguien ha dicho que «la ayuda mayor para el poder sermonario es la claridad que el predicador manifieste tener de su sujeto [asunto del cual habla] y su objeto [lo que dice acerca de lo que está hablando]».[1] La triste realidad es que la mayoría de los sermones que se predican desde los púlpitos evangélicos en el mundo de habla castellana carecen de claridad. La falta de claridad, por supuesto, hace que el sermón no sea comprendido o sea entendido de forma equivocada y, por lo tanto, no produzca los resultados prácticos que el predicador desearía.

EL IMPERATIVO DE LA FORMULACIÓN
DE UNA IDEA CENTRAL

La clave para la claridad de un sermón radica en formular con la mayor nitidez una idea central, tesis o proposición. Dicha idea central o tesis es, a su vez, aclarada y apoyada por los distintos elementos del sermón, de modo que llegue a la mente del oyente de manera coherente. Es muy probable que la expresión

---

1. Craig SKINNER, *The Teaching Ministry of the Pulpit*, p. 161.

de esa tesis sea la parte más difícil de un sermón, pero no cabe duda de que es la más remuneradora. El profesor Broadus ha escrito lo siguiente:

> Expresar una idea central como el corazón del sermón no es siempre fácil, especialmente en la predicación textual o expositiva. Pero vale la pena conseguirlo. Aun cuando un texto presenta varias ideas, las cuales deben incorporarse en el sermón, es deseable encontrarles un nexo de unidad, alguna idea primaria que sirva de foco, eje u órbita.[2]

¿Qué es la idea central? Alguien ha dicho que es «una declaración proposicional que define un aspecto de un asunto bajo discusión».[3] La palabra *idea* se deriva del verbo griego *eido,* que significa «ver». Una palabra sinónima de *idea* es *concepto,* es decir, la sustancia de un pensamiento expresado con palabras. La idea central es el fundamento o la base sobre la cual se levanta la estructura del sermón. La idea central es la *gran idea* que ha de ser expuesta a través del sermón. Es el pensamiento principal, el tema o la proposición que expresa en forma de telegrama lo que va a ser declarado mediante la exposición del sermón. Tan importante es esa idea central o tesis, que alguien ha dicho:

> Tengo la convicción de que ningún sermón está listo para predicarse ni para escribirse hasta que podamos expresar su tema en una oración corta, repleta de significado y clara como el cristal. Considero que obtener tal oración es la labor más difícil, más crítica y más fructífera en mi estudio. Obligarse uno mismo a estructurar esa oración, dejar a un lado toda palabra vaga, disonante, ambigua, ser capaz de llegar a una forma de palabras que define el tema con escrupulosa exactitud, esto es sin duda uno de los factores más vitales y esenciales en la preparación de un sermón: y creo que ningún sermón debe ser predicado o aun escrito hasta que esa oración ha surgido clara y lúcida como la luna en una noche sin nubes.[4]

No cabe duda de que las palabras de Jowett tocan una fibra muy sensible respecto a la cuestión de la claridad en la predicación. Si el predicador es capaz de expresar el contenido de su sermón mediante una idea central, clara y precisa, no tendrá dificultades en exponer su sermón de manera que los oyentes comprendan el significado.

---

2. John A. BROADUS, *On the Preparation and Delivery of Sermons,* p. 52.
3. SKINNER, *The Teaching Ministry of the Pulpit,* p. 163.
4. J. H. JOWETT, *The Preacher: His Life and Work,* citado por Haddon W. ROBINSON, *Biblical Preaching,* p. 35.

LA EXPRESIÓN DE LA IDEA CENTRAL

Una idea es la expresión de un pensamiento mediante el uso de palabras. Hay dos elementos esenciales en una idea: (1) el sujeto y (2) los complementos o predicados. El *sujeto* responde a la pregunta: ¿De qué estoy hablando?, mientras que el *predicado* o complemento responde a la pregunta: ¿Qué estoy diciendo acerca de lo que estoy hablando?

No debe confundirse, sin embargo, el sujeto como elemento de una oración gramatical con el sujeto de una idea. En una oración gramatical, generalmente el sujeto consta de una sola palabra (hombre, casa, discípulo, cristiano, amor, etc.), mientras que el sujeto de una *idea* debe ser una frase, ya que el predicador necesita expresar con toda claridad *de qué está hablando*.

El segundo elemento de que se compone una idea es el complemento o complementos. El complemento completa la idea, ya que explica qué se está diciendo sobre el sujeto. El sujeto es, por lo tanto, aquello de lo que se habla. El complemento o predicado es aquello que se dice del sujeto. El sujeto sin el predicado está incompleto y el predicado o complemento no podría existir sin el sujeto.

En la predicación expositiva, el sujeto y el complemento o complementos surgen como resultado de un estudio profundo y concienzudo del pasaje. El predicador no debería expresar la *idea central* de un pasaje sin antes haber realizado una exégesis completa del texto dentro de su contexto histórico, teológico, cultural y gramatical. Solo así podrá formular con claridad una tesis o proposición que refleja la idea original del escritor bíblico.

El predicador debe poner sumo cuidado en descubrir primeramente el significado del texto. Eso se realiza a través de la exégesis del pasaje. Tal estudio tendrá como resultado la expresión de la idea *exegética* o *idea textual,* es decir, la enseñanza del texto o pasaje bíblico sin enfocar aún la necesidad del auditorio. La idea central, la tesis o la proposición de un sermón equivalen a la idea textual o exegética más la aplicación o aplicaciones a las necesidades del auditorio. La siguiente ecuación podría servir de ayuda:

Idea central = Idea textual + aplicación a las necesidades del auditorio

Considérese el siguiente ejemplo:

Pasaje: Santiago 2:1-13.

Ejercicio: (1) Lea el pasaje cuidadosamente, (2) observe las divisiones naturales del pasaje, (3) estudie el texto dentro de su contexto. Una idea textual probable sería: «El cristianismo es incongruente con el favoritismo». Esta idea puede apoyarse en lo siguiente:

    I. El cristianismo considera el valor interno de la persona (2:1-4).

    II. Dios ha escogido a los pobres según el mundo pero ricos en la fe (2:5-7).

    III. Mostrar favoritismo es pecado porque es contrario a la ley de Dios (2:8-11).

    IV. El cristiano será juzgado de la manera que juzga a otros (2:12-13).

El ejercicio anterior deja de manifiesto la idea textual o exegética del pasaje. La idea textual, sin embargo, se expresa en generalidades: «El cristianismo (en general) es incongruente con el favoritismo (en general)». La idea central o idea predicable se basa en la idea textual, pero da atención especial a las necesidades del auditorio. La idea central que el predicador podría exponer a su congregación podría ser:

«La discriminación racial es incongruente con tu profesión cristiana».

La idea central no solo es fiel al texto bíblico, sino que, además, fija su atención en las necesidades del auditorio que escucha el mensaje. El predicador debe estar tan interesado en contestar la pregunta: «¿Qué significa este texto bíblico?» como en contestar la otra pregunta: «¿Qué significa esta verdad bíblica *para mí y para mi auditorio*?».

La respuesta a la primera interrogante se obtiene mediante la exégesis del pasaje. La respuesta a la segunda está íntimamente relacionada con la predicación expositiva.

Toda predicación debe girar alrededor de *una sola* idea central que sirve de núcleo unificante al sermón. Las partes o divisiones del sermón se ocupan del desarrollo de la exposición. Esas divisiones tienen que guardar una estrecha relación con la idea central. De no ser así, se pierde la unidad del sermón. Debe recordarse, además, que la idea debe tener *un solo sujeto*. Si hay más de un sujeto, hay más de un sermón.

19

Etapas en la preparación de un sermón expositivo

Predicar requiere esfuerzo. Predicar bien requiere un gran esfuerzo. Esto no significa en modo alguno que la obra del Espíritu Santo esté minimizada; todo lo contrario. El predicador, consciente de la magnitud de su responsabilidad, depende del poder del Espíritu Santo, pero al mismo tiempo no es negligente de su responsabilidad de prepararse con sumo cuidado mediante un estudio concienzudo tanto de la Palabra de Dios como de todo otro material que contribuya a hacer más eficaz el sermón.

El predicador necesita pensar y reflexionar acerca de sus ideas. Esto, por supuesto, requiere tiempo y dedicación. Leer libros de sermones puede servir de ayuda. Estudiar obras sobre cómo preparar sermones también tiene su sitio. Sin embargo, no hay sustituto para la práctica personal. Hacer buen uso de lo que otros han aprendido es de mucho valor, pero en el análisis final todo predicador debe hacer uso de las capacidades y dones que ha recibido del Espíritu Santo.

Las etapas enumeradas a continuación tienen como fin servir de guía al predicador en su afán por predicar sermones expositivos. En algunos casos el orden de estas etapas podría variar. Lo más importante es que el predicador esté preparado para comunicar con eficacia el mensaje bíblico, de modo que llene las necesidades de su auditorio.

Primera etapa: **Seleccione el pasaje bíblico que va a exponer**

La selección del pasaje debe hacerse tomando en cuenta ciertos factores importantes: (1) la división natural de la porción bíblica, (2) la unidad del pensamiento que se encuentra, por lo general, en el párrafo del pasaje bajo estudio y (3) la duración del sermón que ha de predicarse. Estos tres factores son de vital importancia a la hora de seleccionar el pasaje para un sermón. El predicador debe percatarse del contexto del pasaje a la vez que toma en cuenta el desarrollo de la idea del escritor bíblico para determinar la unidad del pensamiento expresado en dicho pasaje. Finalmente, el predicador debe tener presente el tiempo del cual ha de disponer para su exposición, de manera que determine de antemano qué tan detallado va a ser en su exposición.

Segunda etapa: **Estudie el pasaje y reúna sus notas**

Como se ha señalado con anterioridad, el pasaje debe ser estudiado cuidadosamente *en su contexto* tanto lejano como inmediato. El contexto lejano es más amplio y tiene que ver con el hecho de si el pasaje se encuentra en el Antiguo o en el Nuevo Testamento, las circunstancias históricas y culturales relacionadas con el pasaje, así como el género literario al que pertenece el pasaje bajo estudio. Luego debe examinarse el contexto inmediato, es decir, los versículos, el párrafo, el capítulo y el libro en particular sobre el cual se ha de predicar.

Este estudio requiere el examen cuidadoso del pasaje y su lectura en diferentes versiones y, de ser posible, su estudio en los idiomas originales (hebreo y griego). El predicador debe conocer y hacer todo lo posible por añadir a su biblioteca los mejores léxicos, concordancias, gramáticas, diccionarios, enciclopedias y comentarios exegéticos. Estas herramientas le ayudarán a profundizar en sus conocimientos bíblico-teológicos. También le será de gran ayuda obtener algunas obras relacionadas con la geografía, la cultura y la historia del mundo bíblico. Se recomiendan las siguientes obras:

DICCIONARIOS

Bauer, Johannes B., *Diccionario de teología bíblica*. Barcelona: Herder, 1985.

Botterweck, G. Johannes y Helmer Ringgren, en colaboración con George W. Anderson, Henri Cazelles, David N. Freedman y otros. *Diccionario teológico del Antiguo Testamento*. Madrid: Ediciones Cristiandad, 1973.

De Ausejo, Serafín. *Diccionario de la Biblia*. Barcelona: Herder, 1963.

Diccionario de la Lengua Española, 19.ª ed. Madrid: Real Academia Española, 1970.

Diccionario enciclopédico ilustrado de la lengua castellana. Barcelona: Ramón Sopena, S.A., 1954.

Estelator Ros, Alejandro. *Diccionario bíblico*. Barcelona: Ed. Herder, 1970.

Jenni, Ernest, con la colaboración de Claus Westerman. *Diccionario teológico manual del Antiguo Testamento*. Madrid: Ediciones Cristiandad, 1978.

LAMBERT, C. H. *Diccionario de paralelos, concordancias y analogías bíblicas.* México, D.F.: Casa Unida de Publicaciones, 2a ed., 1949.

NELSON, Wilton M., ed. *Diccionario ilustrado de la Biblia.* Miami: Editorial Caribe, 1974.

RAHNER, Karl. *Diccionario teológico.* Barcelona: Ed. Herder, 1966.

RAMM, Bernard. *Diccionario de teología contemporánea.* El Paso, Texas: Casa Bautista de Publicaciones, 1969.

RAND, W. W. *Diccionario de la Santa Biblia.* Miami: Editorial Caribe, 1978.

RODRÍGUEZ, Segundo Miguel. *Diccionario manual, hebreo-español, y arameo-bíblico-español.* Madrid: El Perpetuo Socorro, 2a ed., 1949.

ROJAS, Juan, *Diccionario popular de la Biblia.* Miami: Logoi, 1971.

SEBASTIÁN YARZA, Florencio I. *Diccionario griego-español.* Barcelona: Ramón Sopena, S.A., 1954.

TENNEY, Merrill C., *Diccionario bíblico.* Miami: Editorial Vida,

VILA, Samuel y Santiago ESCUAIN. *Nuevo diccionario bíblico ilustrado.* Terrassa: Editorial CLIE, 1985.

VINE, W. E. *Diccionario expositivo de palabras del Antiguo y Nuevo Testamento.* Nashville: Grupo Nelson, 2007.

ENCICLOPEDIAS

DÍAZ MACHO, Alejandro, Sebastián BARTRINA y Juan Antonio GUTIÉRREZ LARRAYA. *Enciclopedia de la Biblia.* Barcelona: Ed. Garriga, S.A., 1963.

VILA, Samuel. *Enciclopedia de anécdotas e ilustraciones.* Terrassa: Editorial CLIE, 1966.

_____. *Enciclopedia de tópicos, concordancias y bosquejos bíblicos.* Terrassa: Editorial CLIE, 1976.

_____. *Enciclopedia explicativa de dificultades bíblicas.* Terrassa: Editorial CLIE, 1981.

VILA, Samuel y Darío A. SANTAMARÍA. *Enciclopedia ilustrada de la historia de la Iglesia.* Terrassa: Editorial CLIE, 1979.

CONCORDANCIAS

BRANSBY, Carlos. *Concordancia temática de la Biblia.* El Paso: Casa Bautista de Publicaciones, 1980.

DENYER, C. P. *Concordancia de las Sagradas Escrituras.* Miami: Editorial Caribe, 1969.

PETTER, Hugo. *Concordancia greco-española del Nuevo Testamento.* Terrassa: Editorial CLIE, 1980.

SHELBY, Santiago O. *Concordancia manual de las Sagradas Escrituras.* México, D.F.: Casa Unida de Publicaciones, 1952.

SLOAN, William. *Concordancia completa de la Santa Biblia.* Terrassa: Editorial CLIE, 1976.

STEGENGA, J. *Concordancia analítica greco-española del Nuevo Testamento greco-español.* Maracaibo: Editorial Libertador, 1975.

TUGGY, Alfred. *Concordancia de preposiciones griegas del Nuevo Testamento.* Terrassa: Editorial CLIE, 1985.

LÉXICOS

McKIBBEN, Jorge Fitch. *Nuevo léxico griego-español del Nuevo Testamento.* El Paso: Casa Bautista de Publicaciones, 1940.

PARKER, Jorge G., *Léxico-concordancia del Nuevo Testamento en griego y español.* El Paso: Casa Bautista de Publicaciones, 1982.

URBAN, Ángel, Juan MATEOS y Miguel ALEPUZ. *Cuestiones de gramática y léxico.* Madrid: Ediciones Cristianas, 1977.

ESTUDIO DE LA PALABRA

BARCLAY, William. *Palabras griegas del Nuevo Testamento: Su origen y su significado.* El Paso: Casa Bautista de Publicaciones, 1977.

FONTOYNONT, V. *Vocabulario griego comentado y basado en textos.* Santander: Editorial Sal Terrae, 2a ed., 1962.

LEÓN-DUFOUR, Javier, *Vocabulario de teología bíblica.* Barcelona: Editorial Herder, 1973.

MATEOS, Juan. *Estudios del Nuevo Testamento: El aspecto verbal en el Nuevo Testamento.* Madrid: Ediciones Cristiandad, 1977.

POP, F. J., *Palabras bíblicas y sus significados.* Buenos Aires: Editorial Escaton, 1964.

GRAMÁTICAS

AÑORGA LARRALDE, Joaquín. *Composición, lecciones graduadas de lengua gramática de trabajos de redacción, correspondencia comercial.* Madrid: Ediciones Escolares de la Escuela Nueva, 1980.

BELLO, Andrés. *Gramática de la lengua castellana.* Buenos Aires: Ediciones Anaconda, 1941.

CASCANTE ROJAS, Claudia. *Castellano.* San José: Imp. Española, 1946.

DANA, H. E. y Julius MANTEY. *Gramática griega del Nuevo Testamento.* El Paso: Casa Bautista de Publicaciones, 1977.

Davis, Guillermo Hersey. *Gramática elemental del griego del Nuevo Testamento.* El Paso: Casa Bautista de Publicaciones.

Esbozo de una nueva gramática de la lengua española. Madrid: Ediciones Escolares de la Escuela Nueva, 1980.

Fontoynont, V. *Vocabulario griego comentado y basado en textos.* Santander: Editorial Sal Terrae, 1962.

Navarro, Tomás, *Manual de pronunciación española.* Nueva York: Hafner Publishing Company, 1948.

Real Academia Española. *Nueva gramática de la lengua española,* 2 tomos. Madrid: Espasa Libros, 2009-2011.

Ugarte, Francisco. *Gramática española de repaso.* Nueva York: The Odyssey Press, 1962.

Introducciones al Antiguo Testamento

Archer, Gleason L. (hijo). *Reseña crítica de una introducción al Antiguo Testamento.* Grand Rapids: Portavoz, 1981.

Brown, Raymond. *El mensaje del Antiguo Testamento.* Buenos Aires: Editorial Certeza, 1975.

García Cordero, Maximiliano. *La Biblia y el legado del Antiguo Oriente, el entorno cultural de la historia de salvación.* Madrid: Biblioteca de Autores Cristianos, 1964.

Lange, Federico. *Introducción al Antiguo Testamento.* San Louis: Concordia, 1962.

Muñoz Iglesias, Salvador. *Introducción a la lectura del Antiguo Testamento.* Madrid: Editorial Taurus, 1965.

Purkiser, W. T. *Conozca su Antiguo Testamento.* Kansas City: Casa Nazarena de Publicaciones, 1950.

_____, C. E. Demaray y otros. *Explorando el Antiguo Testamento.* Kansas City: Casa Nazarena de Publicaciones, 1981.

Schultz, Samuel. *Habla el Antiguo Testamento.* Barcelona: Publicaciones Portavoz Evangélico, 1976.

Young, Edward. *Una introducción al Antiguo Testamento.* Grand Rapids: Editorial T.E.L.L., 1977.

Introducciones al Nuevo Testamento

Bruce, F. F. *El mensaje del Nuevo Testamento.* Buenos Aires: Ediciones Certeza, 1975.

Cullman, Óscar. *El Nuevo Testamento.* Madrid: Editorial Taurus, 1971.

EARLE, Ralph. *Conozca su Nuevo Testamento*. Kansas City: Casa Nazarena de Publicaciones, 1951.

FERNÁNDEZ, J. C. *Orígenes del Nuevo Testamento*. México: Casa Unida de Publicaciones, 1952.

HARRISON, Everett. *Introducción al Nuevo Testamento*. Grand Rapids: Editorial T.E.L.L., 1980.

STEINMULLER, Johen. *Introducción especial al Nuevo Testamento*. Buenos Aires: Desclée de Brouwer: 1951.

TENNEY, Merrill C. *Nuestro Nuevo Testamento: Una perspectiva histórica analítica*. Grand Rapids: Portavoz, 1985.

WIKENHAUSER, Alfred. *Introducción al Nuevo Testamento*. Barcelona: Herder, 1966.

GEOGRAFÍA, CULTURA E HISTORIA DEL MUNDO BÍBLICO

BRIGHT, John, *La historia de Israel*. Bilbao: Desclée de Brouwer, 1970.

DANA, H. E. *El mundo del Nuevo Testamento*. El Paso: Casa Bautista de Publicaciones, 1955.

JOACHIM, Jeremías. *Jerusalén en tiempos de Jesús: Estudio económico del mundo del Nuevo Testamento*. Madrid: Ediciones Cristiandad, 1977.

JURGEN SCHULTZ, Hans. *Jesús y su tiempo*. Salamanca: Sígueme, 1968.

KELLER, Werner. *Historia del pueblo judío, desde la destrucción del templo al nuevo Estado de Israel*. Barcelona: Ediciones Omega, S.A., 1969.

LEIPOLDT, Johannes y Walter GRUNDMANN en colaboración con Gunther HANSON. *El mundo del Nuevo Testamento*. Madrid: Ediciones Cristiandad, 1971.

NOTH, Martin. *Historia de Israel*. Barcelona: Ediciones Garriga, S.A., 1966.

_____. *El mundo del Antiguo Testamento*. Madrid: Ediciones Cristiandad, 1976.

PFEIFFER, Charles F. *Diccionario bíblico arqueológico*. El Paso: Casa Bautista de Publicaciones, 1983.

WIGHT, Fred H. *Usos y costumbres de las tierras bíblicas*. Grand Rapids: Portavoz, 1984.

Tercera etapa: **Relacione las partes entre sí para determinar la idea exegética y su desarrollo**

Recuérdese que la *idea exegética* se compone del sujeto y los complementos que surgen del estudio del pasaje. La idea exegética es aquella que se deriva del estudio del texto en sí y que se centra en lo que el escritor bíblico quiso decir a sus lectores a través de lo que les escribió. La idea exegética responde a la pregunta: ¿De qué habla el escritor bíblico?

El predicador, a través de la exégesis del pasaje, debe determinar cuál es el sujeto de la idea exegética, es decir, aquello de lo que el escritor bíblico está hablando. Luego debe determinar cuáles son los complementos de la idea, es decir, aquello que el escritor bíblico está diciendo sobre el sujeto.

La idea exegética tiene que expresarse con la mayor precisión. Esto es posible si tanto el sujeto como los complementos reflejan fielmente la enseñanza del pasaje. Bajo ninguna circunstancia debe obligarse al pasaje a decir lo que no dice. El predicador debe ser siempre cuidadoso de no torcer la Escritura ni moldearla a sus prejuicios teológicos.

El sujeto de la idea exegética debe expresarse de manera amplia y completa. Ya que no se trata de un sujeto gramatical, una sola palabra no es suficiente. Por ejemplo, Santiago 1:5-8 parece hablar de sabiduría, pero en realidad lo que el autor está diciendo es cómo obtener sabiduría en medio de las pruebas. De modo que el sujeto o asunto del que el escritor bíblico habla es: «La sabiduría para hacer frente a las pruebas». El complemento de dicha idea es: «Se obtiene pidiéndola a Dios en oración por medio de la fe». La idea completa se expresaría así: «La sabiduría necesaria para hacer frente a las pruebas se obtiene pidiéndola a Dios en oración por medio de la fe».

Cuarta etapa: **Someta la idea exegética a las tres preguntas funcionales:** la pregunta explicativa: «¿Qué significa esto?»; la pregunta de convalidación: «¿Es esto verdad?»; y la pregunta aplicativa: «¿Qué diferencia producirá esta verdad en la vida del auditorio?»

El predicador ha de recordar que está trabajando en tres esferas distintas: primero, la esfera del mundo bíblico en la que el texto fue escrito; segundo, la esfera del predicador que tiene la responsabilidad de estudiar e interpretar el texto bíblico; y tercero, la esfera del auditorio con sus conocimientos, limitaciones y necesidades que constituyen un gran reto para el expositor.

El predicador tiene la responsabilidad de descubrir con la mayor precisión el significado del texto bíblico. Ese descubrimiento se obtiene mediante una seria exégesis y una hermenéutica congruente que sea fiel al mensaje total de la Palabra de Dios. La verdad del texto bíblico debe ser aplicada a las necesidades del auditorio de tal manera que la verdad de la Palabra de Dios surta su efecto en las vidas de los que escuchan el mensaje.

Quinta etapa: **Reflexione sobre la idea exegética y exprésela en una oración de la manera más precisa y memorable posible**

Es en esta coyuntura que el predicador debe expresar la idea central del sermón a la luz del conocimiento y la experiencia del auditorio. La idea central o tesis del sermón es la declaración de un concepto bíblico expresado de tal manera que refleja con corrección la enseñanza de la Biblia y se relaciona de manera significativa con la congregación. Por ejemplo, la idea central en Santiago 1:1-12 podría expresarse así: «Nuestra reacción en medio de las pruebas revela la calidad de nuestra fe».

La expresión de la idea central o tesis del sermón constituye la tarea más ardua de la preparación de este. Para expresar la idea central es necesario haber estudiado el pasaje cuidadosamente. Sobre la base de ese estudio, el predicador expresa la idea exegética, es decir, lo que el escritor bíblico quiso decir a sus lectores originales. Finalmente, esa verdad bíblica es aplicada a las necesidades del auditorio y de ahí surge la idea central o tesis del sermón que ha de ser predicado.

Sexta etapa: **Determine el propósito del sermón**

El propósito del sermón es el objetivo u objetivos que el predicador pretende alcanzar mediante la predicación de su sermón. Ningún sermón debería ser predicado si no existe un propósito u objetivo para predicarlo.

El predicador debe expresar con sumo cuidado el objetivo que desea alcanzar a través de su sermón. El propósito del sermón debe estar directamente relacionado con el contenido del pasaje bíblico y debidamente aplicado a las necesidades del auditorio. El propósito del sermón, además, ha de expresarse de modo que los resultados puedan medirse o evaluarse. Por ejemplo, el propósito de un sermón puede ser el de hacer que el oyente conozca algo, tome conciencia de una verdad, cambie su actitud o aprenda a hacer cierta cosa. El predicador debe presentar su sermón en forma tal que su auditorio comprenda el propósito de su mensaje y ponga en práctica dicho propósito.

Séptima etapa: **Pregúntese cómo debe manejarse la idea central de modo que cumpla su propósito**

El sermón puede consistir en:

1) *La explicación de una idea:* Santiago 2:1-13 explica por qué el cristiano debe practicar la imparcialidad.
2) *La prueba de una proposición o tesis:* Santiago 2:14-26 demuestra que la fe sin obras es *fe muerta.*

3) *La aplicación de un principio:* Santiago 4:1-12 enseña el principio de que la amistad del mundo es enemistad contra Dios.

4) *Completar el sujeto:* En este caso el predicador presenta solo el sujeto de la idea y los puntos principales del sermón completan dicho sujeto.

«Cinco remedios para fortalecer nuestra salud espiritual»:
Santiago 5:13-20 se presta para esa estructura sermónica:

A. Nuestra salud espiritual se fortalece por medio de la oración (5:13-15, 17-18).

B. Nuestra salud espiritual se fortalece por medio de la alabanza (5:13).

C. Nuestra salud espiritual se fortalece por medio de hombres maduros (5:14).

D. Nuestra salud espiritual se fortalece por medio de la confesión (5:16).

E. Nuestra salud espiritual se fortalece por medio de la restauración (5:19-20).

5) *El relato de una historia:* A veces el sermón consiste en el relato de una historia bíblica. El predicador debe aprender los principios que se desgajan de la historia y aplicarlos a la vida de su auditorio.

El predicador debe compenetrarse con la historia que ha de relatar en forma tal que no constituya una mera repetición de lo que el pasaje dice, sino que el personaje o suceso relatado sea revivido en presencia del auditorio.

Octava etapa: **Bosqueje el sermón**

Después de haber decidido cómo tiene que desarrollarse la idea para que cumpla su cometido, bosqueje el sermón. El bosquejo tiene la función de proveer orden, unidad y desarrollo al sermón. El bosquejo tiene, además, un propósito cuádruple:

1) Aclarar ante la vista y la mente del predicador la relación que las partes del sermón tienen entre sí.

2) Ayudar al predicador a visualizar su sermón como un todo y proveerle un mayor sentido de unidad.

3 Cristalizar el orden de las ideas de modo que el auditorio reciba una adecuada secuencia del sermón.

4) Ayudar al predicador a reconocer la parte del sermón que necesita mayor cantidad de material de apoyo para su explicación.

Novena etapa: **Complete el bosquejo usando el material de apoyo**

El material de apoyo encaminado a explicar, probar, aplicar o ampliar los puntos del sermón es como los músculos, nervios y tendones en el cuerpo humano. A través del uso del material de apoyo, el predicador puede dibujar con mayor precisión sus ideas en la mente del auditorio. El material de apoyo permite que los conceptos abstractos sean explicados de modo que el oyente los reciba de manera concreta. El uso del material de apoyo tiene los siguientes propósitos:

1) Aclarar algún concepto vertido.
2) Hacer que una idea penetre con dinamismo en la mente del auditorio.
3) Demostrar que una idea expresada es cierta.

Hay seis tipos principales de material de apoyo:

1) *La narración:* Se usa para hacer un recuento de algún suceso.
2) *La explicación:* Se usa para ampliar el significado de algo, aclarar la terminología usada, relacionar lo dicho con otra idea afín o dar a conocer las consecuencias de algo que se ha dicho.
3) *La información:* Se usa para dar a conocer hechos históricos pertinentes al tema.
4) *El testimonio:* Se usa para relatar una experiencia propia o de otra persona.
5) *La repetición de lo que se ha dicho:* Se usa para proporcionarle mayor claridad o mayor énfasis.
6) *Las ilustraciones:* Se usan para aclarar y aplicar las ideas. Generalmente, el predicador introduce su ilustración usando la expresión «por ejemplo».

El predicador no debe olvidar ni por un momento que el material de apoyo tiene como propósito ayudar a la expresión y no reemplazarla. El material de apoyo debe usarse para dar belleza y efectividad a la exposición de la Palabra de Dios. Por último, se recomienda que el predicador forme un archivo en el que guarde debidamente clasificado todo aquel material que ha de ayudarle en su exposición.

Décima etapa: **Prepare la introducción y la conclusión del sermón**

La introducción y la conclusión de un sermón podrían compararse con el aterrizaje y el despegue de un avión. Ambas operaciones son las más críticas de todo el proceso. La introducción expone ante el auditorio el tema de la predicación, la idea central del sermón y el primer punto de la exposición. La conclusión, por su parte, debe repasar los puntos principales de la exposición, resumir la idea central y aplicar con fuerza *el propósito* del sermón de tal modo que se produzca un cambio en la vida de los oyentes. Una mala conclusión podría compararse al aterrizaje forzoso de un avión.

La conclusión puede tomar varias formas: (1) Puede ser un resumen de los puntos principales del sermón y una aplicación directa de las verdades expuestas en la exposición. *No debe ser un segundo sermón.* (2) Puede consistir en una ilustración que resuma la idea del sermón y aplique de manera objetiva el propósito del sermón a la vida de los oyentes. (3) Puede ser una pregunta que haga reflexionar al auditorio sobre la idea central que ha sido expuesta, a fin de retar a los oyentes a reaccionar sobre lo que han oído.

La introducción y la conclusión son dos aspectos extremadamente críticos de la preparación de todo sermón. Muchos sermones tienen éxito rotundo o fracasan estrepitosamente en proporción a la calidad de la introducción y la conclusión.

Resumiendo, las diez etapas antes presentadas constituyen un proceso adecuado para aquel que desea mejorar su capacidad de exposición de las Escrituras. Eso no significa, por supuesto, que un conocimiento teórico de estas etapas sea suficiente. Es imprescindible que el predicador ponga en práctica todos esos principios, y otros no expresados en este bosquejo. La mejor manera de aprender a predicar es predicando, pero el uso de buenos hábitos en la predicación hará que ese aprendizaje sea más eficaz y permanente. En este trabajo se ha usado la Epístola de Santiago como modelo, pero los principios enunciados aquí pueden aplicarse a cualquier otro libro de las Sagradas Escrituras.

20

Resumen y conclusión

Estas notas han sido escritas con el fin de ayudar a quienes desean aprender a predicar con objetivos definidos. Todo predicador debe desear predicar, pero todavía más, todo predicador debe procurar predicar bien y con la mayor efectividad.

A través de estas notas se ha procurado definir qué es la predicación. También se ha mencionado lo que significa la predicación expositiva. Se ha procurado subrayar las características más destacadas de la predicación expositiva y se han sugerido algunas pautas para la preparación de un sermón expositivo. Todo eso, por supuesto, requiere esfuerzo, tiempo, dedicación y estudio constante de parte del predicador. El esfuerzo personal del predicador de ningún modo minimiza el ministerio del Espíritu Santo, sino todo lo contrario.

Se ha sugerido también una bibliografía con el fin de orientar al estudiante respecto a las fuentes que pueden servirle de ayuda en sus estudios. Las diez etapas mencionadas en la sección anterior podrían culminarse con la escritura cuidadosa del sermón antes de predicarlo. No se aconseja que el sermón se escriba para ser leído a la congregación, sino para que el predicador esté totalmente seguro de lo que ha de decir y, al mismo tiempo, escoja cuidadosamente el vocabulario y el material de apoyo que ha de emplear.

La selección del vocabulario tiene que ver con el estilo. En un sentido particular, el estilo se refiere a la manera de hablar o de escribir peculiar y privada de cada autor. En un sentido general, el estilo se refiere a la manera de escribir o de hablar que destaca la variedad y las características del modo de formar, combinar y enlazar las frases para expresar los conceptos.

El buen estilo debe caracterizarse por su *claridad*. Eso significa que el predicador debe acostumbrarse al uso de palabras que sean comprensibles a su auditorio. El uso de palabras rebuscadas con el fin de hacer alarde de erudición generalmente da como resultado un resquebrajamiento de la comunicación entre el predicador y sus oyentes.

Una segunda característica del buen estilo radica en la estructuración de un bosquejo claro. Un bosquejo claro es el producto de una idea central clara. El resultado de esa combinación será, sin duda, un manuscrito claro.

El predicador debe esforzarse por el dominio de un buen vocabulario. Generalmente eso se obtiene a través de la buena lectura y de ejercicios prácticos tendentes a capacitarle en el uso de las palabras. La comunicación eficaz demanda simpleza (no superficialidad) en el uso de las palabras. Requiere, además, un estilo dinámico y penetrante que quede grabado permanentemente en la mente del auditorio.

Finalmente, debe recordarse que desde la perspectiva humana, predicar es tanto una ciencia como un arte. Es una ciencia porque obedece a ciertas normas, y es un arte porque se perfecciona mediante la práctica. Quiera Dios levantar muchos expositores de la Palabra en el mundo de habla castellana.

21

El imperativo de la imparcialidad (2:1-13)

IDEA HOMILÉTICA:

Como cristianos, tú y yo debemos practicar la imparcialidad porque armoniza con la fe, con el propósito de Dios en la elección y con el mandamiento específico de las Escrituras.

PROPÓSITO:

Motivar a un examen del corazón y de la motivación en el trato con otras personas, y generar una decisión para una actitud de imparcialidad.

INTRODUCCIÓN:

¿Cómo escoge usted un amigo? ¿Cómo evalúa a una persona? ¿Por su parecer físico? ¿Por su reputación? ¿O por su carácter?

La selección de David como rey es un ejemplo claro del criterio que el hombre usa para escoger. Ni aun su padre pensó en él. Samuel registra las palabras de Dios: «Y Jehová respondió a Samuel: No mires a su parecer, ni a lo grande de su estatura, porque yo lo desecho; porque Jehová no mira lo que mira el hombre; porque el hombre mira lo que está delante de sus ojos, pero Jehová mira el corazón» (1 S. 16:7)

BOSQUEJO:

I. La imparcialidad es consecuente con la fe porque se basa en cualidades internas, mientras que la parcialidad se basa en razonamientos incorrectos (2:1-4).

    A. La imparcialidad se basa en cualidades internas (2:1-3).

    B. La parcialidad se basa en razonamientos incorrectos (2:4). (Pero la imparcialidad no solo es consecuente con la fe, sino que también…)

II. La imparcialidad armoniza con el propósito de Dios en cuanto a la elección porque se basa en la gracia y produce bendiciones (2:5-7).

    A. La imparcialidad, igual que la elección, se basa en la gracia (2:5-6).

    B. La imparcialidad produce bendiciones (2:7). (Además debemos reconocer que…)

III. La imparcialidad armoniza con el mandamiento específico de las Escrituras (2:8-13).

    A. La imparcialidad armoniza con las enseñanzas específicas del Antiguo Testamento en Levítico 19:18 (2:8-9).

    B. La imparcialidad está relacionada con la obediencia a la ley de Dios (2:10-11).

    C. La imparcialidad ayuda a mantener una conciencia limpia, y guarda relación con el juicio futuro (2:12-13).

CONCLUSIÓN:

Sobre la base de estas consideraciones, cada uno de nosotros debe comprometerse a ser imparcial, para así cumplir con la ley real de amar al prójimo, a nuestros hermanos e incluso a nuestros enemigos por amor a Cristo. Como hijos de Dios, usted y yo debemos imitar al Padre celestial. La Escritura dice: «Porque Jehová vuestro Dios es Dios de dioses y Señor de señores, Dios grande, poderoso y temible, que no hace acepción de personas, ni toma cohecho» (Dt. 10:17).

Bibliografía

PRIMERA PARTE:
LA HERMENÉUTICA

BENGEL, John Albert. *New Testament Commentary,* 2 tomos. Grand Rapids: Kregel Publications, 1971.

BROWN, Stephen J. *The World of Imagery.* Nueva York: Russell and Russell, 1966.

BULLINGER, E. W. *Figures of Speech Used in the Bible.* Grand Rapids: Baker Book House, 1968.

COBERT, Edward P. J. «Classical Rhetoric for the Modern Student», Quintilian, *Instit. Orta.,* IX, I, II. Nueva York: Oxford University Press, 1971.

Diccionario de la Real Academia de la Lengua Española. Madrid: Espasa Calpe, 1970.

GEISLER, Norman L. y William E. NIX. *From God to Us.* Chicago: Moody Press, 1974.

LENSKI, R. C. H. *The Interpretation of the Epistle of Hebrews and James.* Minneapolis: Augsburg Publishing House, 1966.

MAYOR, Joseph B. *The Epistle of James.* Londres: McMillan and Company, 1877.

MARTÍNEZ, José M., *Hermenéutica bíblica.* Terrassa: Editorial CLIE, 1984.

NEIL, James. *Figurative Language of the Bible.* Londres: Woodford Faucett Company, 1888.

ROPES, James Hardy. *A Critical and Exegetical Commentary on the Epistle of James,* The International Critical Commentary, ed. por Francis Brown y Alfred Plummer. Edimburgo: T. and T. Clark, 1973.

SCHÖKEL, Luis Alonso. «Hermeneutics in the Light of Language and Literature», *The Catholic Biblical Quarterly, 25* (Julio, 1963).

SPACKS, Patricia Meyer. *An Argument of Images.* Cambridge, MA: Harvard University Press, 1971.

TAN, Paul Lee, *The Interpretation of Prophecy.* Winona Lake: BHM Books, 1974.

TERRY, Milton S. *Hermenéutica.* Terrasa: Editorial CLIE, 1985.

TRENCHARD, Ernesto. *Normas de interpretación bíblica.* Grand Rapids: Portavoz, 1985.

UNGER, Merrill F. *Principles of Expository Preaching.* Grand Rapids: Zondervan, 1955.

WALTKE, Bruce K., *Hebreo 104.* Dallas: Dallas Theological Seminary, 1975.

WILLIAMS, Robert J. «The Science of Translating the Greek Testament into English». Tésis inédita. Dallas: Dallas Theological Seminary, 1968.

ZODHIATES, Spiros. *The Behavior of Belief.* Grand Rapids: Wm. B. Eerdmans, 1959.

SEGUNDA PARTE:
EXÉGESIS DE LA EPÍSTOLA DE SANTIAGO

ADAMS, Jay E., *Capacitado para orientar.* Grand Rapids: Portavoz, 1981.

ADAMSON, James. *The Epistle of James,* The New International Commentary on the New Testament. Grand Rapids: Wm. B. Eerdmans, 1977.

ALFORD, Henry. «James», *The Greek New Testament,* vol. IV. Londres: Rivingstons, 1871.

_____. *Alford's Greek Testament: An Exegetical and Critical Commentary,* vol. IV, parte II. Grand Rapids: Guardian Press, 1976.

ARMERDING, Carl. «Is any Among You Afflicted?», *Bibliotheca Sacra,* abril-junio, 1938. Dallas: Dallas Theological Seminary.

ARNDT, W. F. y F. W. GINGRICH. *A Greek Lexicon of the New Testament.* Chicago: The University Press, 1957.

BALZ, Horst y Gerhard SCHNEIDER. *Diccionario exegético del Nuevo Testamento* (dos tomos). Salamanca: Editorial Sígueme, 2005.

BARCLAY, William. *El Nuevo Testamento comentado: Santiago, I y II Pedro.* Buenos Aires: Editorial La Aurora, 1974.

BARNES, Albert. *Barnes' Notes on the New Testament.* Grand Rapids: Kregel Publications, 1963.

BENGEL, John Albert. *New Testament Commentary,* 2 tomos. Grand Rapids: Kregel Publications, 1971.

BERKHOF, Louis. *Teología sistemática.* Grand Rapids: Editorial T.E.L.L., 1976.

BERKOUWER, G. C. *Sin.* Grand Rapids: Wm. B. Eerdmans, 1971.

BEYREUTHER, E. «Hedone», *The New International Dictionary of New Testament Theology,* vol. 1. Grand Rapids: Zondervan, 1975.

_____. «Good, Beautiful, Kind», *The New International Dictionary of New Testament Theology,* vol. 2. Grand Rapids: Zondervan, 1976.

BIRTENHARD, H. «Lord», *The New International Dictionary of New Testament Theology,* vol. 2. Grand Rapids: Zondervan, 1976.

BLUE, J. Ronald. «Santiago», *Comentario de conocimiento bíblico*. Puebla: Ediciones las Américas.

BROWN, Colin, ed., *The New International Dictionary of New Testament Theology*, 3 tomos. Grand Rapids: Zondervan, 1976.

BRUCE, F. F., ed. *The New International Commentary on the New Testament*. Grand Rapids: Wm. B. Eermans, 1951.

_____. «Righteousness», «Justification», «Prophet», *The New International Dictionary of New Testament Theology*, vol. 3. Grand Rapids: Zondervan, 1976.

BULLINGER, E. W. *Figures of Speech Used in the Bible*. Grand Rapids: Baker Book House, 1968.

BURDICK, Donald W. «James», *The Expositor's Bible Commentary*, Vol. 12. Frank E. Gaebelein, ed. gen. Grand Rapids: Zondervan, 1981.

BURTON, Ernest DeWitt, *Syntax of the Moods and Tenses in New Testament Greek*. Grand Rapids: Kregel Publications, 1976.

CARD, Gary L. «The Relationship of the Epistle of James to the Sermon on the Mount». Tésis inédita. Dallas: Dallas Theological Seminary, 1965.

CLARKE, Arthur G. *New Testament Church Principles*. Nueva York: Louizeaux Brothers, 1962.

COENEN, Lothar. «Bishop, Presbyter», *The New International Dictionary of New Testament Theology*, vol. 1. Grand Rapids: Zondervan, 1976.

CRAIGIE, Peter C. *The Book of Deuteronomy*, The New International Commentary on the Old Testament. Grand Rapids: Wm. B. Eerdmans, 1979.

DANA, H. E. y Julius MANTEY. *Gramática griega del Nuevo Testamento*. El Paso: Casa Bautista de Publicaciones, 1979.

DAYTON, W. T. «Epistle of James», *The Zondervan Pictorial Encyclopedia*, vol. 3. Grand Rapids: Zondervan, 1975.

DIBELIUS, Martin, *James*. Philadelphia: Fortress Press, 1976.

ELLIS, E. Earle. *Prophecy and Hermeneutic in Early Christianity*. Grand Rapids: Wm. B. Eerdmans, 1978.

ESSER, H. H., «Tapeimos», *The New International Dictionary of New Testament Theology*, vol. 2. Grand Rapids: Zondervan, 1976.

EUSEBIO de Cesárea. *Historia eclesiástica*. Buenos Aires: Edítenla Nova, 1950.

FALKENROTH, Ulrich y Colin BROWN. «Nakrothumia», *The New International Dictionary of New Testament Theology*, vol. 2. Grand Rapids: Zondervan, 1976.

GUNDRY, Robert H. *A Survey of the New Testament*. Grand Rapids: Zondervan, 1971.

GUNTHER, Walther. «Sin», *The New International Dictionary of New Testament Theology*, vol. 3. Grand Rapids: Zondervan, 1979.

GUTHRIE, Donald, *New Testament Introduction*. Downers Grove: Inter-Varsity, 1970.

HAHN, H. C. «Anger», *The New International Dictionary of New Testament Theology*, vol 1. Grand Rapids: Zondervan, 1967.

HANNA, Roberto, *Ayuda gramatical para el estudio del Nuevo Testamento griego*. El Paso, Texas: Editorial Mundo Hispano, 1998.

HARRISON, Everett S. *Introducción al Nuevo Testamento*. Grand Rapids: Editorial T.E.L.L., 1980.

HARROP, Clayton. *La Epístola de Santiago*. El Paso: Casa Bautista de Publicaciones, 1969.

HIEBERT, D. Edmond. *The Epistle of James: Test of a Living Faith*. Chicago: Moody Press, 1979.

HOWE, Ronald Evans. «The Concept of *Nomos* in James». Tésis inédita. Dallas: Dallas Theological Seminary, 1975.

JOHNSON, David Keith. «James' Use of the Old Testament». Tésis inédita. Dallas: Dallas Theological Seminary, 1971.

JOHNSON, Wendell G. «James' Use of the Teachings of Christ». Tésis inédita. Dallas: Dallas Theological Seminary, 1957.

JOSEFO, Flavio. *Antigüedades de los judíos*, XX, ix, i.

KITTEL, Gerhard, ed. *Theological Dictionary of the New Testament*, vol. 1. Grand Rapids: Wm. B. Eerdmans, 1975.

LADD, George E. *A Theology of the New Testament*. Grand Rapids: Wm. B. Eerdmans, 1975.

LANE, William L. *Commentary on the Gospel of Mark*. Grand Rapids: Wm. B. Eerdmans, 1975.

LANEY, Carle J. «The Role of the Prophet in God's Case Against Israel», *Bibliotheca Sacra*, octubre-diciembre, 1981.

LENSKI, R. C. H. *The Interpretation of the Epistle to the Hebrews and the Epistle of James*. Minneapolis: Augsburg Publishing House, 1966.

LINK, Hans-Georg. «Swear», «Oath», *The New International Dictionary of New Testament Theology*, vol. 3. Grand Rapids: Zondervan, 1979.

MARSHALL, I. Howard *The Origins of the New Testament Christology*. Downers Grove: Inter-Varsity Press, 1976.

MAYOR, Joseph B. *The Epistle of James*. Londres: McMillan and Company, 1877.

McCLAIN, Alva J. *The Greatness of the Kingdom*. Grand Rapids: Zondervan, 1975.

McNEILE, A. H. *An Introduction to the Study of the New Testament*. Oxford: Clarendon Press, 1953.

MITTON, C. Leslie. *The Epistle of James*. Grand Rapids: Wm. B. Eerdmans, 1966.

MOFFATT, James. *The General Epistles of James, Peter and Jude.* Garden City: Doubleday, Noran and Company, 1928.

MORRIS, Leon, *The Cross in the New Testament.* Grand Rapids: Wm. B. Eerdmans, 1965.

MOTYER, J. A. *The Tests of Faith.* Londres: Inter-Varsity Press, 1970.

MOULE, C. F. D. *An Idiom-Book of New Testament Greek.* Cambridge: University Press, 1968. *New American Standard Bible.* La Habra: Lockman Foundation, 1960.

PACKER, James S. *Hacia el conocimiento de Dios.* Miami: Logoi, 1979.

PENTECOST, J. Dwight. *El Sermón del Monte.* Grand Rapids: Portavoz, 1981.

_____. *The Words and Works of Jesus Christ.* Grand Rapids: Zondervan, 1981.

PLUMMER, Alfred. *The General Epistle of St. James and St. Jude,* The Expositor's Bible. Nueva York: George H. Doren Co., s.f.

RENGSTORF, Karl Heinrich. «Doulos», *Theological Dictionary of the New Testament,* vol. 2. Grand Rapids: Wm. B. Eerdmans, 1964.

RIENECKER, Fritz. *A Linguistic Key to the Greek New Testament,* vol. 2. Grand Rapids: Zondervan, 1981.

RINGGREN, Helmer. *Israelite Religion.* Filadelfia: Fortress Press, 1966.

ROBERTSON, A. T. *Studies in the Epistle of James.* Nueva York: George H. Doran Co., 1915.

_____. *Word Pictures in the New Testament,* vol. VI. Nashville: Broadman Press, 1933.

ROPES, James Hardy, *A Critical and Exegetical Commentary on the Epistle of James,* The International Critical Commentary, ed. por Francis Brown y Alfred Plummer. Edimburgo: T. and T. Clark, 1973.

Ross, Alexander, *The Epistle of James,* The New International Commentary on the New Testament. Grand Rapids: Wm. B. Eerdmans, 1966.

RYRIE, Charles C. *Teología bíblica del Nuevo Testamento.* Grand Rapids: Outreach, Inc., 1983.

SCHAFF, Philip. *History of the Christian Church,* vol. 3. Grand Rapids: Wm. B. Eerdmans, 1918.

SCHIPPERS, Rainier. «Goal, Near, Last, End, Complete», *The New International Dictionary of New Testament Theology,* vol. 2. Grand Rapids: Zondervan, 1979.

SCHNEIDER, Johannes. «Omnuo», *Theological Dictionary of the New Testament,* vol. 5. Grand Rapids: Wm. B. Eerdmans, 1967.

SCHULTZ, Samuel J. «Purification», *The Zondervan Pictorial Encyclopedia of the Bible,* vol. 4. Grand Rapids: Zondervan, 1975.

SLOCUM, JR., Stephen. «James Shows the Way to Spiritual Therapy», *Sunday School Times,* s.f.

SPURGEON, Charles H. *The Treasury of David,* vol. 4. Grand Rapids: Zondervan, 1977.

_____. *Psalms.* Grand Rapids: Kregel Publications, 1976.

TASKER, R. V. C.,*The General Epistle of James.* Grand Rapids: Wm. B. Eerdmans, 1957.

_____. *The General Epistle of James (Tyndale New Testament Commentaries).* Grand Rapids: Wm. B. Eerdmans, 1971.

THAYER, Joseph H., *The Greek-English Lexicon of the New Testament.* Grand Rapids: Zondervan, 1970.

THIESSEN, Henry C. *Introduction to the New Testament.* Grand Rapids: Wm. B. Eerdmans, 1960.

TOUSSAINT, Stanley D. *Behold the King: A Study of Matthew.* Portland: Multnomah Press, 1980.

TRENCH, Richard C. *Synonyms of the New Testament.* Grand Rapids: Wm. B. Eerdmans, 1960.

TUENTE, R. «Doulos», *The New International Dictionary of New Testament Theology,* vol. 3. Grand Rapids: Zondervan, 1979.

UNGER, Merrill F. «Divine Healing», *Bibliotheca Sacra,* julio-septiembre, 1971.

VAUGHAN, Curtis. *James: Bible Study Commentary.* Grand Rapids: Zondervan, 1969.

VINCENT, Marvin R. *Word Studies in the New Testament,* 4 tomos. Grand Rapids: Wm. B. Eerdmans, 1946.

VORLÄNDER, Herward. «Forgiveness», *The New International Dictionary of New Testament Theology,* vol. 1. Grand Rapids: Zondervan, 1975.

WALLACE, Daniel. *Gramática griega: Sintaxis del Nuevo Testamento.* Miami: Editorial Vida, 2011.

WALTKE, Bruce K. *Hebreo 104.* Dallas: Dallas Theological Seminary, 1975.

WESSEL, Walter W. «Santiago», *Comentario bíblico Moody: Nuevo Testamento.* Grand Rapids: Portavoz, 1971.

WHITE JR., W. «Synagogue», *The Zondervan Pictorial Encyclopedia of the Bible,* vol. 5. Grand Rapids: Zondervan, 1975.

WIERSBE, Warren W. *Be Mature: An Expository Study on the Epistle of James.* Wheaton: Victor Books, 1981.

WISDOM, Thurman. «Perfection Through Trials», *Biblical Viewpoint,* abril, 1980.

ZAHN, Theodor. *Introduction to the New Testament.* Grand Rapids: Kregel Publications, 1953.

TERCERA PARTE:
PREDICACIÓN EXPOSITIVA

Alvarado, Alberto. *Tratado de homilética.* México, 1976.

Braga, James. *Cómo preparar mensajes bíblicos.* Grand Rapids: Portavoz, 1986.

Broadus, John A. *On the Preparation and Delivery of Sermons.* Nueva York: Harper and Row, 1944.

_____. *Tratado sobre la predicación.* El Paso: Casa Bautista de Publicaciones, 1971.

Costas, Orlando. *Comunicación por medio de la predicación.* Miami: Editorial Caribe, 1973.

Grasso, Domenico. *Teología de la predicación.* Salamanca: Sígueme, 1968.

Jowett, J. H. *The Preacher: His Life and Work.* Grand Rapids: Baker Book House, 1968.

Martínez, José M. *Ministros de Jesucristo,* Curso de Formación Teológica Evangélica, tomo XI. Terrassa: Editorial CLIE, 1977.

Robinson, Haddon W. *Biblical Preaching: The Development and Delivery of Expository Messages.* Grand Rapids: Baker Book House, 1980.

_____. «What is Expository Preaching», *Bibliotheca Sacra,* enero-marzo, 1974.

Skinner, Craig. *The Teaching Ministry of the Pulpit.* Grand Rapids: Baker Book House, 1983.

Unger, Merrill F. *Principles of Expository Preaching.* Grand Rapids: Zondervan, 1976.

Índice de textos bíblicos

ANTIGUO TESTAMENTO

NUEVO TESTAMENTO

Índice de palabras griegas y hebreas

Aunque el autor emplea muchas palabras en el idioma griego, solo anotamos las que más aparecen en el libro.

PALABRAS GRIEGAS

PALABRAS HEBREAS

Índice de nombres

Índice de temas

Un asterisco * delante de una palabra indica que la palabra que sigue tiene entrada en este índice.